本书由"陇东学院著作基金"资助出版

U0675109

休闲园艺与现代农业

张庆霞 著

四川大学出版社

项目策划：梁　胜　陈　纯
责任编辑：陈　纯
责任校对：王　锋
封面设计：优盛文化
责任印制：王　炜

图书在版编目（CIP）数据

休闲园艺与现代农业 / 张庆霞著. — 成都：四川
大学出版社，2019.8
ISBN 978-7-5690-2993-2

Ⅰ. ①休… Ⅱ. ①张… Ⅲ. ①观光农业－农业发展－
研究－中国②现代农业－农业发展－研究－中国 Ⅳ.
① F326 ② F323

中国版本图书馆 CIP 数据核字（2019）第 166717 号

书　名	休闲园艺与现代农业
著　　者	张庆霞
出　版	四川大学出版社
地　址	成都市一环路南一段 24 号（610065）
发　行	四川大学出版社
书　号	ISBN 978-7-5690-2993-2
印前制作	优盛文化
印　刷	四川盛图彩色印刷有限公司
成品尺寸	170mm×240mm
印　张	18.25
字　数	307 千字
版　次	2019 年 9 月第 1 版
印　次	2019 年 9 月第 1 次印刷
定　价	79.00 元

◆ 读者邮购本书，请与本社发行科联系。
　电话：(028)85408408/(028)85401670/
　(028)86408023　邮政编码：610065
◆ 本社图书如有印装质量问题，请寄回出版社调换。
◆ 网址：http://press.scu.edu.cn

四川大学出版社
微信公众号

前　言

　　园艺是我国农业优势主导产业的经济增长点，园艺产品不仅是人民生活的必需品，也是农民增加收入的重要来源。园艺植物的生产、加工和销售也是农业生产的重要组成部分，在国民经济建设中占有重要地位。随着我国经济、科技和文化建设的发展，人们的精神消费水平日趋提高，休闲已逐渐成为这个时代重要的特征之一，人们开始向往理想的人居环境、追求无限接近自然的生活空间，在这一社会发展的新潮流之下，休闲园艺应运而生。

　　休闲园艺是人工设计理念和自然特征的有机结合体，各种园艺植物按照人们的审美，配合各种建筑物，营造出一种清洁而静谧的绿色空间，人们活动其间，不但能获得精神上的愉悦，还能寓教于乐，传播文化知识和科技知识，故休闲园艺具有良好的生态和社会效益。休闲园艺是当今园艺业和农业发展的新热点，不仅能够美化环境、生产绿色果蔬和改善人居环境，还有助于实现人类与环境的和谐共处。

　　本书共分为八章，前两章为基础理论部分，主要阐述现代农业和休闲园艺的相关概念以及发展概况；第三章主要介绍现代化技术在园艺中的应用、园艺产业的标准化与产业化及其可持续发展等方面的内容；第四章详细论述休闲园艺的几种常见类型，即都市型休闲园艺、社区园艺、家庭园艺、观光园艺以及盆栽园艺；第五章从果树、蔬菜和花卉三方面出发，分析休闲园艺中植物类型的选择；第六章对与休闲园艺相关的主要生产技术进行介绍；第七章重点讲述园艺疗法的相关内容；第八章主要介绍休闲园艺园区的总体规划与设计，同时进行案例分析。

　　在编写过程中，作者参阅了大量的文献资料，限于篇目，未能一一列举，敬请相关作者谅解！由于作者水平有限，书中难免存在一些不足和疏漏之处，请广大读者和同行予以批评指正！

第一章 现代农业概述

农业是世界上最重要的生产行业。社会的存在、文化的发展都有赖于农业基础的稳固。一个国家、民族，只有在其本身农业保持长盛不衰，或能够从外部取得农产品可靠供应的条件下，其文化和历史才能持续发展；如果农业衰落或发生中断，其文化和历史就难以为继。

第一节 现代农业相关概念解析

一、农业与农业生产

（一）农业的定义

农业是人类通过社会生产劳动，利用自然环境提供的条件，促进和控制生物体（包括植物、动物和微生物）的生命活动过程来取得人类社会所需要的产品的综合性产业，即直接或间接设法利用土地经营种植和饲养业以获得人类衣、食、住、行所需各种物品的生产事业。中华人民共和国成立以后，中国农业以高科技应用为基础，取得了辉煌的成就。中国以仅占世界 7% 的土地，养育了世界 19% 的人口。在农业科技方面，中国与发达国家的差距已经越来越小。

农业的内涵包括以下两个层次：① 从狭义上来看，农业是指农业生产业，主要是种植业和养殖业。② 从广义上来看，其范围十分广泛，是指大农业，即农业产业再加上为农业服务的其他部门，如农业行政管理、农业科研、农业教育、农村建设和农业金融等。

在我国，从事农业生产、管理以及服务的部门可划分为以下几类。

（1）农业生产业，包括作物业（包括草业和天然草原管理）、林木业（包括天然林管理）、畜禽业、水产业（包括海洋渔业管理）和低等生物业。

（2）农业工业，包括农用工业（为农业生产服务的工业，如生产化肥、农药、农机、农膜等的工业）、农后工业（食品工业、饲料工业、造纸工业、木材工业、橡胶工业、棉纺工业、烟草工业等）和农村工业（乡镇企业）。

（3）农业商业，包括食品（粮食、油脂、蔬菜、水果、肉类、鱼类、禽蛋、奶类等）市场、生产资料（化肥、农药、农机、塑料、建材及其饲料）市场、轻工业原料（棉花、蚕茧、羊毛、烟叶、麻类）市场和农产品外贸市场。

（4）农业金融，农业资金来源包括政府财政支出、农户或农场的经营利润和农业金融，其中农业金融是农业资金的重要来源，它主要依靠银行（农业银行）来运作。

（5）农业科技，包括农业科学研究（基础研究、应用研究、农业经济和农村社会研究等）、农业科技开发与推广（农业科技产业化）。

（6）农业教育，包括农业高等教育、农业中等教育和农业职业教育以及短期农业技术培训。

（7）农村建设，包括农村人口、农村交通、农村能源、农村环境保护、农场文化卫生、农政建设等。

（8）农业行政管理与政策，包括农业行政管理、农业体制、生产政策、分配政策、财政政策、信贷政策、税收政策、物价政策和劳动政策。

（二）农业生产

1.农业生产的本质

农业生产是人类利用生物有机体的生命活动，将外界环境中的物质和能量转化为各种动植物产品的活动；农业生产的对象是动物、植物和微生物；农业生产是经济再生产过程与自然再生产过程的有机交织。所谓农业生产的经济再生产是指构成一定生产关系的人，使用一定的劳动工具，生产人类生活所需产品的过程，此过程不断循环（再生产）。所谓的农业生产的自然再生产是指作物利用太阳能把无机物转化为有机物、把太阳能转化为化学能的物质循环和能量转化的过程，这是农业部门生产与其他部门生产的本质区别。生物的自然再生产过程具有自身的客观规律，它的发展严格遵循自然界生命运动的基本规律。

2.农业生产的特点

农业生产不仅要符合生物生长发育的自然规律，也要符合社会经济再生产的客观规律。农业生产具有波动性、地域性、综合性、资源有限性和农产品特殊性等特点。

（1）农业生产的波动性。

农业生产的波动性主要表现为以下三个方面：① 周期性因素引起的波动，如气候周期性变化引起的波动和市场周期性变化引起的波动等；② 突发性因素引起的波动，如农业因素突变（抗病性的丧失，突发性病虫害）、农业环境因素突变（异常气候）、农业政策失误等；③ 趋势性变化引起的波动，如地球温室效应、酸雨（pH<5.6 的雨水）、臭氧层空洞等。

（2）农业生产的地域性。

农业生产的地域性是指农业生产受到自然资源、生物种类（发源）、社会经济发展水平等因素的影响，从而导致农业生产在地域上的分布不均现象。

（3）农业生产的综合性。

农业生产具有综合性，表现在以下几个方面。

第一，农业系统的基本结构决定其综合性。组成农业系统的四要素如下：① 农业生产要素，即农业生产所利用的生物（农作物、林木、畜禽、水产和菌类五部分）；② 农业环境要素，主要有气候、土壤、地形、水文、生物等因素；③ 农业技术要素，包括农业种植技术、农业动物技术、农业微生物技术等；④ 农业经济社会要素，包括农业投入的经济社会因素、农业产出的经济社会因素、农业技术的经济社会因素、农业管理的经济社会因素等。农业生产系统的这些组成要素之间相互作用，共同决定了农业生产的进程、发展、效果和潜力。

第二，大农业由农业生产业、农业工业、农业商业、农业金融、农业科技、农业教育、农村建设、农业行政管理与政策等部门综合组成，所以农业生产具有综合性。

第三，农业生产由农、林、牧、副、渔业组成。

第四，各农业行业由产前、产中、产后三个环节组成。

第五，农业技术体系中，农作物种植业包括作物育种、栽培、植保技术等多项技术。

（4）农业自然资源的有限性。

一个地区的自然资源（气候资源、水资源、土地资源和生物资源等）在生产季节是有限的，农业就在这些有限资源的基础上进行生产。

（5）农产品的特殊性。

绝大部分农产品不同于工业产品，农产品多为鲜活产品或有机物质，难于保鲜和长期贮存，需要不断再生产。另外，社会对农产品的数量和品质有特定的要求，所以尽管某种农产品经济效益不高，但仍需要保证供需平衡。

二、现代农业

（一）现代农业的基本概念

关于现代农业的概念无论是在理论界、还是在实践中都有多种论述。所谓现代农业是指以现代发展理念为指导，按照高产、优质、高效、生态和安全的要求进行农业生产，以增加农民收入、实现农业可持续发展为主要目标，不断引进新的生产要素和先进经营管理方式，用现代科学技术、物质装备、产业组织制度和管理手段经营，在国民经济中具有高水平土地产出率、劳动生产率和资源利用率的市场化、标准化、产业化的农业形态。它是在传统农业的基础上发展起来的，并且在世界范围内处于先进水平的农业形态。相对于传统农业而言，现代农业是广泛应用现代科学技术、现代工业提供的生产资料和科学管理方法的社会化生产。

现代农业经历了由小农业拓展到大农业，由农业科技水平的提升拓展到农民科技素质的提升，由单一功能拓展到多种功能的过程，其形态也显得更加丰富多样。第一，现代农业产业体系更完整。它不再局限于传统的种养殖业等部门，还包括生产资料工业、食品加工业等第二产业和交通运输、技术信息服务等第三产业的内容。第二，现代农业技术依赖性更强。它的发展从单纯依靠资源的外延开发，转移到主要依赖高新技术投入、资源利用率提高等方面。第三，现代农业具有市场导向性。与传统农业以自给为主的取向和相对封闭的环境相比，现代农业中农民的大部分经济活动被纳入市场交易的范围，生产是为了满足市场的需要。第四，现代农业是产业化经营。传统农业是以农户为基本生产单位的一种小农经济，而在现代农业中农户广泛参与到专业化生产和社会化分工中，实行产业化经营。第五，现代农业功能更多。现代农业在提供食物、工业原料以及提供就业机会和增加农民收入等传统功能的基础上，向生态、观赏、休闲、美化等方向延伸。休闲农业、休闲园艺、旅游农业等新型农业形态发展迅速，成为与产品生产并驾齐驱的重要产业。

（二）现代农业的主要形式

1. 都市型现代农业

都市型现代农业简称都市农业，于20世纪50年代在日本兴起，是在城市辐射区内，综合利用城市各类有效资源（土地、森林、民俗、古迹等），依托城市、服务城市而建立起来的集高效农业、观光、旅游、休闲体验于一身的新型现代农业。都市型现代农业的目标为生产性、生活性和生态性，特征为集约化、设施化、工业化和规模化，性质为高科技、高投入和科学管理。可以从以下四个方面把握都市型现代农业的概念：第一，地理位置上具有独特性，即与大都市紧密结合。第二，都市型现代农业最基本的特征是农业现代化。第三，都市型现代农业必须加强与其他产业的连接和融合。第四，都市型现代农业必须有明确的目标，即经济效益、生态效益、社会效益三者的合理匹配。

2. 生态农业

生态农业是20世纪50年代美国土壤学家艾希瑞克针对现代农业投资大、能耗高、污染严重、破坏生态环境等弊端，从保护资源和环境的角度提出的。生态农业是指在保护、改善农业生态环境的前提下，遵循生态学、生态经济学规律，运用系统工程方法和现代科学技术，集约化经营的农业发展模式，是按照生态学原理和经济学原理，运用现代科学技术成果和现代管理手段以及传统农业的有效经验建立起来的，能获得较高的经济效益、生态效益和社会效益的现代化农业。生态农业是20世纪60年代末作为"石油农业"的对立面而出现的概念，被认为是继"石油农业"之后世界农业发展的一个重要阶段。

生态农业并不排斥化肥、农药、除草剂等化学物质的使用。生态农业不同于一般农业，它不仅革除了"石油农业"的弊端，还发挥了其优越性。通过适量施用化肥和低毒高效农药等，突破传统农业的局限性，同时又保持其精耕细作、施用有机肥、间作套种等优良传统。

3. 有机农业

有机农业始于 20 世纪 20 年代末的德国和英国，后来传到荷兰、瑞士和欧洲其他国家。目前从事有机农业的国家达到 150 多个。有机农业是指遵照一定的有机农业生产标准，在生产中完全或基本不使用化学合成的农药、化肥、调节剂、畜禽饲料添加剂等物质，也不使用基因工程生物及其产物的生产体系，它是遵循自然规律和生态学原理，协调种植业和养殖业的平衡，采用有机肥满足作物营养需求的种植业，或采用有机饲料满足畜禽营养需求的养殖业等一系列以可持续发展的农业技术来维持稳定的农业生产体系的一种农业生产方式。

简单来说，就是在农业生产中尽量避免农药和化肥的使用，而主要依靠有机肥、轮作和机械耕作等措施维持农业生产发展的一种农业方法。

4. 精确农业

精确农业是 20 世纪 90 年代初在美国明尼苏达大学的土壤学者倡导下开始探索的环保型农业的通称，是未来数字农业发展的基础。

精确农业是将现代信息获取及处理技术、自控技术等与地理学、农学、生态学、植物生理学、土壤学等基础学科进行有机结合，实现农业生产全过程对农作物、土地、土壤从宏观到微观的实时监测，以实现对农业作物生长发育状况、病虫害、水肥状况以及相应环境状况进行定期信息获取和分析，通过诊断与决策制订实施计划，并在信息技术的支持下进行田间作业的信息化农业；是利用全球定位系统（global positioning system，GPS）、地理信息系统（peographic information system，GIS）、连续数据采集传感器（continuous data acquisition sensor，CDAS）、遥感（remote sensing，RS）、变量处理设备（variable rate technology，VRT）和决策支持系统（decision support system，DSS）等现代高新技术，获取农田小区作物产量和影响作物生长的环境因素（如土壤结构、地形、植物营养、含水量、病虫草害等）实际存在的空间及时间差异性信息，分析影响小区产量差异的原因，并采取技术上可行、经济上有效的调控措施，区别对待，按需实施定位调控的"处方农业"。精确农业通过采用先进的现代高新技术，对农作物的生产过程进行动态监测和控制，并根据其结果采取相应的措施，具有良好的反馈控制机制，从而使农业系统的优质、高产、低耗、高效得到保证。

5. 可持续农业

可持续农业是指通过管理和保护自然资源，调整农作制度和技术，以确保获得并持续地满足目前和今后人们需要的农业，是一种能维护与合理利用土地、水和动植物资源，不会造成环境退化，同时在技术上适当可行、经济上有活力并能够被社会广泛接受的农业。可持续农业包含以下几层含义：① 农业资源的可持续利用。② 农业经济效益的持续提高。③ 农业生态效益的持续提高。

可持续农业的特点是"三色农业"：第一，以生物工程、工厂化为特点的"白色农业"。第二，以开发海洋和内陆水域为特点的"蓝色农业"。第三，以安全生产、营养、无污染、无公害产品为特点的"绿色农业"。

6. 信息农业

信息农业就是以信息为基础，以信息技术为支撑的农业。它是在当今信息化社会经济条件背景下提出的。信息农业是在全面掌握和综合分析农业生产信息（农业数字化）的基础上，因地制宜全面应用现代信息技术来组织和实施农业生产的过程，也就是一个以数字化、自动化、网络化、智能化和可视化为特色的农业信息化的过程。信息农业的重要特征如下：① 能综合现代信息技术使之应用到农业生产活动中。② 能在农业生产活动中连续提供规范化信息服务。③ 建成农业生产局域网并形成网络。信息农业的技术体系因农业经营范围和内容的不同而有所差别，但均离不开数字化的综合基础数据库管理系统和以监测、预报和遥控为基础技术的农业技术信息服务系统以及以农业辅助决策和调控系统。

7. 绿色农业

绿色农业是一种以生产并加工销售绿色食品为轴心的农业生产经营方式，将农业与环境协调起来，促进可持续发展，增加农民收入，保护环境，同时保证农产品安全性的农业。绿色农业是灵活利用生态环境的物质循环系统，实践农药安全管理技术（IPM）、营养物质综合管理技术（INM）、生物学技术和轮耕技术等，从而保护农业环境的一种整体性概念。

目前，积极发展绿色农业已成为迎接国际挑战的战略举措。同时，发展绿色农业也是坚持可持续发展、保护环境的需要。"黑色农业"这种经营方式往往高度依赖大型农机具、化肥、农药，不但消耗了大量不可再生能源，也造成土壤流失、空气和水污染等恶果，而发展绿色农业则可以从根本上解决这些问题。绿色农业以"绿色环境""绿色技术""绿色产品"为核心，促使过分依赖化肥、农药的化学农业向主要依靠生物内在机制的生态农业转变。

8. 循环农业

循环农业是采用循环生产模式的农业，是指在农业生产系统中推进各种农业资源往复多层与高效流动的活动，以此实现节能减排与增收的目的，促进现代农业和农村经济的可持续发展，它是生态农业发展的高级阶段。通俗地讲，循环农业就是运用物质循环再生原理和物质多层次利用技术，实现较少废弃物的生产以及提高资源利用效率的农业生产方式。循环农业可以实现"低开采、高利用、低排放、再利用"，最大限度地利用进入生产和消费系统的物质与能量，提高经济运行的质量和效益，达到经济发展与资源、环境保护相协调，并符合可持续发展战略的目标。

循环农业的特点包括以下几点：

第一，具备一般循环经济的三个特点，即减量化、再利用、再循环。

第二，具备一般循环经济不具备的特点：① 食物链条。农业内部参与循环的物体往往互为食物，以生态食物链的形式循环，循环中的各个主体互补互动、共生共利性更强。② 绿色生产。更强调产品的安全性。③ 干净消费。农业的主副产品在"吃干榨净"后回归大地。④ 土、水净化。注重土壤、耕地和水资源的保护与可持续利用。⑤领域宽广。不仅包括农业内部生产方式的循环，而且包括对农产品加工后废弃物的再利用。

9. 特色农业

特色农业就是将区域内独特的农业资源（地理、气候、资源、产业基础）充分利用，开发出特有的名优产品，并转化为特色商品的现代农业。特色农业的"特色"在于其产品能够得到消费者的青睐，在本地市场上具有不可替代的地位，在外地市场上具有绝对优势，在国际市场上具有相对优势甚至绝对优势。

特色农业的关键点就在于"特"，其具体表现在如下三个方面：① 产品独特。物以稀为贵，对发展特色农业来讲，只有做到了"人无我有、人有我优"才能"特"起来。② 环境独特。也就是自然地理环境条件与其他地域不同，非常有利于特色产品生产。③ 生产技术独特。采用传统的生产方法或特定的技艺生产，尤其是先进的农业科技的应用。

第二节　现代农业的形成与发展

农业是人类社会最古老的产业，在过去的约一万年，世界农业的发展先后经历了原始农业、传统农业和现代农业三个阶段。距今一万年左右，农业即种植业和畜牧业逐渐从采集和渔猎经济中产生，人类发明了自己种植作物和饲养动物的生存方式，即"农业"生产方式。农业的发明，使人类由攫取经济向生产经济转变，从此人类开始通过劳动干预自然，推动社会文明进步。我国是世界上三大农业起源地之一，原始先民们驯化栽培的粟、黍、稻等作物，奠定了中华农业文明的物质基础。

我国的传统农业发端于春秋战国，发展于秦汉，定型于唐宋，深化于明清，形成了一套完整成熟的农业体系。但时至今日，全球某些地方的一些原住民部落还保持着原始农业的形态，如我国云南的一些地方仍然有刀耕火种农业的存在。我国传统农业经济以丰衣足食为根本目的，耕织结合、农桑并举是其基本特点，精耕细作为核心的技术体系使我国传统农业在世界范围内达到了传统农业的高峰。但18世纪后，由于经济社会变革和科学技术进步的缓慢，我国农业逐渐在世界范围内落后，尤其是在近代一直处于缓慢发展期。

现代农业是继原始农业、传统农业之后的一个农业发展新阶段。从世界范围来看，传统农业向现代农业的转变，是在封建土地制度废除以及资本主义商品经济和现代工业有了较大发展的基础上逐步实现的。这一转变大体上起始于19世纪中叶，至今已经历了百余年的时间。第二次世界大战后，现代农业迅速发展，许多国家实现了农业现代化，农业劳动生产率、土地产出率和商品率达到了前所未有的高度，农业也发展成为国民经济中高度发达的现代基础产业。

美国经济学家舒尔茨在《改造传统农业》中将传统农业定义为"完全以农民世代使用的各种生产要素为基础的农业"，并提出了判断传统农业的两个标准：一是要素标准。农民用的农业生产要素是自己及其长辈长期以来使用的，而且在这一时期内没有一种要素由于经验的积累而发生明显的变化。在这里，人们不断积累经验，但是，这种经验没有给人们带来新的生产方式，既没有新的生产要素进入，也没有要素结构的变化，一代又一代重复着完全相同的生产过程。二是稳定性标准。传统农业是一种稳定的生产状态，长期不发生改变。从现代角度看，传统农业是落后的、贫穷的，但对此时此境之中的农民来说，他们没有动机，也没有能力改变，他们甚至不曾想过改变这种现状。

传统农业的特点是精耕细作，农业部门结构比较单一，生产规模比较小，经营管理和生产技术比较落后，技术状况长期不变，商品经济较薄弱，基本上没有形成生产地域分工，传统生产要素的需求和供给处于长期均衡状态。从历史上看，传统农业从铁器工具的使用到工业化以前的农业，经历了 2000 多年，基本上是自给自足的农业。中国从春秋战国时期就开始实行土地私有制，一直延续了 2000 多年，农民在相对固定的居住地和农耕范围内，以人力、畜力为主要动力，以有机肥为主要肥料，充分利用各种资源进行农业生产，是一种典型的自然经济状态，生产方式相对稳定而低效。

一、传统农业向现代农业演进的必然

现代农业是相对于传统农业而言的，它是工业化发展到一定阶段的必然产物，是指在现代、在世界范围内处于先进水平的农业形态。现代农业是西欧和美国技术革命的产物。从 20 世纪 30 年代开始，欧美一些工业发达国家从机械技术、生物技术和管理技术三个方面，对传统农业进行了全面的技术改造，完成了从传统农业向现代农业的转化。大约在 20 世纪中期，欧美国家相继实现了农业现代化。现代农业最主要的特征是农业的发展超出了初级生产的范围，拓展了纵向和横向上与其他经济活动的联系，改变了以往农业产前、产中、产后分割的现象，形成了"从田间到餐桌"的完整产业链条。对"传统农业"与"现代农业"的划分，总体来说以农业生产过程中生产技术手段应用的水平、程度和范围为标准进行确定。从社会经济条件看，传统农业向现代农业演进具有一定的历史必然性。

（一）市场经济是推动传统农业向现代农业发展的决定性力量

从传统农业发展到现代农业，是以自然经济过渡到商品经济这种变化为条件的。在自然经济自给自足的条件下，小农的生产与消费都以实物形态出现，并统一在有限的空间范围内。一旦实现现代农业的发展，劳动生产率提高，生产规模扩大，并实行集约化、专业化和社会化的大生产，就必然要突破这种生产与消费一体化的关系。一方面，生产突破生产者自身消费量的限制；另一方面，消费不再局限于自己生产的单一产品，而是通过市场经济的商品交换过程将生产与消费从有限的范围和统一的空间中分离开来，形成农产品和消费资料的大范围转移与自由流动。生产和消费的扩张又对科学技术的大量应用与发展提出强烈的需求，从而使现代农业发展变为现实。

（二）工业化、信息化与城镇化推动现代农业同步发展

社会发展的历史告诉我们，在农业社会向工业社会转变的过程中，没有农业的支持，工业革命是不可能出现的。现代农业的发展已成为城镇建设一个必不可少的组成部分，农业的重要作用主要表现为一个农民能否养活一个以上的非农业人口，从而促使社会由农业社会向工业社会转变。反过来，工业化是实现农业现代化的基础和条件。它可以吸纳农村剩余劳动力，带来技术进步，推动农业科技创新，为现代农业提供资金和物质支持，优化农业产业结构，提升农业现代化水平。信息化是改造传统农业、全面提升农业产业质量、转变农业发展方式的重要手段。信息化建设有助于农业科技创新，实现农业资源优化配置。城镇化是农业现代化的载体。城镇的需求直接影响农业的发展方向。城镇化发展促进农业结构优化调整，促进传统农业向现代农业转变。第一产业不断地向第二、第三产业延伸渗透，城乡各类信息技术、人才资本、设施市场日益融合。现代农业既是工业化、信息化和城镇化的基础，又与工业化、信息化和城镇化和谐共生、共同发展。

（三）高新技术发展使改造传统农业成为现实

传统农业是以劳动和土地资源的不断投入为特征的，但是，不论世界各国农业的资源禀赋如何，总的来说，可投入的资源（特别是土地等自然资源）总会受到制约。到了近代，各国都在尽力促进传统农业向现代农业转变。现代农业伴随科学技术的发展而发展，并随着现代农业科学技术的创新与突破而产生新的飞跃，其根本特征是科学技术的进步。高新技术的广泛应用日益成为现代农业发展的主要动力，并逐步替代传统的土地和劳动资源在农业经济增长中的作用。

二、农业现代化是传统农业走向现代农业的必经之路

农业是国民经济的基础，国民经济的现代化离不开农业的现代化。现代农业是传统农业质变后的新农业，农业现代化是改造传统农业以及发展现代农业的过程与手段。

（一）农业现代化是现代农业发展的具体过程

农业现代化反映了农业由低级向高级发展演变的过程，它是把建立在直接经验和简单工具基础上的自给性传统农业转变为以现代生产资料、科学技术与经营管理方法为基础的商品性现代农业的过程。一般而言，农业现代化过程大致分为两类：前沿过程和追赶过程。前沿过程是农业发达国家的农业现代化；追赶过程是农业发展中国家的农业现代化。

农业现代化是否已经实现，是以国际通行的标准并结合本国实际来衡量的。参照国内外有代表性的指标设置，采用层次分析法，国内学者建立了由综合指标、4 项主体指标、8 项分类指标、24 项群体指标构成的 4 个层次的农业现代化评价指标体系。

第一层次：综合指标，反映农业现代化的综合发展水平，包含四项主体指标。

第二层次：主体指标，从农业、农村、劳动者和环境四个方面考察农业现代化的发展水平，包括农业发展水平、农村富裕程度、劳动者素质、环境质量四项指标。

第三层次：分类指标，反映各个主体指标的基本内容，在整个指标体系中起承上启下的作用，包括生产条件和手段以及农业经济结构等 8 项指标。

第四层次：群体指标，衡量农业现代化发展水平的各项具体指标，包括有效灌溉面积、农林牧渔比例等 24 项指标。

（二）发达国家的农业现代化过程

农业现代化是相对现代发达国家农业走过的历程而做出的表述，是通过对已实现了农业现代化的国家进行考察后得出的一个具有共同性和可比性的概念。作为一个历史性范畴，农业现代化过程是在工业革命以后才开始的。它的实现需要工业化的完成和相应的社会变革等准备条件。在不同

的历史时期，农业现代化的具体内容和标准是各不相同的，主要原因是人类社会的生产力和科学技术是不断发展与变化的。

20世纪五六十年代，农业现代化一般被概括为农业实现了机械化、电气化、水利化和化学化。目前，农业现代化又增添了一些新的内涵和表述。例如，以信息化、集约化、社会化代替原来的"四化"；用现代科技、现代机械、现代信息化管理、现代公民来概括农业现代化的内涵；将农业从传统农业走向现代农业、从自然经济走向市场经济、从机械农业走向精确农业、从化学石油农业走向可持续农业称为农业现代化等等。发达国家经过一个多世纪，选择了不同的农业现代化道路和模式，最终实现了农业现代化。一是以美国、加拿大、澳大利亚为代表的"节约劳动型"模式。二是以日本、荷兰、韩国为代表的"节约土地型"模式。三是以英国、法国、德国为代表的"中间类型"模式。

三、我国迈向农业现代化的探索

中华人民共和国成立以来，我国一直致力于寻求传统农业改造的路径，并进行了积极的实践。20世纪60年代以来，我国提出了农业现代化建设的"四化"目标，即机械化、水利化、化学化和电气化，重在改造传统农业的生产手段和生产条件。20世纪70年代后期，借鉴国际现代农业建设的经验，我国把良种化、专业化、生产区域化以及产加销、农工商一体化等生产管理改革纳入现代农业建设的内容。20世纪80年代，我国开始实行农村经济体制改革，允许农民自主经营，多种经济成分并存发展，引入市场竞争机制，共同向现代农业进军。20世纪90年代以来，在稳定家庭承包制的基础上，我国提出把发展高产、优质、高效农业作为建设现代农业的目标。

进入21世纪后，我国大力推行农业产业化经营以促进农业生产的标准化、经营企业化、服务社会化，使现代农业建设迈出了实质性的步伐。

按照党的十八届三中全会深化农村改革以及加快发展现代农业的有关决策部署，未来我国特色的农业现代化将始终把改革作为根本动力，立足国情农情，顺应时代要求，坚持家庭经营为基础与多种经营形式共同发展，传统精耕细作与现代物质技术装备相辅相成，实现高产高效与资源生态永续利用协调兼顾，加强政府支持保护与发挥市场配置资源决定性作用功能互补。以解决好地怎么种为导向加快构建新型农业经营体系，以解决好地少水缺的资源环境约束为导向深入推进农业发展方式转变，以满足吃得好吃得安全为导向大力发展优质安全农产品，努力走出一条生产技术先进、经营规模适度、市场竞争力强、生态环境可持续的中国特色新型农业现代化道路。

第三节　现代农业的内涵与特征

一、现代农业的内涵

农业的发展可分为以下三个阶段：原始农业、传统农业和现代农业。原始农业是刀耕火种、自然状态下的农业；传统农业对自然的依赖程度高，容易受灾，基本上属于自给自足的农业；现代农业对自然的依赖程度相对较低，工业技术的进步和设施栽培的发展突破了传统农业的时空局限，属于商品化和市场化的农业。

现代农业是指广泛应用现代科技、现代工业提供的生产要素和科学经营管理方法进行的社会化农业生产。其核心是科学化，特征是商品化，方向是集约化，目标是产业化。现代农业可以表述如下：生产要素投入集约化、资源配置市场化；操作专业化、手段机械化、过程标准化；产销一体化；产品品牌化、类型多元化；服务社会化。

自 2004 年起，我国连续多年发布以"三农"为主题的中央一号文件，强调"三农"问题在中国社会主义现代化时期处于"重中之重"的地位。党的十八大报告明确提出要加快发展现代农业，增强农业综合生产能力，确保国家粮食安全和重要农产品有效供给。由此可见，发展现代农业是我国农业产业发展的基本方向。

现阶段农业发展的目标应包含五方面的内容。一是用现代工业装备农业，打破小生产的自然农业的局面；二是用现代科学武装农业，逐步提高或取代落后的生产技术和单凭经验的农艺操作；三是由掌握现代科技知识的劳动者从事农业，大力提高劳动技能和创造力；四是在不断认识和掌握自然规律的基础上，比较合理地利用自然资源，不断挖掘土地和气候资源的增产潜力；五是采取现代化的管理体系经营农业，实行专业化、社会化生产，充分发挥人所蕴藏的主观能动性和物质条件的作用。根据现代农业的发展目标，发展现代农业有以下几项基本任务。

第一，全面建设现代农业产业体系，推进农业产业化经营，拓展产业范围、延长产业链，优化优势农产品区域布局，提高资源产出率和劳动生产率。

第二，着力完善现代农业产业技术体系，大幅度提高农业科技自主创新能力，提高农业科技应用水平和贡献率，以现代农业科技引领、驱动和支撑现代农业发展。

第三，积极培育现代农业市场体系，不断增强粮农产品市场竞争力；大力发展各种形式的农业合作组织，提高农业生产的组织化、专业化、规模化、标准化和社会化水平。

第四，建立健全新时期农业发展与新农村建设政策支持保护体系和农业与农村法律法规体系，切实加强对农业的支持保护力度。

第五，进一步加强农业基础设施建设，逐步提高农业机械的使用率，有序转移和安置农村剩余劳动力进入城镇从事非农产业，大幅度提高农业劳动生产率。

第六，大力发展和应用资源节约与环境保护型技术，提高农业生产的要素集约化投入水平和抵御自然灾害的能力，有效降低农业生产成本，实现农业的可持续发展。

第七，树立和运用大资源、大农业、大食物、大市场和大生态理念，创新农业发展模式，大力发展各种特色农业，提高农业的效益，增加农民收入。

第八，坚持以人为本，从根本上培养和造就有知识、懂科学、会技术、善经营的现代农民，为现代农业发展和新农村建设提供强大的人力资本。

二、现代农业的特征

现代农业是以现代发展理念为指导，以现代科学技术和物质装备为支撑，运用现代经营形式和管理手段，贸工农紧密衔接、产加销融为一体的多功能、可持续发展的产业体系。与传统农业相比，现代农业的发展更加依靠科技进步和劳动者素质的提高，更加依靠现代生产要素的引进使用，更加依靠市场机制的决定性作用，更加依靠多种功能的不断开发。现代农业是一个相对的、动态的概念，其内涵与特征也随着整个国民经济的发展不断丰富，体现出历史性与世界性、一般性与特殊性的统一。具体说来，现代农业呈现出以下特征。

（一）区域的特定性

它既包括具有一定规模城市的市区，又包括城市周边一定范围的农业系统，突破了传统农业远离城市或城乡界限明显的局限性，实现了城乡经济社会一元化发展，形成了城市中有农业、农村中有工业的协调布局。在发展目标上，它顺应工业化和城镇化的需要，在保障必要数量平衡的基础上，更加注重质量和效益，以增强农业产业的市场竞争力。

（二）要素的融合性

现代农业是工业化和城市化不断推进的产物，已成为城市建设一个必不可少的组成部分。城市的需要决定农业的发展，农业的发展又促进了城市的建设，第一产业不断地向第二、第三产业延伸渗透，城乡各类信息技术、人才资本、设施市场日益相互融合。现代农业既能推动城市发展，又能分享城市发展成果，实现城乡互动一体化发展。从产业结构体系转变来看，现代农业不仅包括第一产业领域（种植业、养殖业等），而且包括农产品生产、加工流通、农村工业、社会服务、文化产业等多种产业集群。它不是通常所说的第一产业，而是真正意义上的产业链系统。

（三）功能的多元性

现代农业逐渐由单一生产功能向集生产、经营、服务等多功能方向转变。现代农业不仅要从事初级农产品供给和原料生产，体现经济功能，还要进行生态文化等功能的开发。它在提供新鲜优质安全的农产品和工业原料，以满足城市消费和工业发展需求的同时，更要为城市提供新鲜空气，营造优美宜人的绿色景观，改善自然环境，缓解城市污染，充分体现生态功能，还要为市民提供接触自然体验农业及观光休闲的场所和机会，增强现代农业的文化内涵和教育功能。

（四）效益的综合性

现代农业强调生产性、生态性和生活性的统一，以综合效益最大化为原则，科技进步与创新是其发展的根本动力，生产方式由粗放走向集约。它建立在资源环境可持续发展的基础之上，依靠现代科技，获得较高的土地产出率、资源利用率和农业劳动生产率，实现了经济效益、生态效益和社会效益的有机统一。

（五）机制的系统性

舒尔茨提出要通过"建立一套适于传统农业改造的制度、从供给和需求上为引进现代生产要素创造条件、对农民进行人力资本投资"三个方面引进现代生产要素改造传统产业。适时适度的国家干预及政府对农业的保护是发展现代农业的重要举措。从现代农业的发展历史来看，国家干预的作用是不可忽视的，这主要通过国家的农业立法、农业政策等措施来体现。这些法令既包括对农业进行供应控制，对农产品进行价格支持，还包括扩大国内消费，鼓励增加出口等内容，这一系列的政策措施为现代农业的顺利发展奠定了基石。从现代农业的制度支撑来看，这充分体现在具有较为发达的市场经济制度、较为完善的政府干预农业的制度和运行良好的农业服务体系上。

第四节 我国现代农业的发展现状及趋势

一、我国现代农业的发展现状

（一）农业结构调整取得重大成果，农民收入大幅度提高

改革开放以来，中国农村产业结构调整取得了很大成就，摆脱了农民在低效率、劳动力浪费等之前普遍存在严重问题的现象。

（二）农产品的数量与质量都有很大的提高

中国人口众多，耕地资源有限，随着城市建设的发展，建设用地越来越多，耕地面积减少，农业生产安全问题更加严峻。但农业生产经过多年的发展，目前中国食品市场的销售，无论是内在质量还是外观质量都有明显的提高。中国粮食产品质量的整体提升，更能适应经济持续快速发展的需要和广大人民群众消费需求的不断增长，提高了我国粮食企业的国际竞争力。

（三）农业技术大幅度增长，机械化农业发展迅速

中华人民共和国成立后，尤其是改革开放以来，我国的农业技术应用和技术研发工作取得了很大的进展，农业机械化水平也有很大的提高，现在中国的农作物技术的研发能力也越来越强，形成了高效缓释肥料应用技术、高效节水灌溉技术和农业生产技术、农业深加工产品和控制技术等系列现代农业技术体系。

二、我国现代农业发展存在的主要问题

近年来，虽然农业农村经济和现代农业发展取得了较好的成绩，但存在的问题和影响发展的因素仍然较多，主要表现在以下几个方面。

（一）农村基础设施较差

农田水利、乡村道路、农村教育、卫生等基础设施落后的局面没有从根本上得到改变。一些地方由于基础建设跟不上，出现了土地肥力下降、农田水利设施落后、农村机械化水平差、农业生产效率较低、抗风险能力弱等现象，农民靠天吃饭的问题还没有从根本上得到解决，特别是农田水利设施老化失修的问题，已成为制约农业增产、农民增收的"瓶颈"。

（二）农业结构战略性调整和农民增收难度增大

近年农民增收幅度较大，主要得益于政策的推动和市场的驱动作用，这些因素都具有短暂性和不可预测性，农民增收的长效机制尚未建立。结合我国实际情况，当前无论是从农业内部、农村内部还是农村外部来看，解决农民增收的治本之策和长效机制都正在积极探索构建之中。虽然我国农村经济得到恢复性发展，但依旧存在战略性结构调整难度增大、农业结构趋同性严重、优势产业规模不大、专业化水平低、市场竞争力不强等问题。劳务经济虽有较快发展，但仍处于自发阶段，如何有组织、有序地加快发展，缺乏有效、具体的办法和措施。

（三）农产品加工滞后

从数量上看，农产品加工业龙头企业规模不大、实力不强。从质量上看，存在"六多六少"的局面，即粮棉油加工多、其他加工少；初加工多、精深加工少；传统工艺多、高新技术少；小型分散多、规模经营少；一般产品多、名牌产品少；内向型企业多、外向型企业少。

（四）农民组织化程度不高

在千家万户小规模生产状态下，农民更多的是生产主体，不具备经济法人资格，不能有效与市场对接，还不是真正意义上的市场主体；现有的各类相关中介组织结构松散，运转不灵，稳定性差，大多没有登记注册，也不具备法人资格；能够真正充当市场主体的农业产业化龙头企业，数量不多，规模不大，带动力不强，难以发挥引导农民进入市场、参与竞争的作用。所以在激烈的市场竞争中，农民缺少统一组织，弱势地位没有从根本上得到改变。

（五）农村社会化服务体系不够健全

虽然农业科技在不断发展，但由于新型农业科技和信息服务体系尚待建立健全，推广服务职能被弱化，生产经营中农民缺少实用技术、缺少市场信息、缺少组织引导的现象极为普遍，重构以科技推广为重点的农村社会化服务体系已成为当务之急。

三、我国现代农业的发展趋势

（一）农业产业结构的市场化

随着中国市场经济的发展，人民的生活水平不断提高，消费需求发生了很大变化。现代农业不断地以市场为导向调整农业产业结构，不断地满足人们的两种基本消费需求：一种是有形的物质需求；另一种是无形的精神需求。现代农业可以通过合理布局生产保障型产业，生产粮食、蔬菜、肉禽蛋奶等常规农副产品和开发名、特、优、新农副产品，调整并优化种植业结构和养殖业结构，从而满足人们的物质需求；通过发展以绿化、美化为目标的园林产业，开拓融观光性、游乐性、休养性为一体的休闲农业和休闲园艺等农业旅游产业，即开发生态建设型产业，来满足人们的精神需求。传统农业是一种计划农业，而现代农业是一种市场农业。市场农业就是要农民树立起农产品的质量意识、商品意识、市场意识，以促进农业创名牌。

（二）农业生产方式的集约化

集约化生产是现代农业的基本特征之一。要实现集约化生产，就必须改变过去的粗放型、兼业化的生产方式，向机械化、良种化、专业化、规模化融为一体的生产方式发展。例如，上海农业集约化程度正在不断提高。上海奉贤区近年来就兴起了一批特种作物专业化生产基地，有光明的黄桃、奉城的方柿、邵厂的哈密瓜、江海的莲藕、邬桥的青梅等。种植业的专业化生产要求生产相对专一和集中，种植单一的农作物，可以是"一村一品"，也可以是"一乡一业"。同时，专业化的发展必须以适度规模作为基础。

（三）农业经营形式的产业化

农业一直被认为是一种初级产业，是一种与传统的、落后的生产方式和生产条件相联系的产业，农业似乎只是种植业和养殖业的生产，而农产品的加工被看作第二产业，农产品的流通被看作第三产业。长期以来，由于生产、加工、销售分割，利润分配不合理，所以农产品价格波动大，农业生产效益不稳定。中国现代农业建设正在逐步地解决这一问题，逐步实现农业产业化。例如，上海为了加快农业产业化建设的步伐，正在构筑农业"六大产业高地"：种子种苗产业、温室产业、农机产业、农副产品加工产业、农业生物技术产业、农艺软件和先进农用生产资料产业等，以确立上海农业在全国的优势和领先地位。

（四）农业生产技术的智能化

科学技术是第一生产力。农业科技是现代农业的强大动力和支持。中国的农业科技在不断地探索作物、畜禽等动植物和微生物生命奥秘以及挖掘增产潜力方面取得重大突破，从而使农业生产的"高产、优质、高效、生态、安全"标准达到一个全新的水平。我国的现代农业必将发展成为技术先进的智能化农业。

首先，生产设施不断地实现自控化和生产技术的智能化。依靠科技进步，通过引进、消化和吸收，建设和发展具有国内外一流水平的设施化现代农业生产基地与示范区，并体现先进设施、技术的辐射功能。例如，在科学技术部的支持下，上海自行设计、研制的"上海型"智能温室，已投入生产运行，该智能温室采用计算机逻辑智能调控技术，显示了上海农业迈向21世纪的科技水平。都市农业还应当有高新技术装备和一大批高智能人才的支撑，才能带动整个农业向科技化更高层次发展。

其次，科教兴农战略的实施，使现代农业获得强有力的人才和技术依托。一是实行了农科教结合。以科技为先导，以教育为支撑，以统筹实施科教兴农重点攻关项目为突破口，并以提高全体农业劳动者的素质为基点，推进农科教结合，使农业科研出成果、农业教育出人才。二是提供了多种形式的科技服务。充分发挥农业科技队伍的作用，如上海金山区某农业公司从农作物的栽培技术、化学除草、良种选用等方面，开展技术咨询服务，不断地健全农技推广体系，积极组织大专院校、科研单位投身农业产业化，使科研成果与产品开发结合，专业队伍与群众结合，形成各方共同参与的技术推广网络。

（五）农业生产管理的信息化

全球科技、经济的发展，越来越显示"信息经济"新时代正在到来。中国现代农业要赶超世界发达国家的现代农业，必须采用"超常规"的发展方式，不是沿着他们走过的道路走，一步一步赶，而是要依靠信息、知识，才能真正做到"超常规"，更快地缩短与发达国家的差距。目前，中国"信息高速公路"、电子信息和多媒体技术等产业的开发已经启动，咨询服务业也将拓展新的领域，并发挥更大作用。因此，涉农信息业有望成为又一个新兴产业，助力现代农业进入信息化时代。农业信息化理应成为现代农业优先发展领域。首先，要用现代信息技术改造传统农业，使农业由定性走向定量、由经验走向科学、由粗放走向精确。其次，要发展农业科技、商贸信息市场，为"三农"提供信息服务，使农业由分散封闭到信息灵通、由微观管理到宏观管理。通过信息、交通、邮电、通信、金融等方面的配套建设，逐步形成集农业信息发布与交流、新产品推销、技术转让与推广、农业物化技术与专家系统软件促销、农业商贸信息服务、远距离教学培训为一体的农业信息中心。一般信息服务包括天气预报、农资价格、期货市场行情、汇率与利率变化等信息的服务。

第二章 休闲园艺概述

园艺业是现代农业中的一个的分支。园艺业即园艺生产，通常包括果树、蔬菜、观赏植物的生产，而现代园艺业已远不止于此。现代园艺业已渗透城镇街道和社区、机关和居民院落，甚至居室和厅堂，城市的生态改善和宜居质量的提高都离不开园艺业。

第一节　园艺的发展历程和现状

中国是世界上最早兴起农业和园艺业的国家，相传人类在远古时代，为生存而学会了选择和栽培植物。人类第一次得到的栽培植物，无疑是来自采集的野生植物，而野生植物首先可能是叶菜类蔬菜（如荠菜、白菜、甘蓝），因为它不需要等到果实成熟，可食期长，采集方便。中国的黄河流域，神农时期我们的先民们已尝过百草，已多方面利用野生植物，桃、李、梅、柑橘与禾谷类植物等已开始被驯化。从人类历史发展进程看，初始的园艺是功能性的，主要是生产供人们食用和药用的植物。

七八千年前的新石器时代，我国的先民已有了种植蔬菜的石制农具，开始栽种葫芦和西瓜等。在陕西西安半坡村新石器时代仰韶文化遗址中，就已经有榛子、朴树子、栗子、松子和蔬菜种子出土。

从河南安阳小屯发掘出的商代都城殷墟中，有大量用以占卜的甲骨带有刻辞，已认出的字中就有园、圃、囿，其中园是栽培果树的场所，圃是栽培蔬菜的场所，囿则是人为圈定的园林。这说明在公元前13世纪的商代，园圃已开始从大田分化出来。

西周时代，随着中原人口的增加，作物种类日趋多样化。除谷、豆、麻之外，蔬菜、果树种植发展迅速。蔬菜种类有直根类、薯芋类、嫩菜类及葱类多种，果树有落叶果树带和落叶常绿果树混交带。我国现存最早的诗歌总集《诗经》中涉及132种植物，包括多种园艺植物，其中蔬菜有葵（冬寒菜）、葫芦、芹菜、山药和韭菜等；果树有枣、郁李、山葡萄、桃、橙、枳、李、梅、榛和猕猴桃等；观赏植物有梅、兰、菊、竹、杜鹃、山茶和芍药等。那个年代我们的先民已讲究园艺植物播种前的选种、播种的株行距，这反映出三千年前园艺产品在人们的生活中已占有一定的地位。

春秋战国时（公元前770年—公元前221年），园艺业发展很快，已出现大面积的梨、橘、枣、姜、韭菜种植园，民间还有原始的插花形式出现。战国时期的《山海经》记载了观赏树木14处、花卉5处、蔬菜5处和果树14处，同时扦插技术在当时的文献中也有记载。

秦、汉时期，果树和蔬菜生产已从园圃扩大至山野，出现了一些具有相当规模的果园和菜圃，成为农业的重要组成部分，很多新的品种开始出现。汉朝时期我国农民创造了葫芦嫁接技术。汉武帝时代（公元前141年—公元前87年），利用旧时秦代的上林苑，加以扩建，"周袤数百里"，南北各地竞献名果异树，移植其中，植物多达2 000余种，有名称记载的约100种，建成了中国历史上第一个大规模的植物园，并设钩盾，作为专门管理上林苑果木的官吏。张骞出使西域后，经丝绸之路，从西方引进葡萄、无花果、石榴、核桃、扁桃等果树，以及黄瓜、西瓜、胡萝卜、菠菜和豌豆等蔬菜。同时他也给西亚和欧洲带去了中国的桃、杏、茶、芥菜、萝卜、甜瓜、白菜和百合等，大大丰富了那些地区园艺植物的种植资源。

南北朝时期，我国南方栽培果树明显增多，如柚、枇杷等，而且出现了一些大面积的果园。此时期北魏贾思勰于六世纪中叶所著的《齐民要术》，是我国现存最早的一部完整的古农书，也是我国最有价值的农书之一。全书约11万字，分为10卷92篇，其中卷三为蔬菜，卷四为植树和果树，共记载了31种蔬菜以及17种果树的品种、繁殖、栽培技术和贮藏加工等，表明当时我国园艺技术已达到相当高的水平。《齐民要术》中首次记载的"嫁枣""嫁李"等促进果树多结果的技术一直沿用至今。

唐代我国的园艺发展状况如下：从国外引进了不少果树和蔬菜种类；促成栽培技术也有了新的发展，可使黄瓜在二月采收；创造了蜡封果蒂的果品保鲜技术和促使花朵提早开放的"唐花技术"，使牡丹、桃等可以在冬季开花；开始了食用菌的人工栽培；茶叶生产及茶叶栽培技术具有世界性的影响力。同期，花卉业大兴，长安城郊出现专业的花农，长安成为"四邻花竞发"的城市。

宋元时期原来主要在岭南种植的橙、橘、香蕉、荔枝、龙眼等果树分别向闽、浙、赣、川、苏等地推移，扩大了种植区域。对花卉的观赏已从上层人士向民间普及，除了专业花农，还出现了中间商——"花客"。北宋蔡襄编著了我国第一部果树专著——《荔枝谱》，记载了32个荔枝品种。南宋韩彦直编著了我国第一部柑橘专著——《桔录》，也是世界上第一部完整的柑橘栽培学专著，记载了27个柑橘品种，并全面总结了当时橘农的栽培经验。

明清时期我国主要通过海路从欧洲和美洲引进了芒果、菠萝、番木瓜、苹果、西洋梨、西洋李和西洋樱桃等果树以及番茄、辣椒、结球甘蓝、花椰菜、洋葱、南瓜（包括西葫芦、笋瓜等）、马铃薯、软荚豌豆和菊芋等蔬菜，极大地丰富了我国园艺作物的种质资源，促进了我国园艺专业的发展。同时我国的宽皮桔、甜橙和牡丹、菊花、山茶等也传向世界其他国家。清代陈淏子所著的《花镜》（1688年成书）一书记载了352种观赏植物，并采用了实用分类法，书中还逐一阐述了嫁接技术、微量元素的施用及观赏植物的园林配置技术。《花镜》的问世，标志着我国观赏园艺植物学的诞生。1708年汪灏等编著的《广群芳谱》中记载了100多种栽培及野生的蔬菜，并归纳为辛香、园蔬、野蔬、水蔬、食根、食实、菌属、奇蔬、杂蔬等9类，为后世蔬菜植物的分类打下了基础，其中食用部位及生长环境的分类法至今仍被采用。

中国是享誉世界的园艺大国。20世纪初极负盛名的植物学家亨利·威尔逊，曾于1899—1918年5次来华，广为收集各种野生观赏植物1 000多种，包括当今闻名全球的珙桐和王百合等就是他由中国引到国外的；他于1929年在美国出版的专著《中国：园林之母》（*China：Mother of Gardens*）中写道："中国的确是园林的母亲，因为所有其他国家的花园都深深受惠于她。从早春开花的连翘和玉兰，到夏季的牡丹、芍药、蔷薇与月季，直到秋季的菊花，都是中国贡献给这些花园的花卉珍宝，假若中国原产的花卉全部撤离而去的话，我们的花园必将为之黯然失色。"他恰如其分地说明了中国园林植物对世界的贡献。我国原产地的果树、蔬菜、花卉和观赏树木，早已被引向世界各地，在各国的园艺业中发挥着举足轻重的作用。中国是世界植物起源的几个中心之一，资源之多永远是我们的巨大财富。

中国现代园艺事业的发展主要在中华人民共和国成立以后，特别是 20 世纪 80 年代以后。经过几代人的努力，我国园艺业在下面几个方面取得了重大成就。

（1）在园艺生产方面，水果、蔬菜种植面积和产量持续增长，目前无论种植面积还是产量都居世界第一。我国观赏花卉虽起步较晚，但发展十分迅速，中国现在已经成为世界最大的花卉生产基地。

（2）在园艺植物研究方面，我国在栽培技术、资源调查和保护、品种选育、组织培养、基因工程等都取得了不菲的成绩，如我们建立了多种蔬菜的专家系统、选育了很多园艺植物抗生物和非生物胁迫逆境的品种，改善了蔬菜、水果的品质，提高了花卉的观赏价值。

（3）在园艺植物利用方面，通过与国外贸易，园艺产品创造了很多外汇。除了作为食品供给人们的需要，目前许多农业园、园艺园（园艺生产基地）、花卉园（如武汉梅园）等已经成为人们观光、旅游、休闲和娱乐的场所。

我国的园艺业已经成为农村经济的一项支柱产业，随着新农村建设的发展和我国居民生活水平的显著提高，作为高产值的园艺业会有更大的发展机会，会为人们提供更美味的食品、最具情操的产品和最舒适的休闲场所。但与发达国家相比，我们应当客观承认，作为一个园艺大国，中国园艺业还存在单产低、优质品率低、产品加工率低、出口率低和整体效益低等问题，因此还未进入园艺强国之列。

第二节 休闲园艺的相关概念

一、园艺、园艺学与园艺业

（一）园艺

园艺，即园地栽培，是指对果树、蔬菜和观赏植物的栽培，可相应地分为果树园艺、蔬菜园艺和观赏园艺。园艺一词，原指在围篱保护的园内进行的植物栽培。现代园艺虽早已打破了这种局限，渗透城镇、街道、社区、居民院落，但仍是比其他作物种植更为集约的栽培经营方式。园艺既是一门生产技术，又是一门形象艺术。从字面上来看，园艺一词是"园"和"艺"的组合，"园"字是指种植果树、蔬菜、观赏植物的地方，"艺"字则是指技能、技术。"艺"字作为动词时，本义是"种植"的意思。

（二）园艺学

园艺学，是研究园艺植物生长发育规律、遗传规律以及栽培管理技术的科学。随着科学技术的发展，园艺学的研究内容和分工也更加具体。园艺学概论是初级园艺学，其主要内容包括以下几点：园艺植物资源和园艺植物分类；园艺植物生长发育规律以及园艺植物与环境条件的关系；园艺植物调控和园艺植物病虫害防治；园艺植物品种改良和繁育；园艺产品的采收和采收后的处理；园艺产业的可持续发展等。园艺学科属于应用基础和应用型研究学科，以农业生物学为主要理论基础，是园艺业发展的基础。

（三）园艺业

园艺业，即园艺生产，是农业种植业生产中的一个重要组成部分，是农业生产的继续和发展，但又不同于以生产粮油为主的作物种植业，也不同于以生产林木产品为主的林业。园艺业是与庭院栽培或园田栽培有关的集约种植的园艺植物及其栽培管理、繁育、加工技术，主要从事果树、蔬菜、观赏植物的生产管理，是植物园的规划设计、营建和养护管理的行业。园艺业对丰富人类物质文化生活、绿化美化环境和改造人类生活环境具有重要意义。

二、休闲园艺

休闲园艺是指利用园艺植物及其产品或相关知识达到休闲养生、改善生活质量与生活环境等目的的活动。

园艺是位处第一的休闲性劳作。园艺在西方国家是一项既有久远历史又在现代十分普及的活动，是人们日常生活中一个必然的组成部分。但在中国，生活中从事园艺活动的人很少。究其原因，首先，园艺活动在中国传统上一直被认为是"农民"的事情，其次，中国的城市人普遍没有院子，也就没有从事真正意义上的园艺活动的机会。

园艺活动之所以特别适合于休闲生活，其原因如下。

（1）园艺劳作体力上的支出，亦是一种极好的康体运动，能起到和休闲性运动同样的作用，也符合大运动量、长时间、不剧烈等休闲性运动的要求。

（2）对某种园艺活动感兴趣的爱好者们，亦能通过经常的相互交流而成为朋友，并进而形成相应的俱乐部，达成社会交际的目的。

（3）看着植物在自己付出的关爱下茁壮成长，看着自己辛勤劳动所孕育出的果实，那种油然而生的自豪和欣慰，那份收获的喜悦心情，是在包括休闲性体育运动在内的其他各种活动中都难以找到的。

（4）园艺劳作能够带来或小或大的经济收入，而且是最容易与休闲事业中业主投资安排结合在一起的活动。

第三节　休闲园艺的基础理论

一、休闲理论

休闲与人类的历史一样古老，一直以来，休闲都是作为非主流活动存在于人类的历史中。然而，随着现代社会的发展，一种"非道德的冲动"带来了日常生活多元因素的爆发，"休闲"作为一种文化利益的现实表现，充分显示了现代社会中大众文化的发展和趋势。

（一）关于休闲

何为休闲？仁者见仁，智者见智。瑞典哲学家皮普尔说，休闲是一种精神态度；是一种为了使自己沉浸在"整个创造过程中的机会和能力"。美国学者凯利则说，休闲应被理解为一种"成为人"的过程，是一个完成个人于社会发展任务的主要存在空间，是人的一生中一个持久的重要的发展舞台；休闲是以存在与"成为"为目标的自由——为了自我，也为了社会。杰弗瑞·戈比说，休闲是从文化环境和物质环境的外在压力下解脱出来的一种相对自由的生活，它使个体能够以自己喜爱的、本能地感到有价值的方式，在内心之爱的驱动之下行动，为信仰提供一个基础。

这三个定义都是从社会的角度来看待休闲，将休闲放在宏观的前提下，并在个人与社会之间的关系中定义休闲所指的状态和体验。亚里士多德这样谈论休闲：摆脱必然性是终身的事情，它不是远离工作或任何必须性事物的短暂间歇。在他的《政治学》一书中更是提出这样一个命题："休闲才是一切事物环绕的中心。"

马克思眼中的休闲则来自另一个角度。他认为"休闲"包括两个层面的含义：一是指"用于娱乐和休息的余暇时间"；二是指"发展智力，在精神上掌握自由的时间"。一般来说，休闲是与工作相对立的时间概念，也是一种与工作相对立的活动。由于休闲是一种日常的活动，从感性层面上，我们可以把握休闲的演化和方式。

在西方，"休闲"一词意义的异化是基督教文明兴起之后，尤其是近代工业文明兴盛以后的事情。基督教会有关于"礼拜日"的规定，只有这一天，人们才停止劳作，得以休息和去祭奉上帝，由此开始了日常生活与休闲活动的分离。而宗教改革之后，新教伦理强调"工作伦理"，休闲如同"浪费时间"一样，成为一个贬义词。而工业革命后出现的"经济崇拜"和"效率崇拜"浪潮，更强调了人们追求效率的念头，以至于人们也像利用各种资源一样去利用休闲时间，休闲时间要么是成为恢复体力与脑力疲乏，以便更有效地工作的手段；要么人们在休闲时间拼命地追求各种刺激来放纵自己，以至于空闲时间的利用也如同劳作一样匆忙和紧张。这里的休闲等同于空闲，而且"休闲"成为没有意义的名词。现代意义上的休闲完全不同于以往，休闲成为人类精神生活的载体，反映了真正休闲的可能性。

我国休闲传统与休闲理论具有它自己的特色，与长期以来形成的西方休闲理论中将休闲与空闲等同起来以及将工作与休闲截然而分的传统不同，中国人的休闲观念其实是一种境界。真正的休闲境界可以说是一种与万物合一，消除了人我分别、内外分别的精神境界。我国古代的休闲主要是指古代士大夫消磨闲暇时间的各种方式，如抚琴、下棋、吟诗、作画、书法、饮酒、放风筝、养花鸟以及游山玩水等，追求闲情逸致。虽然有地位身份的限制，这也形成了中国休闲的特点。这种休闲正好符合中国人一贯的含蓄和中庸之道。

当下社会，休闲服、休闲鞋、休闲椅、"休闲一刻"（电台）、"休闲时光"（电视），大大小小报纸杂志的休闲专栏……从身上穿的，到居家用的；从用耳朵听的，到拿眼睛看的；从独自一个人享用的，到对"他人"（影视明星、社会名流）行为举止的窥视、模仿，"休闲"二字无不成为这个时代最时髦的大众话语，人们落入休闲的谷底。现代社会中科学技术的飞速发展，为社会经济的多元化提供了基石，日益丰富的生活状态展现在社会的各个方面，构成了现代意义上的休闲。现代人当中从事脑力劳动的人越来越多，人们的工作时间大大缩短，空闲时间越来越多，休假时间也越来越长，这样休闲就成为人们重要的生活内容，休闲产业经济也随之出现，并呈现出越来越迅猛的发展势头。长期承受着工作负担和社会竞争的压力，人们需要在工作之余使身心得到解放。放松心情，回归自然，暂时忘却烦恼的休闲活动至少是通向理想彼岸的一个小岛或避风港。看电视、上网、购物、旅游、听音乐……现代社会为我们提供了最先进的休闲场所、休闲条件以及最强烈的享受欲望。休闲产业呈现一片繁盛的场面，人们随之都参与其中。

现代休闲的特殊性与现代社会的融合，使休闲成为现代性的新载体。

（二）关于休闲文化

休闲的兴起必然带来休闲文化的出现，由于休闲包含的范围广，所以在一定限度上说，休闲文化就是现代社会文化。现代社会是一个消费社会，消费是这个社会的神话，也是休闲在现代社会的全权代表。休闲文化作为现代社会特别是消费社会中特有的生活方式与文化类型，具有特定的历史内涵。

后现代消费文化理论家鲍德里亚认为：在消费社会里，休闲已成为文化记号和被消费的对象，休闲是不可抗拒的责任伦理。人们对自由时间的消费成了尽责伦理的一种，追求的是这一符号之下的象征性和理想性。文化不再是为了延续而被生产出来的，而是根据媒介自身，根据一些规则被制定出来的，休闲作为文化消费的一种，渗透了大众传媒的操纵性结果，因而在很大程度上成为伪事件和伪现象。休闲中，大众是休闲活动制造者所面对的解码者，制造者通过对编码解码程序的控制，向大众传播意识形态。大众传媒总是向个体宣扬和灌输普通个体要获得文化公民资格所必须拥有的一套公共文化，建构个体的文化身份应该消费哪些物品和服务，你该如何保养你的身体，如何养护你的温柔气质，作为一个有身份的体面的人，你至少应该到过哪些地方，以什么方式旅游，这样才能体现你的学识和品位。以什么样的方式休闲以及如何休闲都是这个社会的公共文化规定的，人们之所以去休闲正是力求使自身获得身份的象征，唯恐自己的做法落伍，丢失了与他的地位和身份相匹配的符号性力量。这样的休闲已经脱离了事件本身，人们在休闲之时不过消费着它所代表的符号。人们通过消费、休闲来标识自己的身份，休闲已不再带来享受物质和精神的舒适。

休闲文化虽然是社会意识形态控制的产物，但它来源于日常生活，是人们在自由时间所创造的文化，这个文化有其自身的特点。

首先，休闲文化具有浅显性。现代人的劳动越来越脑力化，其紧张的类型也大多是属于精神上的紧张或心理上的压力。所以，其缓解的方式恰恰多表现为消耗体力，通过消耗体力达到放松精神的目的。现在的许多休闲活动，如爬山、蹦迪、器械健身、做健美操等就是非常消耗体力的，有些甚至可以说是"花钱干体力活"。这种缓解精神紧张的需要就导致了现代的休闲文化趋向于感官化、图像化与平面化。休闲必须是轻松容易的，而不是深沉艰难的。为了逃避工作中的紧张和压力，现代人的休闲都选择简单的活动，至少不再运用很多的智慧。也就是说，现代人的休闲是为了"否思"（不思考）。所以，现代社会产生的休闲文化是简单的活动中所形成的神经释放，它是简单的、平面化的。

其次，现代休闲是被规划的，不自由的。现代社会中休闲被当作一项工作一样被列入议事日程，也就是说，你不能想什么时候休闲就什么时候休闲。现代许多人像执行一项工作一样去休闲，休闲就成了为完成任务的活动。即使在休闲类型的选择上也是不自由的，你的休闲选择应该是大众认同的、符合自己身份和地位的、有品位的，这一系列条件使你无法随心所欲地去休闲。布尔迪厄在其代表作《区分：鉴赏判断的社会批判》一书中努力要证明的一个中心观点是：人们在日常消费中的文化实践，从饮食、服饰、身体直至音乐、绘画、文学等的鉴赏趣味，都表现和证明了行动者在社会中所处的位置与等级。

最后，休闲文化的宽容性。休闲的确立，产生于对任何形式的一元性文化价值话语的突破，而把对日常生活的"当下性"占有和享受理解为多元因素构成的大众实践。日常生活中感性利益的现实实现成为被许许多多普通人所自我标榜的"神话"故事的中心，相形之下，主流文化的种种权威话语则一步一步地被放逐出整个生活的中心立场，沦为生活的一个部门而非全部。在休闲中，不仅生活本身所必定包含的各种意识冲突、价值矛盾被缓和了，更重要的是由生活上升而来的文化建构活动中的大众与主流之间的直接矛盾和对立得以淡化、延迟。这一点，我们从眼下充斥电视屏幕的各式广告的诱惑性话语可以看得相当清楚。主流文化的解构，大众文化的扩散，使休闲文化的界限很模糊，使其成为包含了多种矛盾的统一体。

（三）休闲经济

1. 休闲经济的内涵

（1）休闲经济的形成。

休闲经济是指建立在休闲的大众化基础之上，由休闲消费需求和休闲产品供给构筑的经济，是人类社会发展到大众普遍拥有大量的闲暇时间和剩余财富的时代而产生的经济现象。一方面，休闲经济体现着人们在闲暇时间的休闲消费活动；另一方面，休闲经济也体现休闲产业中休闲消费品的生产活动。它主要研究的是人在休闲行为中的投入与产出、休闲行业所创造的价值、休闲经济的运行规律、休闲行为和经济的变量关系等。休闲经济的兴起是人类社会发展的必然，也是人类社会文明进步的标志，它是人类社会经济的高级形态，从本质上讲休闲经济是人类改造自身以获得全面发展的过程中引起的一种经济现象。

（2）休闲需求与休闲供给。

休闲需求：休闲需求是指当前休闲主体利用休闲对象的水平以及未来希望利用的数量，是个人休闲活动的大众化形式表现。它不仅包括当前实际观察到的休闲活动，还包括对未来的休闲行为的预测。因此，休闲需求有一种行动趋向性，是反映潜在的行动倾向的概念，是进行休闲活动、利用休闲设施及空间的个人爱好或欲望倾向的展示。休闲需求的类型有三种：有效需求、延期需求和潜在需求。有效需求是指实际参加或消费休闲服务的数量。有效需求取决于休闲时间、利用者年龄、汽车拥有程度以及其他社会经济背景等因素。延期需求是指有参加休闲活动的能力，但由于缺乏休闲信息或休闲设施等而没有实现的需求。潜在需求是指因为自身社会、经济、环境等原因而没有能力参加休闲活动，但希望未来能参加的需求。所有的人都有潜在的休闲需求，但它没有反映在现实的休闲利用中。休闲需求的决定因素有收入水平、教育水平、职业、性别、年龄、家庭生命周期等，这些因素通过对休闲主体的心理和行为的影响而表现出来。

休闲供给：休闲供给是指在休闲现象中，用以满足休闲主体休闲需求的休闲资源、休闲产业等的总和，它往往也包括促进休闲活动的教育、项目等的开发和提供。休闲供给的组成要素有直接满足休闲需求的主要供给要素和间接满足休闲需求的次要供给要素。主要供给要素指的是特定的休闲空间及主要设施本身，而次要供给要素指的是辅助人们顺利使用主要供给要素的补充型休闲空间及设施等。

二、体验经济理论

近年来，随着我国社会经济的发展和居民收入的增加，社会价值观念的多元化，以及人们个性的舒展，对生活质量的更高要求，对个人感受重视程度的日益提高，"体验"一词的使用频率和范围也随之迅速提高和扩大。人们的体验正在对我们社会生活的各个方面产生深远影响，尤其是对经济生活的影响日益凸显，致使人们越来越强烈地感受到体验经济紧跟时代的脚步走来。关注体验经济、研究体验经济、发展体验经济，正在成为一种潮流。

（一）体验经济概念的提出与理论发展

经历了农业经济、工业经济、服务经济等时代后，体验经济将是最新的经济发展浪潮。在农业经济时代，土地是最重要的资本；在工业经济时代，产品是企业获得利润的主要来源，服务是促进产品销售的手段；在服务经济时代，产品是企业提供服务的平台，服务才是企业获得利润的主要来源；而体验经济则是服务经济的更高层次，是通过创造个性化生活及商业体验来获得利润的。因此，美国著名未来学家阿尔文·托夫勒 20 世纪 70 年代初在《未来的冲击》一书中指出：体验经济将逐渐成为继农业经济、工业经济、服务经济之后的一种经济形态，企业将靠提供体验服务取胜。这个观点长期以来未引起人们的重视，直到 20 世纪末，当时社会经济环境的变化使人类"体验"对经济产生重大影响，至此，人们不能不佩服托夫勒的卓识远见。

1998 年，美国战略地平线 LLP 公司的创始人约瑟夫·派恩和詹姆斯·吉尔摩在当年的《哈佛商业评论》7/8 号期刊上发表《欢迎进入体验经济》一文指出："经济价值演变过程可分为四个阶段：商品、货币、服务和体验。

随着服务像以前的货币一样越来越商品化，比如只有价格的长途电话服务，体验逐渐成为所谓的经济价值的下一项内容……欢迎来到体验经济时代。"1999 年 4 月，他们两人合著的《体验经济》一书由哈佛商学院出版社出版，该书以轻松活泼、通俗易懂的语言，一方面勾画出 20 世纪西方发达国家（尤其是美国）的商业实践与工商管理理论内涵的演变与发展趋势，另一方面又极具洞察力地指出体验经济的内涵与深远意义，并附上大量的事例予以解读。《体验经济》作者这样描述体验经济的理想特征：在这里，消费是一个过程，消费者是这一过程的"产品"，因为当过程结束的时候，记忆将长久地保存对过程的"体验"。消费者愿意为这类体验付费，因为它美好、难得、非我莫属，不可复制、不可转让、转瞬即逝，它的每一瞬间都是"唯一"。

虽然我们都知道马斯洛的"需求层次"理论，但是应当说，《体验经济》这本书第一次让我们看到，现实经济的发展已经进入了能够普遍地、大规模地满足马斯洛所说的最高需求层次——"自我实现"的阶段。在体验经济中，企业不再生产"商品"，企业成为"舞台的提供者"，在它们精心制作的舞台上，消费者开始自己的、唯一的、值得回忆的表演。在体验经济中，劳动不再是体力的简单支出，而是成为自我表现和创造体验的机会，例如许多人在时下风行的陶艺馆自己制作陶艺时，既能了解和掌握制作陶艺的基本知识和工艺流程，又能充分发挥自己的想象力和艺术探索精神，于是陶艺制作便成了消费者自我表现和创造体验的机会。因此，体验经济是以商品为道具，以服务为舞台，以体验为经济提供品，以满足人们情感需要和自我实现需要为主要目标的一种经济形态。当"体验"在社会经济生活的众多领域成为"商品"，而人们又愿意为"体验"付费时，体验经济时代便到来了。

（二）体验经济的兴起是社会经济发展的必然趋势

体验经济的兴起不是偶然的，而是社会经济环境发生的深刻变化所引起的，究其原因，主要表现在以下几个方面。

1. 当代社会生产力发展水平的提高和人类需求层次的升级是体验经济产生的根本动力

任何社会经济时代的产生和发展，都是生产力发展和人类需求不断升级及其相互作用的产物。

农业经济时代，以农产品作为经济提供品就可以满足人们的生存需要。

工业经济时代，以工业产品作为主要经济提供品就可以满足人们的需要。

服务经济时代，社会生产力获得进一步发展，商品经济空前繁荣，人们的收入不断提高，对生活质量和人生价值的追求日益强烈，对服务的需求不断增加，对服务的品质日益挑剔。各企业开始系统地拓展和强化自己高效有序的服务体系，并把它作为企业核心竞争力的重要组成部分，以吸引和留住顾客。由此可见，在这个时代，人们的需求层次同以往时代相比有了很大发展和提高，从社会总体上看进入了较高的需求层次，对社会地位、友情、自尊、他尊的追求，使得高品质的服务成了满足人们需要的主要经济提供品。

服务经济发展到 20 世纪末，随着社会生产力水平、人们收入水平的不断提高，人们的需求层次有了进一步的升华，产品和服务作为提供品已不能满足人们享受和发展的需求。从社会总体上看，人们的需求在满足了生理、安全、社交、尊重的需要之后，实现了历史性的跨越，进入了"自我实现"层次。因此，人们需要更加个性化、人性化的消费来实现自我，于是，体验就成了服务之后的主要经济提供品，从而将人类带入了体验经济时代。很显然，发达国家是体验经济的先行者。在他们看来，社会主要经济提供品的演进过程，也就是人类社会经济价值的演进过程，并且这一演进过程具有明显的自然性，因为它越来越朝着满足人类需要的方向发展。正如我们在 20 世纪 50 年代从工业经济转向服务经济一样，现在，我们步入了体验经济时代。

2. 市场经济的不断发展和市场竞争的不断加剧推动了体验经济的产生

市场经济作为一种社会配置资源的方式和经济体制，在世界范围内不断发展和完善，形成了一套被广泛认可的游戏规则，从而构成了一个完整的经济运行机制，保证了资源的优化配置和竞争的自由、公平与公正。今天，买方市场的进一步发展和深化，使得卖方之间的竞争日趋激烈。因此，关注人们消费心理和消费行为的变化，把握人们需求层次的发展，充分满足顾客的需求，为顾客创造更多的价值，提升顾客的满意度和忠诚度，成为企业的共识。为了应对市场竞争和寻找市场突破口，在商品和服务已不能满足顾客需求的情况下，创造"顾客体验"便成了众多企业的共同追求。

可以预见，市场竞争的需要将使企业越来越关心顾客在个性化需求、价值体现、心理感受、情感追求等方面的"体验"，并设法为顾客提供获得"体验"的平台，从而把越来越多的行业带入体验经济时代。

3. 现代信息技术、网络技术的发展和广泛应用，是推动体验经济崛起的重要因素

现代科学技术的迅猛发展促进了社会劳动生产率的大幅度提高，为劳动者拥有更多闲暇创造了条件。现代企业重视企业文化的作用，普遍推行人本管理制度，给予员工身心健康越来越多的关注，使员工的休假时间增多。以美国为例，事实上，时下美国的休闲产业已成为其位居首位的经济活动。统计显示，美国人有三分之一的时间用于休闲，有三分之二的收入用于休闲，有三分之一的土地面积用于休闲。而在休闲活动中，体验消费无疑是内涵最丰富、吸引力最强的一种消遣方式。在体验消费中，将会出现包括娱乐消费、情感消费、精神消费、文化消费等满足人们不同需求的消费方式。可见，人们闲暇时间的增多，为体验这种经济提供品带来了广阔的市场前景，推动了体验经济时代的到来。

4. 人们闲暇时间的增多，为消费"体验"创造了必要条件，推动了体验经济的到来

20 世纪末，新技术革命催生的新经济时代终于到来，这是以信息技术和网络技术为基础，以创新为核心，以全球化和信息化为特征，以新技术发展为动力的可持续发展的经济。此时，信息技术和网络技术的发展已经开始渗透社会生活的各个方面，在经济生活中电子商务和虚拟经济蓬勃发展，数字化生存已经不再是梦想。这一切为人们分享生活中的体验和设计体验的舞台提供了强有力的技术支持。可以说，信息技术和互联网在体验经济中扮演着重要的角色。因此，供应商为了生存，为了使自己的商品和服务区别于他人，就必须在自己提供的商品和服务中融入体验的元素，通过提供顾客需要的体验获得利润。为了创造体验，供应商必须清楚地知道顾客与它提供的商品和服务是如何互动的，因此必须利用信息技术和网络技术建立顾客关系管理系统，通过对顾客信息的收集、分析、集成、共享，了解顾客的真实需求，满足顾客的特定偏好，为顾客带来满意的体验。

上述四个方面的变化在经济发达国家和地区表现得十分明显，它们已率先进入体验经济时代。

第四节   休闲园艺的发展前景

无论是中国还是世界其他国家，园艺业都是很兴盛的行业，而且是在继续发展的行业。21世纪的中国，工农业的发展，高科技将是主要动力。农业，包括园艺业，其发展将主要依赖高科技的发展，也只有这样才能真正摆脱小农经济落后、原始、低效益的状况，赶超世界先进水平。未来的中国大农业中，农作（粮油）业、园艺业、畜牧业是3个平分天下的产业，园艺业的前景令人鼓舞，休闲园艺作为其中的一种，未来的发展热点主要体现在以下两个方面。

一、都市园艺、社区园艺、家庭园艺、微型园艺

都市园艺得益于城市小区的迅速发展，小区绿化程度成为市民购房的重要考量指标。此外，都市中还有大面积间隙地带，在这些地方种植园艺植物，既可美化环境，又可给市民提供生产活动。社区园艺更贴近居民的生活，就在楼房之间或学校空地上，栽种一定的果树、花卉、草坪，也可以增加一些蔬菜种植。家庭园艺，最早是有庭院的家庭才可以从事的，但实际上楼顶、阳台也可以进行一定的种植，从这种意义上讲，庭院蔬菜和阳台蔬菜都属于社区园艺的类型；微型园艺，有人把它限定为在一定容器内进行的园艺植物栽培，配置一些小的人工景观，栽上一些观赏价值高的微型植物；同时有人认为很小面积的园艺植物种植，具有一定的产品或观赏价值，也可以称微型园艺；家庭中生产自食的蔬菜，花盆中栽点韭菜、辣椒，养点花，也是微型园艺。随着人们居住条件的改善，家家都可以从事微型园艺，一定会有很多的花样。现在有人提出用家庭种植代替宠物的建议，受到很多人的欢迎。

社区园艺、家庭园艺、微型园艺，不是简单的植物种植，不仅要有相应的最适合这种条件的种类、品种，植物保护、施肥等技术措施也需符合环境卫生的要求，这些应当是新的研究课题。

二、市场园艺、设施园艺

市场园艺，即通常所说的自采果园、自采菜园、自采花圃等，但能自

采的种类和品种更多、更丰富。发展这种市场，也是满足一些人的需求，他们自选、自采鲜花、蔬菜或果品，如到仓储式商场购物一样。

设施园艺是指建造生产设施，人为创造植物适宜的生长环境来生产园艺产品。由于设施园艺可以周年生产，均衡供应园艺产品，从而可提高土地生产率、劳动生产率和产品商品率。目前，发达国家的"设施园艺"已向"工厂化园艺"过渡，实现了温室发展的大型化、现代化和工厂化，如荷兰的计算机自控连续大型温室与"植物工业化连栋生产线"、以色列的半自动连栋塑料大棚等。比较而言，中国的设施园艺发展还处在起步阶段，处在追求数量增加的阶段。面对充满挑战的21世纪，今后我国设施园艺应从生物—环境—工程三方面，将单项技术进行综合配套、规范化和系统化，引进、消化、吸收国外的先进设施设备。环境控制应向自动化、智能化与网络化方向发展，大力提高劳动生产率。目前，节能型日光温室在我国北方发展极为迅速，成为冬春喜温果菜生产的重要设施。以后，设施园艺场所应该发展成为集产品生产和观光园艺于一身的基地。

第三章 园艺产业的现代化

随着我国园艺产业的不断发展，园艺植物育种也逐步走向高新技术领域。高新技术包括空间技术、新能源、新材料、信息技术、生物技术等，每一种技术都有在园艺产业中应用的空间，都具有推动园艺产业发展的巨大潜力。在园艺产业中应用最广泛、最成功的是生物技术和信息技术。生物技术在园艺作物种苗繁育、性状标志、种质创新和品种培育中发挥着重要作用；信息技术则是在园艺作物的生长环境调控、生长发育模拟模型建立以及生长发育管理方面建立专家系统的基础技术。

第一节 现代化技术在园艺中的应用

（一）生物技术在园艺产业中的应用

生物技术是指以生命科学为基础，利用生物体系和工程原理创造新品种和生产生物制品的综合性科学技术，主要包括植物组织培养、人工种子、细胞工程、性状的分子标记和分子育种以及基因遗传转化（基因工程）等。

1. 植物组织培养

植物组织培养或称植物细胞工程，是在园艺产业中应用最早、最广泛、成效最显著的高新技术。植物组织培养在园艺产业中主要应用在种苗快速繁殖、脱毒育苗、种质资源保存、创新、新品种选育等方面。

无性繁殖的园艺植物，如草莓、葡萄、香蕉、马铃薯、大蒜、非洲菊、一品红等，长期栽培和繁殖会感染并积累病毒。当病毒积累较多时，就会导致生长变弱、产量降低、品质变差、效益降低，但到目前为止，还没有一种有效的药剂防治方法。以植物组织培养技术为基础的微茎尖培养，能够有效脱除病毒，再利用获得的脱毒苗进行扩繁，从而进行脱毒种苗的繁育。利用组织培养技术脱毒是目前最有效的植物脱毒技术，已在葡萄、草莓、苹果、柑橘、香蕉、大蒜、马铃薯等多种园艺作物上取得巨大成功，并可实现脱毒种苗的产业化生产。如我国马铃薯脱毒快速繁育技术在国际上就处于领先地位。

2. 分子标记技术

20世纪80年代发展起来的分子标记辅助育种是生物技术的另一个重要应用领域。分子标记技术是通过遗传物质DNA序列的差异来进行标记，基于DNA水平多态性的遗传标记，是通过检验基因组的一批识别位点来估测基因组的变异性或多样性的方法。分子标记作为一种基本的遗传分析方法，是继形态标记、细胞学标记和生化标记之后发展起来的一种新的遗传标记形式。分子标记技术在植物分类和遗传多样性、种质资源保护和利用、遗传图谱建立、基因定位、指纹图谱用于作物品种鉴定等多方面已得到广泛应用。利用分子标记技术，可以对果树、蔬菜、花卉等多种园艺作物的重要经济性状进行标记，为这些重要性状的应用提供方便快捷的途径。如通过分子标记和遗传作用，已建立了番茄、黄瓜等多种园艺作物分子图谱。而将分子标记用于亲本之间遗传差异和亲缘关系的确立，有助于杂种优势群的划分，提高杂种优势潜力。

3. 植物基因工程

植物基因工程又称植物遗传工程，是指以类似工程设计的方法，按照人们的意愿，将不同生物体的DNA在体外经酶切和连接，构成新的DNA分子，然后借助一定的方法转入受体植物细胞，使外源目的基因在受体中进行复制和表达，从而定向改变植物性状的技术方法。自1983年世界上成功获得第一株转基因植物以来，植物基因工程技术在作物品种改良、抗虫剂、抗除草剂、杂种优势的利用等方面得到了广泛应用。美国、加拿大等国家已有众多转基因作物品种得到应用，其中以大豆、玉米、水稻等粮食作物为主。虽然目前园艺作物转基因育种与大田作物相比还有一定差距，但一些基础研究和技术手段已基本成熟。也有部分品种通过转基因技术获得了新的性状，成为具有某种特定性状和功能的转基因品种，如番茄、马铃薯、白菜、香蕉、木瓜、香木瓜、康乃馨等。1977年，我国第一例转基因耐贮藏番茄获准进行商业化生产，2002年又有抗病毒番茄、抗病毒甜椒、改变花色的牵牛花等园艺作物品种进入商业化生产。

（二）信息技术在园艺产业中的应用

1. 信息技术

信息技术是当今世界发展最快的高新技术，它推动着全球经济朝着以计算机及信息网络为基础的信息化方向发展。在这一背景下，我国农业已开始从传统农业向现代农业转变。信息技术目前被广泛应用在农业的各个领域，农业信息化已成为现代农业的重要标志。

2. 农业信息技术

农业信息技术是信息技术与农业科学技术的有机结合，是在信息科学与农业科学不断发展的推动下建立起来的。农业信息技术着重研究农业系统中生物、土壤、气候、经济和社会等信息的综合管理和利用，通过建立智能化信息系统或决策支持系统，为不同层次的用户提供单机决策或网络系统服务。农业信息技术使农业生产系统从定性理解到定量分析，从概念模式到模拟模型，从专家经验到优化决策，实现定时、定量、定位的智能化农业管理。农业信息技术是一门新兴的边缘性应用科学，因农业科学与信息技术相互交叉渗透而产生，其研究和开发涉及农业的各个领域，已成为引导农业生产、科研、教育、管理进一步发展的强大动力。农业信息技术主要包括农业信息网络、农业数据库、管理信息系统、决策支持系统、专家系统、3S技术（RS、GPS、GIS的简称）、信息化自动控制技术、农业多媒体、精准农业、生物信息学、数字图书馆等内容，其中以3S技术和精准农业在农作物管理方面的应用最为广泛和成功，信息化自动控制技术在设施园艺和工厂化农业中应用广泛，农业信息网络和农业数据库更是延伸到农业各个部门和领域，覆盖千家万户。

农业信息化在发达国家已被广泛应用，其领域包括农业硬件和设施的操作、农业生产技术和知识的推广普及以及产品市场经营等。在美国的农业生产中，82%的土壤采样由地理信息系统完成，74%的农田利用地理信息系统进行制图，38%的收割机带有测产器，61%的作物采用产量分析系统，90%的耕地采用精确农业技术。法国农业部植保总局建立了全国范围的病虫测报计算机网络系统，可适时提供病虫害实况、农药残毒预报和农药评价信息。日本农林水产省建立了水稻、大豆、大麦等多种作物品种、品系的数据库系统。新西兰农牧研究院利用信息技术向农场提供土地肥力测定、动物接种免疫、草场建设、饲料质量分析等信息服务。

我国引进农业信息化的概念是在 20 世纪 80 年代。经过 20 多年的发展，我国农业科研部门已在系统开发、数据库、信息管理系统、遥感技术应用、专家系统、决策支持系统、地理信息系统等高层研究领域取得了一定成果，某些领域已达到国际先进水平。

（三）航天育种

航天育种也称太空育种、空间诱变育种，是一种有着广泛应用前景的诱变育种技术，在国内已有 20 多年的历史，主要通过卫星或宇宙飞船等搭载植物材料，利用高能空间辐射、微重力、超真空、超净环境等空间环境的影响，使植物发生体细胞突变，诱导植物发生遗传性状变异，利用有益的变异选育出作物新品种的育种新技术，它是航天技术、生物技术和农业遗传育种技术相结合的产物。航天育种变异频率高、幅度大，同时对植物的生理伤害轻，并且引起的变异大多数为可遗传的变异，受到国内外遗传育种界的广泛重视。

目前航天育种主要采用两种方法：一种是利用返回式卫星或飞船作为运输工具，将种子带到距地球 200～300km 的太空中，经过 8～15 天的太空旅行，使作物基因产生一定的变异；另一种是让作物种子搭载于高空气球运行到 30～40km 的高度，停留 10 小时左右，也能导致作物基因变异。

航天育种能提高农作物产量，改良农作物的品质，我国制订的"863 计划"将空间植物学研究列入了空间生命研究计划，并确定我国实施航天育种工程的策略为：加强航天育种，追踪国际发展趋势，提高我国作物育种水平。1987 年，我国首次将农作物种子搭载卫星上天。中国科学院植物所、微生物所、遗传所以及上海植物生理所、昆明植物所和解放军兽医大学等单位，调来 20 多种微生物材料和植物种子，总重量不足 5kg。科研人员将上述种子等材料密封在玻璃管中，送入太空遨游了 7 天，从此揭开了中国航天育种的序幕。

在此后的 10 多次航天搭载育种中，共搭载了包括粮食作物、经济作物、蔬菜、花卉、微生物菌株等在内的 800 多个品种，这些品种经全国 23 个省市 109 个科研和生产单位的农业专家和技术人员的试验选育，取得了可喜成果，培育出了一批高产、优质的粮食、蔬菜新品系及有特殊性状的种质资源。目前已有水稻、小麦、油菜、甜椒、黄瓜、番茄、大葱、西瓜等作物在试种、示范和推广。

园艺作物航天育种的重要成果表现在"航天蔬菜品种"的成功培育。如中国科学院遗传研究所将卫星搭载的黄瓜种子后代经 5 年选育，已经获得产量高、口味好、果型大的新品系，单产达 90000 kg/hm²。太空黄瓜不仅口感好、耐贮存，而且产量提高 20% 以上，一条黄瓜最重可达 1500g。这些品种还具有很强的地面环境适应性和抵御病虫害的能力。

除蔬菜外，中国科学院遗传研究所还在 1996 年搭载了 20 种花卉种子，其后代出现了一些有益性状突变。一串红获得了花朵大、花期长、分枝多、矮化性状明显等变化；三色堇的花色变为浅红色，花期更长；原本为纯红色的矮牵牛出现了花色相间，一株上长出不同颜色花朵的变化。

第二节　园艺产业的标准化与产业化

一、园艺产业的标准化意义

农业标准化是指种植业、林业、畜牧业、渔业、农用微生物的标准化，即以农业科学技术和实践经验为基础，运用简化、统一、协调、优选的原理，把科研成果和先进技术转化成标准并实施，以取得最佳经济、社会和生态效益的可持续过程。

（一）标准化是对现代园艺进行全面科学管理的基本要求

农业标准化有力地推动农业生产力水平的不断提高。先进的农业生产、采收、加工、流通技术要有效地应用于园艺产业，必须以标准化为手段和途径，园艺产品质量的控制、评判也必须以标准为依据。因此，园艺产业的现代化和国际化，现代园艺优质、高产、高效、安全和可持续发展，依赖于现代园艺标准的制定和实施。

（二）标准化是现代农业科技成果转化的桥梁和纽带

农业标准化既源于农业科技创新，又是农业科技成果转化成现实生产力的重要载体。先进的园艺生产技术和产品质量标准，可以通过不同渠道和不同环节，被广大生产者、管理者和消费者所接受和应用，迅速得到大规模推广。因此，加强农业标准化工作，建立健全统一、权威的农业质量标准体系、检验检测体系、认证认可体系、组织保障体系和监管检测体系，对加快应用和推广先进实用的园艺技术，提高园艺产品质量、产量和安全性有着重要意义。

（二）标准化是园艺产业可持续发展的重要途径

标准化工作是在简化、统一、协调、优化原理的指导下，把复杂的技术和纷繁的质量要求变成可操作性强、易于理解和掌握的标准，把园艺产业的产前、产中和产后各环节有机联系起来，确立共同的准则，使农业生产协调有序地进行。颁布和实施各类园艺产业的相关标准，把先进的技术、成熟的经验、产品质量要求、环境保护等技术和要求规范化、程序化、工艺化和法规化，从而实现园艺产业的优质、高产、高效、安全和可持续发展。

（三）标准化有利于合理利用资源、保持生态平衡、保障人类身体健康

农业标准化的实施，可以规范生产与消费行为，合理利用与高效配置自然资源，保护生态环境和生物多样性，依靠科技减少有害农业产品，减少和杜绝农业废弃物污染，推动无公害、绿色和有机园艺产品的种植，实现低投入、高产出、生态化园艺生产。

（四）标准化有利于提高园艺产品竞争力，有利于园艺产品国际贸易

我国加入WTO后，贸易壁垒被打破，蔬菜等园艺产品具有更强的国际竞争力。但我国蔬菜等农产品出口仍受到严重影响，原因是贸易壁垒取消后，以保护本国国家安全、人民健康、生态环境及动植物安全健康为主要内容的技术壁垒对农产品国际贸易起到了更大的影响。由于我国缺乏这些标准和规则，特别是对进口国农产品质量标准的信息掌握不足，才造成蔬菜等农产品出口屡屡受阻。在技术性贸易壁垒中最有影响的协议即"技术性贸易壁垒协定（TBT）"和"实施卫生与植物卫生措施协定（SPS）"。

农业标准是无偏见的约束，是农产品国际贸易的"技术外交"手段，是农产品国际贸易的共同语言。农业标准水平在一定程度上反映了一个国

家的农业科学技术水平。因此，高水平的农业标准必将为一个国家农产品进入国际市场参与全球竞争提供"通行证"。

二、园艺业的产业化

园艺产业化是农业产业化的组成部分，也是农业产业化实施比较广泛、成果比较显著的领域。所谓农业产业化，是以市场为导向，以龙头企业为依托，以经济效益为中心，以系列化服务为手段，通过实施种养、产供销、农工商一体化经营，将农业生产过程中的产前、产中、产后诸环节联系起来，形成一个完整产业系统，即产业链的经营模式。农业产业化是我国农村继实施联产承包获得成功后，发展农村经济、提高农民收入的又一重大举措。

农业产业化的基本形式是："市场牵龙头，龙头牵基地，基地带农户"，即"公司+基地+农业"。在这一基本形式的基础上又形成一些类型，如"公司+基地+农业工厂""公司+基地+农民组织""市场+基地+农户""农民合作组织（专业协会、专业合作化、股份制合作化）+基地+农户""经纪人组织+基地+农户"等。

农业产业化的基本特征可以概括为通过推进农业的市场化进程、农业的工业化进程和农业资源的优化配置进程，实现农业产业的高效运行和可持续发展。

通过农业产业化经营，把分散的农户集中起来，以解决小生产与大市场、大流通的矛盾，而将农业产业中的种养环节纳入加工和流通的产业链中，则更利于农业产业的市场化。因此，农业产业化经营不仅能解决我国农业生产中的深层次矛盾，更有利于我国农业现代化和国际化。

园艺产业是农业中最具活力的产业，其因效益较高，成为各地农业产业结构调整中优先发展的产业，也是农产品国际贸易中具有竞争优势的产业。因此，农业产业化在园艺产业中的发展较为迅速，效果较为明显。

在园艺产业中，既有以蔬菜出口加工企业为龙头的产业化模式，也有以大型果品、蔬菜、花卉批发市场为龙头带动的产业化模式，还有以园艺产业协会股份制合作组织、农产品经济人组织为带动的模式，如各地以蔬菜加工出口为主的大型企业、产地或销地的大型产业或综合批发市场以及各地区农业主导产业的协会（果品、蔬菜和花卉产业协会）。

第三节　园艺产业的可持续发展

随着工业化的发展，化学合成物质在农业中的应用越来越广泛，最显著的标志是以大量消耗能源为标志的"石油农业"取代了传统农业。农药的使用有效地控制了有害农业生物，包括害虫、病原微生物和杂草，而化学物质的大量使用使农作物产量成倍增长。但是人们在享受化学物质给农业生产带来的益处之时，也正遭受着它们的危害。农药残留和土壤盐渍化使人类生存环境不断恶化，农产品化学污染成为食品安全的主要隐患。环境的污染，给社会和经济的发展带来了极其严重的挑战，这一切限制了农业产业的可持续发展。

园艺业的可持续发展问题，不只是应对污染的策略，还包括水土保持、有效肥源、节水、旱作、高效和节能等问题。当前最迫切的是节水、增肥和高效的问题。旱作农业不是简单的不浇水，而是在实施开源节流、土壤节水、植物节水、工程节水等一系列的措施后实现可以不灌溉或少灌溉的管理体系，是个系统工程。肥料短缺是整个农业产业的普遍问题，在园艺业也很严重，仍然靠圈肥和化肥来解决是不现实的；实行绿肥制、生草制或绿肥与农作物轮作制，是未来园艺业乃至整个农业解决肥源问题的根本途径。高效是园艺业面临的迫切问题。近年来，随着外出打工人员数量的急剧增加，农业生产第一线的劳动力越来越少，生产操作不能只靠劳动力密集来解决，在未来的园艺生产中机械化和简约化是提高劳动效率的必然趋势。

园艺生产属于高投入、高产出、高效益的产业，因此有"一亩园，十亩田"的说法。园艺生产的性质，导致园艺作物的农药、化肥使用量远远超过大田作物。设施园艺环境的特殊性，使农药残留和土壤盐渍化比露地园艺产品栽培还要严重。农药化肥的不合理使用，使农产品农药残留超标，硝酸盐和亚硝酸盐含量过高；而工业和生活废弃物污染，则导致了土壤中重金属超标和有害生物污染。所有这些，在使生态环境受到破坏的同时，还对消费者健康构成了威胁。园艺产品安全性差直接影响国际贸易，拉低了中国农产品在国际市场的竞争力。为了人类的健康，我们应进行无公害食品、绿色食品和有机食品的生产。

所谓无公害园艺产品，是指产地环境、生产过程、产品质量均符合国家、企业或其他无公害农产品标准，经过质量监督检查部门检查合格，使用无公害农产品标志出售的园艺产品，无公害已成为我国农产品生产的基本要求。

绿色园艺产品是遵循可持续发展原则，按照特定生产方式，经专门机构认定，允许使用绿色食品标志销售的无污染的安全、优质、营养的产品。

绿色园艺产品有三个显著特征：一是强调产品出自最佳生态环境；二是对产品实行全程质量监控；三是产品依法实行标志管理。

绿色食品标志是由中国绿色食品发展中心在国家工商行政管理局正式注册的质量证明商标，所有权归中国绿色食品发展中心，受《中华人民共和国商标法》保护。为了规范绿色食品生产，我国分别在 2000 年和 2001 年出台了绿色食品的一系列行业标准（农业行业标准）。我国绿色食品生产逐步进入标准化、法制化阶段，而且范围还在不断扩大。

有机园艺产品是来自有机农业生产体系，根据国际有机农业生产要求和相应标准生产加工，并通过独立的有机食品认证机构认证的农产品。

我国传统农业也具备有机农业的思想，但比真正意义上的现代有机农业和有机食品的开发晚，始于 20 世纪 80 年代后期。我国最早获得有机食品认证并作为有机产品出口的园艺产品是茶叶。

1994 年，中国成立"国家环保总局有机食品发展中心"（OFDC）。2003 年 OFDC 改为"南京国环有机产品认证中心"，并成为中国第一个获得 IFOAM 认可的有机认证机构。1999 年，OFDC 制定了中国第一个《有机产品认证标准》，并于 2001 年由国家环保总局颁布成为行业标准。1999 年，中国农科院茶叶研究所成立了有机茶研究与发展中心（OTRDC），专门从事有机茶园、有机茶叶加工以及有机茶专用肥的检查和认证工作，2003 年该中心更名为"杭州中农质量认证中心"。2002 年，中国绿色食品发展中心根据农业部"无公害食品行动计划"关于绿色食品、有机食品、无公害食品"三位一体，整体推进"的战略部署，组建了"中绿华夏有机食品认证中心（COFCC）"。2005 年 5 月，中国国家质量监督检疫检验总局颁布了《有机产品质量认证》国家标准。截至目前，全国有近 30 家认证中心开展有机产品认证工作。

经过 10 多年的发展，我国有机农业已有长足进步，经国内不同机构认证的有机农场和加工厂已有近千家，已有 2000 多种产品获得有机食品认证，其中大部分为蔬菜、果树、茶叶等园艺产品。

有机园艺生产禁止使用任何化学农药、化学肥料和其他化学试剂，尽量减少作物生产对外部物质的依赖，建立种养结合的相对封闭的作物营养循环系统。

有机园艺的重点和核心是培养建立健康肥沃的土壤，实现健康土壤—健康植物—健康作物—健康人类的循环过程。

有机园艺的特点是：① 建立种养结合、循环再生的农业生产体系。② 把系统内土壤、植物、动物和人类看作是相互联系的有机整体，应得到人类的同等尊重。③ 采用土地可以承受的方法进行耕作。④ 经济、社会和生态效益并重，实现农业可持续发展。有机农业的目标不仅仅是生产安全、优质、健康的有机食品，更重要的是建立和保持健康的农业生态系统，实现农业的可持续发展。

第四章 休闲园艺的发展模式

随着人们物质生活水平的提高和社会的老龄化，休闲已逐渐成为当代人重要的行为特征之一。人们对休闲园艺的需求也随之越来越大。总体而言，休闲园艺主要分为五大类，分别是都市型休闲园艺、社区园艺、家庭园艺、观光园艺和盆栽园艺，以下将逐一进行介绍。

第一节　都市型休闲园艺

一、都市型休闲园艺概述

（一）都市型休闲园艺的概念

都市型休闲园艺（以下简称"都市园艺"），属于新兴的现代化产业范畴。其定义为：在具有较高的城市化水平的都市间隙地带及其周边地区，以都市文明的辐射为依托，遵循经济效益、生态效益、社会效益相统一的原则，充分利用大城市所能提供的先进生产力组织园艺生产经营活动，并为大城市提供先进的、多功能性的现代园艺系统。

（二）都市型休闲园艺的特征

1. 呈现出城乡相互渗透的生产格局

都市园艺的兴起，必将打破城乡分明的生产格局，使城市和农村相互渗透、融为一体，城市带动园艺进步，园艺促进城市建设。

2. 高度集约化的生产投入

都市园艺对生产要素投入、管理水平等方面的要求远高于传统园艺，同时其所拥有的资源条件也明显的优越于传统园艺，从而使都市园艺不仅有必要，而且有条件实现生产投入的高度集约化。

3. 实行更高标准的产业化经营

受城市先进的生产经营方式的影响，都市园艺大都采取以龙头企业带动为主，以社会化服务为保障的产业化经营方式，朝着更高标准迈进。

4. 以提供无形产出为主要功能

都市园艺在创造有形产品的同时，主要是为城市居民提供接触自然、体验农业以及观光、休闲与休憩的场所与机会，为城市创造良好的社会及生态环境，发挥特殊的服务职能。

二、都市型休闲园艺的构建

（一）创立和发展我国都市园艺的必要性

随着我国城市化水平的日趋提高，创立和发展都市园艺既具有必要性、又具有紧迫感，主要表现在以下几个方面。

1. 新的国家经济建设任务和目标的实现，客观上要求都市园艺与之相适应

随着工业化和农村城镇化的发展，大城市不断扩张，加紧了其对周边农村人口和区域的渗透；农村与城市在生态、经济、社区等方面表现出逐步融合的趋势，客观上促进了都市园艺的形成与发展。

2. 城市生态环境质量下降，增加了发展都市园艺的紧迫感

伴随着工业化的进程和城市的不断扩张，一部分原属园艺作物的绿色空间不断地被城市或城市郊区所取代。人口、建筑物、交通尤其是工业加速集中，随之而来的是城市生态环境日趋恶化。为了满足城市居民对绿色空间的渴望，在都市发展园艺业就显得更加紧迫。

3. 人们生活观念的更新，使都市园艺成为新的消费时尚

随着我国经济的进一步发展和城市居民收入水平的不断提高，人们的生活消费习性及生产观念也在发生着日新月异的变化，旅游观光、休闲度假、体验自然田园生活将成为新的消费时尚。这种消费倾向的变化，将会对都市园艺的发展提出新的要求。

（二）促进我国都市园艺发展的有利条件

1. 都市园艺的特殊功能，为其自身发展开辟了广阔的市场

都市园艺除具备经济功能外，还具有社会功能及生态功能。这些特殊

功能的存在，使都市园艺的产品和服务呈现出前所未有的消费潜力，为其快速发展提供了市场保证。

2. 新的创业观念的形成为都市园艺的发展提供了人力资源保障

由于城乡经济发展的不平衡性，在以经济利益为核心的各方利益的驱动下，不仅农业领域的人力资本表现出在城区集聚的趋势，非农业领域的人力资本也开始向农业领域转移，这将为都市园艺的发展提供充足的人力资源。

3. 大中城市的生产力优势，为都市园艺的发展创造了必要的物质技术条件

我国大中城市，一般都具有现代工业技术装备、基础设施和社会化服务条件以及较高的科技力量和先进的管理水平。都市园艺可以最大限度地依托这些传统园艺无法比拟的优越条件，迅速实现融集约化、工厂化、规模化和产业化为一体的现代化经营。

（三）制约我国都市园艺发展的主要因素

早在 20 世纪 30 年代，某些城市化水平较高的国家就开始了对包括都市园艺在内的都市农业的探讨。而在我国，这方面的工作起步较晚，并且发展缓慢，其主要原因包括以下几个方面。

1. 缺乏必要的配套政策和有效的经营机制

都市园艺的发展，离不开完备的政策体系和行之有效的经营机制的支撑。但从目前我国的实际情况看，针对都市园艺的政策尚未形成，其经营机制尤其是土地流转机制也不健全，这在一定程度上制约了都市园艺的发展。

2. 缺乏整体布局与合理规划

都市园艺的有序发展，应以政府的宏观调控为基础。但在我国都市园艺发展的实践过程中，大部分地区未将其纳入国民经济发展的总体规划之中。整体布局、统筹安排、合理规划等政府宏观调控措施落后，单纯的市场行为使都市园艺的发展带有较大的盲目性。

3. 缺乏系统全面的社会化服务体系

世界上工业化和城市化比较发达的国家通常拥有健全的社会化服务体系。而我国都市的社会化服务体系正处于建立健全过程中，缺乏全面性、尚未系统化，严重制约着都市园艺的发展。

4. 缺乏竞争有序的多方位投资者

就比较利益而言，都市园艺的投资回报率高于包括传统园艺在内的大农业，理应成为社会闲散资本的关注点。但由于整个农业的投资回报率低于工业等其他部门，投资者主要集中在原农户范围内，而其他投资者大都举目观望，使得都市园艺投资不足、发展缓慢。

5. 缺乏发育健全的功能

都市园艺具有多样化功能，但在我国，由于其经营观念尚未得到彻底转变，仍以提供有形产品为主要功能，而忽视了社会、生态等功能的培养和发挥，这势必会使都市园艺受到传统园艺的冲击，导致其经济效益偏低，缺乏发展后劲。

（三）都市园艺的发展模式

都市园艺是在都市化地区利用田园景观、自然生态及环境资源，为人们回归自然提供活动领域的一种现代化农业发展模式，它不仅为城市提供鲜、活、优、新、稀农产品等有形产品，而且还为城市提供绿色环境、优美风光等无形产品；不仅追求经济效益，而且追求生态效益和社会效益。一般而言，都市园艺有以下几种发展模式。

1. 都市绿色园艺产品生产基地

利用都市各种现代化条件，在城市近郊建立各种园艺专业产品生产基地，满足城市市民对园艺产品的生活消费需求。如建立各种无公害蔬菜生产基地、葡萄园、苹果园、兰花生产基地等。

2. 都市生态观光园艺景区

以园艺业为基础，以旅游业为归宿，以城市为市场，以参与为特点，以艺术为手段，以文化为内涵进行建设，面向不同消费层次的居民，具有采摘品尝、观光休闲、科技示范、参观学习等功能。

3. 绿化园艺景区

主要利用现代都市存在的地面和空间空隙，选择各种现代化栽培条件，培植具有各种遗传特性的园艺植物，如观赏蔬菜、观赏果树、花卉进行城区绿化，净化都市空气，增添都市色彩。

4. 迷你园艺或微型园艺

利用家居条件如庭院、阳台，甚至居室，并结合盆栽、无土栽培等方式生产园艺产品，或为家居提供绿色装饰。各种各样的漂亮花卉和观赏植物已经成为现代都市人居家的新宠。

第二节　社区园艺

一、社区园艺的类型

社区园艺有多种类型，主要可以分为以下几种。

（一）按社区园艺的存在空间分类

1. 私人住宅类

私人住宅内外，如室内、过道、窗口、阳台、底层人家天井、园子等，这些空间都可以进行休闲园艺。这些私人空间使用的随意性较大，居民们可以根据自己的喜好，设计布置园艺种植。如在室内摆放一些造型独特，有小情调的盆栽，可以增加屋内的活力和美化环境；在阳台可种上一些喜阳的植物，也可以种点蔬果，充分利用阳台的空间，增添室内绿意；有天井或小园子的居民们，可将相对较大的空间设计成一个小花园，发挥创意进行种植。这些住宅内外的空间，是大家最容易利用起来的空间，在这些空间中种植一些花卉植物既可以装点居室，又可以享受低碳绿色生活。

2. 社区绿地类

在一些小区中，会划拨出一部分绿地空间，供居民们进行自由承租种植，拓展户外空间。以先到先得的方式，使居民间有序排列，并签订协议，保证居民承诺在承租期间，遵守各项规定；居民若不想种植了，可以提出书面申请，然后由下一个登记报名的用户承租。小区在出租绿地时，可以适当收费，但收费所得均须用于小区内的绿化养护费用等，以维持小区绿地的有效运作，也保证资源的充分利用。当然，以上措施需要小区业主委员会通过。除此之外，还可以开展"认养绿化"，小区大家管的模式，良好的小区环境、优质的社区管理，不光是社区的责任，住在小区里的居民更应该尽一份力。还可以招募一些小区居民作为园艺志愿者分区负责照料小区内的绿化带，定期为它们浇水、施肥，这样既能让绿化带更加精致，又让居民生活多了乐趣，锻炼了身体。

3. 非绿地空间类

在小区的非绿地中，如墙面、可以上人的屋顶等空间，经小区业主委员会同意，居民可以自由种植。只要在保证安全的前提下，就可以进行这类种植。城市土地寸土寸金，都市人口大量集中，高密度发展的多层、高层建筑和住宅正一点一滴、日复一日地侵占着极为有限的绿色空间。根据不同小区居民的需求，屋顶绿化可以分成三种类型，一种是空中花园，一种是空中草坪，还有一种则是屋顶菜、果园。

（二）按培育者与植物关系分类

1. 观赏类

花卉植物是具有一定观赏价值的，并经过人类精心栽培养护的观叶、观花、观果、观芽、观茎的草本植物和木本植物，花卉观赏的参与人数在各类社区园艺中最多，只要有花卉植物的地方就有视觉的体验。通过花卉植物对城市的绿化与美化，让所有在城市和来城市的人生活得更美好，使城市在满足人们物质需求的同时，给人们以更多的精神文化上的享受，美化人们的视野，健康人们的身心，净化人们的心灵，放慢人们紧张的节奏；与此同时，促进城市的可持续发展及物质文明和精神文明的协同发展，保持城市的历史文化与现代文明长期和谐共生。

2. 体验类

种植花卉是一种生活体验，它带给人们的是一种心灵的享受，这适合有耐心慢慢做的人。种植花草要的是时间与耐心，让种子从最初一棵小苗，长成健壮的成株甚至有的开出灿烂的花朵，这种劳作的付出，让人有一种收获的喜悦。因为在培养它们的过程中，自己既找到了一份乐趣，更收获了一份果实。

3. 实用类

实用类植物，最主要通过嗅觉让人感受到，也适用于园艺治疗，比如中草药。还有一些芳香植物散发的香气能增加空气中的负离子，并且具有杀菌、净化空气的效果，能够增强人的免疫力，令人心爽神清，调节人的生理机能，改善人的精神状态，如玫瑰使人精神愉悦，薰衣草具有镇静功能，鼠尾草的香气能滋养大脑。这些芳香植物被广泛应用于医学上，俗称"芳香疗法"。

4. 食用类

食用类的植物有许许多多，如瓜果蔬菜等。如今随着食品安全的问题日益突出，越来越多的人选择在自家种植蔬果，这样不仅能提供无公害的蔬菜，还可以成为一道风景。社区居民通常可以到农家、园艺店、花市、菜市场、农艺市场、花鸟市场、种子门市部等地方购买种子种苗。

（三）按植物培育者间互动形式分类

1. 个人独行类

个人独自种植，独自欣赏，不与他人交流的现象普遍存在，而且占的人数最多。这些植物培育者根据个人的经验，通过书报杂志、电视、网络等媒体，查找到种植的方法。他们通过自学学到植物栽培的方法，基本不与其他人互动，这也是培育者互动形式的低级阶段。

2. 花卉买卖类

带一定盈利目的的买卖或等价交换花卉植物。培育者根据对花卉植物的需求，双方达成共识，一方提供花卉植物，另外一方给予等价的交换，意思接近于花卉植物买卖，各取所求。

3. 技艺交流类

不带盈利目的的技艺交流，这是最多的，也是最能达到植物培育者良性互动的有效形式，人们在种植园艺植物时，将自己种植的植物拍摄记录下来，与大家分享，并互相学习和交流。同时，现在有很多品种交换，有时候一些品种在市面上很难购买到，培育者可以在交流中，罗列出自己想要交换的品种以及希望换到的品种。

4. 结伴活动类

社区园艺也可以通过临时的、变动的结伴活动进行。如让园艺花卉走进家庭，可以举办花园播种大赛，让每个人都可以享受到绿色低碳生活，分享植物带来的快乐与惊喜、疑惑与烦恼，迎接收获的日子，最后还可以进行成果展示，与园艺种植爱好者进行比赛。开展"园艺 DIY"或者"插花 DIY"活动，每个人可以根据自己的喜好自由创意，用一双双灵巧的手编织出一个个美丽的作品，让现场的每一个参与者，都体验到园艺类比赛的乐趣和快乐。

5. 花友组织类

花友会是一种长期的、固定的休闲园艺形式，把一群热爱生活，用花草点缀生活，喜欢花、爱花、懂花的人聚在一起交流种植花草的心得，线下与线上都可以进行交流。线上，花友们可以一起分享种花植树的经验，以园艺交友，以爱好会友。线下，花友们可以开展一些参观活动和交流活动，比如集体逛花鸟市场，大家可以互相学习交流购花养花心理；也可以请各位花友带上自己最中意的盆栽和花卉，大家一起交换种子并分享和讨论种植经验。根据不同的季节，可以采摘、拔菜、赏花、品尝，也可春游、踏青、夏令营、秋游，这些活动可以由政府部门组织，也可以由共同爱好者一起自发组织。花友会等活动为繁忙的都市人创造了闲暇聚会的好机会，让他们可以享受到花卉、蔬果等植物带来的乐趣和愉悦，也让他们能够放松心情，享受生活。

二、社区园艺发展的现状及问题

（一）居民发起与参与意识不强

物质文明与精神文明两方面的巨大差距造成了居民对休闲园艺懂得少、底子薄、兴趣低的现状，使得社区居民参与休闲园艺积极性不高，意识不强。他们对园艺的了解程度大都停留在较为浅显的层面。休闲园艺作为改善人们生存环境，提高人们生活质量的一种形式，是物质文明与精神文明结合的产物，是人们休闲娱乐、文化修养和精神享受的一部分，任何社会成员都可以参与园艺活动，把它当成生活中不可或缺的部分。我国居民这种发起与参与社区园艺的意识不强，这也限制了社区园艺的发展。根本上来说，是由于城市化进程的加快，物质文明的发展并没有带动精神文明的快速发展，导致了居民们的观念跟不上时代的发展。

（二）缺乏政府引导与推动

我国对社区园艺的发展缺乏重视，政府部门应该有所作为，适时地对社区居民进行引导、推动。园艺在英国盛行，就离不开政府的支持。在媒体中，加大对园艺类知识的传播，让园艺爱好者能够轻而易举的了解、学习园艺知识，这为社区园艺的发展提供了有力的平台。政府对社区园艺的引导、推动不仅仅局限于依赖媒体，更重要的是政府相关部门要高度重视社区园艺的发展，这样才能将这项事业发展好。

（三）缺乏社会力量参与

政府的引导、推动，最终目的是让居民们形成和发展自己喜爱、易接受的休闲园艺活动，但仅仅靠政府的力量是不够的，还依赖于居民的自治，需要整合社会资源，动员社会的参与力量。如英国皇家园艺协会为国民提供园艺课程，其拥有四座旗舰花园，开设了不同程度的培训课程。当前，我国居民总体上接受即实践休闲园艺理论人群数量少，消费低，层次差距大，组织程度弱，既没有针对此人群的指导性协会与刊物，也没有园艺爱好者组建的志愿者队伍，无法将社区园艺事业发展壮大。随着信息技术的飞跃发展，网络成了人们平日里必不可少的交流工具，比如搜狐网站中的园艺论坛，就为园艺爱好者提供了一个交流的平台，在政府部门给予的支持下，采取邀请园艺专家作客这类休闲园艺论坛等措施，推动此类网站的发展，引导、推动社区园艺的发展。

（四）制度建设不健全

"无规矩不成方圆"，要干好一项事业，制度的保障必不可少。一些社区园艺发展较好的国家，都有一套自己的法律制度来进行约束和规范。如德国在 1919 年制定、1983 年修订的《市民农园法》，其主旨是为市民提供体验农家生活的机会，使久居都市的市民享受田园之乐；1990 年，日本实施《市民农园整备促进法》，推动 50 ~ 100m² 的大面积的体验型市民农园面世等。我国目前的社区园艺类制度规范存在一定的缺陷，比如说 2007 年的《上海市绿化条例》，总共四十九条条例，其中没有涉及鼓励社区园艺发展内容的条款。这显示了我国制度建设的局限性，政府办事机构应落实一些相关的休闲园艺制度，细化到条例，真正让社区园艺走上正轨。

第三节　家庭园艺

一、家庭园艺的概念与类型

（一）家庭园艺的概念

家庭园艺就是指在室内、阳台、屋顶或是庭院等空间范围内，从事园艺植物栽培和装饰的活动。现代家庭园艺与我国传统的家庭园艺在内涵上不同。中国传统的家庭园艺包括养花、插花和盆景制作，而现代家庭园艺含义与传统意义上家庭园艺中的养花更接近，但不仅限于养花，小型蔬菜、水果的种植也属于现代家庭园艺的范畴。

（二）家庭园艺的类型

1. 阳台园艺景观

阳台一般是建造在楼层上并突出于室外的部分，在多高层住宅中，它是必要的构造部分，阳台的一面或两面、三面不与建筑物墙体相连，多为悬挑结构，其二至三面均为低矮的围栏或护栏，所以形成敞开型的空间。阳台的种类形式很多，有不同的划分角度。按阳台的使用功能将阳台划分为服务型阳台和生活型阳台，服务型阳台是家居生活中进行杂物活动的场所，应满足住户洗衣、晾衣、储藏等功能需求，而生活型阳台则主要是用于凭靠小憩、眺望、家庭活动等。因此，家庭园艺景观的阳台园艺主要是针对生活型阳台。

随着生活品质的提高，人们对住宅阳台的要求也越来越高，不但面积逐渐变大，平面的形式也越来越丰富，有矩形、梯形、多边形、弧形、"L"形（转角阳台）等。

结合不同平面形式的阳台，进行阳台园艺的设计，不仅可以使阳台花园成为室内空间的借景，同时也能为人们休憩，欣赏外界自然风景提供上佳的场所。

2. 窗台园艺景观

窗是装在维护结构上的建筑配件，用于采光、通风或观望等。在国内，窗台似乎是微不足道的可绿化场所，但是在国外，对于长期居住在闹市的居民来说，窗台却是一处丰富住宅建筑环境景观的"乐土"，当人们平视窗台的"小花园"时，可以感受到接触自然的乐趣。窗台在家庭园艺景观空间中面积最小，在营造园艺景观时可以采用两种方式：一是直接在窗台上安放种植器或花盆，进行种植；二是在窗台外面加设挂架或铁栅，再安放种植器进行栽植，种植器除栽植灌木、草花外，也可栽藤本植物，使其顺墙壁盘绕攀附，形成活的绿墙。有些朝西的窗户，可在窗台下的外墙壁设置挂架，挂架上放栽植槽，栽植藤本植物牵牛、茑萝后，在窗户上方用绳向下牵引，让藤蔓顺绳上爬，形成活的帷幔，十分幽雅。

近年来，随着居住建筑外观类型的不断发展，家庭住宅中出现了飘窗。

飘窗，也叫凸窗，将墙体窗洞处上下用板外挑，沿外沿安装窗户，竖向形成三面，即为飘窗。飘窗可以出现在家中任何有窗户的地方，其中以客厅、卧室最为常见，是一个适合坐憩的观景平台，能扩大视野以及室内空间。此外，飘窗出现在餐厅或浴室中能很好地提供一个放置盆栽、餐具、沐浴用品以及工艺品的平台，扩大室内空间，也有利于欣赏窗外的景色。

3. 露台园艺景观

露台根据建筑的构造不同，可以分为两种形式：一是退台式建筑，即将下面一层住户的屋顶作为上面一层住户的露台，以层层退台的方式形成错落有致的空间，使每户都能享有独立的花园或者露台。每个露台都和客厅相连并有较大的进深，便于装修布置，半围合的设计使其拥有较强的私密性，且露台和花园均由客厅出入，方便使用。花园和露台能够使居者充分与自然情景沟通，保证每户都拥有一片自由的室外空间、绿地。露台的出现，也使得楼间距加大，顶层楼距加宽，使居民可以享受更多阳光，营造了一个有天有地的生活空间。二是居住建筑顶层的建筑平面构成露台花园，一般以跃层式的露台居多，这一般是指顶层住户拥有两层楼的居住空间，其中上层住宅除了具有一些室内功能空间外，还带有一个具有一定面积的露台。

一般说来，露台的面积相对较大，通常有数十平方米，所以可以进行较大规模的植物绿化，同时还可以进行功能设施的摆放，所以露台花园可以为人们营造一个理想的休闲娱乐场所。

4. 庭院园艺景观

庭院是与住宅相连的一块土地，通常把其全部或一部分用来种植果树、花草或蔬菜以供家用，相应地添置设备或建造建筑物以供休息。家庭园艺景观设计中的庭院主要包括一些住宅的首层庭院和私家别墅庭院。庭院是家庭园艺景观设计中唯一一个落地性的空间，范围较大，各方面的限制因素相对较少，是家庭园艺景观设计的重点。

二、家庭园艺的模式

（一）家庭园艺在建筑空间内的模式

1. 建筑空间与绿植活动空间两者的关系

家庭园艺室内活动的开展离不开建筑内部这个基底的空间，了解建筑空间与绿植活动空间之间的关系，有助于家庭园艺室内活动的初步构想。以下介绍几种常见的室内建筑空间与绿植活动空间之间的关系。

在独立式的关系中，园艺景观空间是作为建筑的附属空间出现的，它和建筑的关系是相对独立的。作为一个专门的园艺景观空间，人们可以在里面进行较长时间的逗留，视觉的对象是以景观空间中的绿植景观为主的，几乎与相邻的建筑没有关联。在这种类型的景观活动空间中，主要是要解决好绿植景观作为一个整体与室外环境的联系和景观的内部相互间的关系和联系问题。

在线性式的关系中，园艺景观空间和交通类空间结合在一起，并且向着建筑空间开放，建筑的内部可以直接观看到绿植景观。人在景观空间中通常都是动态的行走过程，然而在建筑空间内部却是静态的。人们主要是从建筑空间内部向景观空间看去，而不是从景观空间看向建筑空间。在这一种类型的景观活动空间中，主要是要解决好绿植景观作为一个整体与周围建筑的环境之间的关系，以及景观内部与交通路线之间的联系问题。

在互含式的关系中，景观空间与建筑空间互相包容和渗透，人们在两个空间之中都可以逗留，因此需要在建筑空间中能直接看到景观空间，反之亦然。在这一种类型的景观活动空间中，主要是应当解决好绿植景观作为一个整体与周围建筑环境的联系，以及景观内部相互之间的关系问题。

2. 家庭园艺在建筑空间内的表现

（1）客厅。

通常在我国居民家中，客厅常用的园艺模式比较灵活多变。客厅属于室内的独立空间，独立空间是指一些以植物景观为主要空间内容的，相对来说功能独立的空间。在这样的空间内，人流不会迅速通过，而是比较长时间的驻留。这种空间可以是围合式的，也可以是尽端式的，还可以是独立于建筑主体的一个附属的空间。在这样的空间中，绿植景观可以作为一个视觉的焦点而存在，附属的设施会围绕这个主要看点来布置。人们通常不会只在客厅内应用一种模式，而是会将各种园艺模式进行合理的搭配。当建筑与植物景观结合得相对紧密一些的时候，其形式上面通常是会表现得比较抽象化，这样一来植物和建筑类元素就会相互呼应。还有一种园艺景观布置模式，是把附属的设施有机地布置在景观之中，形成我中有你、你中有我的格局。在这样的模式中，绿植景观布置通常会采用比较开放、自由的平面形式，植物的配置也会比较丰富活泼，保持其自然的形态。

用以接待宾客的客厅作为典型的独立空间，一切的布置设计都要本着大方、华贵、庄重的特点来进行。在植物的选用上以植株的叶片比较大的品种为宜。比较大型的客厅，其绿化需要注意把握完整而不能零碎的原则，要体现整体布置的大度感。在一些陈列的案架上面可以适当装点一些趣味性的植物以增加空间的活泼感，例如可以摆放一些插花、盆景以及植物盆栽或当季的花卉。重点的绿化地方，植物的选用应当趋向品种单一化，尽可能只选用一种或两种植物，以反复的方式整齐排列。如果品种过多，会给人一种杂乱无章的感觉，从而失去了整体大方、庄重的特点。家庭居室的客厅，花木的摆设和其他的饰物一样，都能够反映出主人的性格、爱好、知识及其艺术品位。

（2）写字间、书房。

书房应当具有书卷气息。所以，其装饰不宜太过华丽和细致雕琢，而是应该追求一种自然、清雅脱俗的品位。一般来说在书房内，人们常常应用台架模式在书柜或是其他附墙架上摆放些小型且素雅的盆栽、插花等，或是在近窗处摆置各类小型盆栽，例如水仙、兰花、富贵竹、常春藤等。

家庭中的书房是最能够反映出主人的个人喜好和文化修养的空间。不同职业、不同文化层次背景和不同年龄阶段的人，其爱好显然会有所不同，其追求的品位自然也不尽相同。因此，一般的书房内园艺活动是根据不同人的不同需求来进行绿化和装饰的。家中的书房一般面积不会太大，绿化又是其陈设中的一部分，所以设置不宜过多，应当力求精巧和雅致。植物是拥有生命的活物，所以绿化有各种各样的风格，比如素雅的新时代型和古朴的严肃型等多种，可以大致满足各类人士的需求。

（3）卧室。

普通住房中卧室里摆放床铺后，剩余的面积往往会很有限，但适当的绿植活动能够给房间带来生机，所以人们常常会在有限的空间内本着简单和纯朴的原则以近窗或是附壁的家庭园艺模式在窗子周围摆置少量的绿植，不用过多，以观叶的植物为主，植株不宜过大，一般忌用有巨形叶片和植株相对细乱、叶片比较细碎的植物。因为在夜间，这一类植物的形状或影子容易引发人的一些联想，影响人们的正常休息和睡眠。

卧室一般应该有着一种宁静、雅致且舒适的气氛。不论是盆栽花卉还是插花，都应该采用无香型或者淡香型的品种。因为浓香型的花香往往也会影响人们的休息和入睡，不宜放置在卧室。花卉的颜色也应当以淡雅为主，例如可以选用文竹、斑马花等羊齿类植物。

（4）餐厅。

餐厅是人们活动较多的地方，一般会在入口处、柜台旁边以及餐桌区的四周等恰当的部位以环绕模式设置上花池，布置些观叶类的室内植物。餐桌上面则宜配置上一些清淡雅致的插花，餐厅的中心位置处可以以中心模式放置些大型的瓶花。在一些喜庆的日子里，还可以配置一些盛开着鲜艳花卉的盆栽和类似的插花，譬如一品红、秋海棠之类，能够增添一些欢快祥和的喜庆气息。

餐厅还可以用迷你农作物及蔬菜瓜果植物盆栽等来布置。这些微型的农作物及蔬菜瓜果可以适当地促进人们的食欲。餐厅前台是绿化活动的重点，可以摆放些洁净清新的盆花或插花，周边的各个角落都以形态完整而且较大的观叶类植物为宜。餐桌上放上一束清新明快的鲜花，能让原本因空间过大而略显沉寂的餐厅充满生气，也给就餐者们带来了好的心情。

（5）走廊过道。

通常，线性的空间是和各类交通空间结合在一起的。走廊过道作为家中的通道空间，植物景观的组织通常都需要和交通的组织紧密地配合。在一些狭窄的天井状的空间中，居民常常会使用节奏摆点的家庭园艺模式来进行绿植摆放；在一些过道性质的线性走廊空间中，可以有节奏地摆放一些植物来提升空间的趣味性和韵律感；也可以用一些垂直向上攀缘的植物景观来削弱观看者对于狭长空间的注意力，这样做不仅能使空间绿意盎然，同时还能遮蔽一些来自对面的窗户中的视线，增加一些空间的私密性。

（二）家庭园艺在建筑空间外的模式

1.庭院园艺模式

（1）常见的别墅庭院模式。

庭院园艺作为在中国历史上发展较悠久的园艺活动，它与现代人们的生活息息相关，在建筑密布的城市中，人们往往通过家庭园艺来与自然交流，更会通过庭院园艺行为来表现与自然的关系。许多人认为进行庭院园艺活动是一种快捷又行之有效的把自然融入家庭的方式，同时又有一种自食其力的乐趣。庭院园艺会促进周边环境不断美化，使空气保持清新，既能使家园变得更加美好，又能增加房宅的价值，还可以松弛精神，是亲近大自然的理想形式。庭院无论大小，都是人们施展园艺才能的地方，只要用心，就能把它打造出异样的光彩。

在中国，由于住房条件的限制，庭院已经不是所有家庭住宅都具有的了，它通常存在于一些大型的私人别墅中，所以本书所讲述的庭院园艺模式，大致以别墅等面积较大的住房为例。别墅内的庭院园艺活动通常会根据主人的喜好和住宅风格来进行，所以不同风格的住宅存在着不同风格的园艺模式。

别墅通常是指建造在环境优美的地带、供人们居住和休憩的独户型住宅，它一般是由起居室、书房、餐厅、厨房、卧室、卫生间等几部分组成，面积不会太大，但能够包容日常生活的基本内容并且具有一定的舒适性，配套的庭院也具有其自身的各种特点。一般的别墅绿化环境都包含了私人庭院和公共绿地两个部分，两者相辅相成，缺一不可。为了使整个社区都形成生态化的良好环境，房地产商大多会在做好公共绿地维护的同时，引导和协助业主们做好私人庭院的绿化，这也在一定程度上提高了住户们的家庭园艺意识，促进了我国庭院园艺的发展。

（2）庭院园艺风格的选择。

庭院存在着多种不同的风格，一般是根据人们的自身喜好来确定其基本的样式。现代社会中的庭院从样式上大致可以简单地划分为规则式和自然式两个大类，从风格上，私家庭院则可以分成四大流派：即亚洲的中国式和日本式；欧洲的法国式和英国式。而建筑却有着多种多样的风格与类型上的不同，比如古典与现代的差距，前卫与传统的对比，东方与西方的差异，最常见的做法是根据建筑物的风格来确定庭院景观的类型。在过去具有典型日式庭院风格的杂木园式的庭院与茶庭中，往往使自然风景融于庭院，给人以清雅幽静的感觉。但是就目前看来，日式庭院与西式建筑两者难以形成统一，而日式建筑与规则式的庭院也显示出一些格格不入之感，因此在进行庭院园艺活动前也应该要考虑到庭院的风格与建筑物之间的相互协调性。

庭院的色彩也是影响庭院风格的因素之一，对色彩把握的一个技巧就是根据建筑的色彩与周围的环境来确定庭院的主色调。这时就体现了绿植的重要性，观叶植物在庭院的规划中有着很重要的作用，在英国等欧洲国家，人们认为在花坛中栽种些观叶类植物是很自然的事情。在绿色中嵌有白斑的斑叶植物较之纯绿色的种类明度更高，如雪叶莲等，可以将花坛衬托得更加明亮；另外栽种具有红色、橙色以及紫色叶子的彩叶植物类，可以形成强烈的对比，增加色调的明快感。此外还可以考虑到叶形的变化和质感的差异等。在夏季这样一个开花植物种类繁多的季节，可以进行多样化的色彩组合，用充满了野趣的多年生花草来进行点缀。在夏季使用色彩明度高的多种花色组合，也不会显得杂乱无章，例如可以用一些艳丽的、不同色系的金鱼草来配成多个活泼的色块，在这其间还可以点缀一些银叶类植物或是白花香雪球等来加以中和。

与其他类型住宅相比，别墅最大的优点就是接近自然。别墅区一般有着不错的公共绿化区域，且大部分的别墅都有着比较大面积的私家庭院。私家庭院不仅像公共环境那样影响别墅区整体的环境质量，而且更能够彰显出主人的兴趣爱好、个性、气质以及自身品位。别墅庭院面积相对来说较大，为了环境的需要，其主要内容仍需以植物为主，最好保证绿化率不低于60%。别墅的风格各异，设计的主题风格、植物配置也要根据建筑风格及周边环境的形态而做出正确合理的构思。

2. 阳台园艺模式

阳台是住户们接受光照、吸收新鲜的空气、纳凉、进行户外运动、观赏和晾晒衣物的私有场所。现在城市中的大多数人家的房屋都拥有阳台，虽然阳台的面积都不大，但是只要能够因地制宜并巧妙地利用空间，就能够使它成为发展阳台园艺的合适场所。阳台园艺，也可以被称为"家居园艺""空间农业""市民园艺"，是在阳台上进行的小规模的园艺植物栽培活动的总称。这种小型园艺生产是城市居民和大自然沟通的一座桥梁，既满足了人们对于品质生活的追求，又可以让人们在高楼林立的城市里面体会到"田园情趣"的美好，收获自己的劳动成果。

按阳台的使用功能可将阳台划分为两种主要的类型：服务型的阳台和生活型的阳台。服务型的阳台主要是从事家居生活中杂物活动的场所，满足住户们洗衣、晾衣、储藏等功能的需求；而生活型的阳台，则主要用于日常的休闲小憩和绿植等家庭活动。本书从家庭园艺景观模式研究的角度出发，生活型阳台就成为本节主要的阳台研究类型。阳台使用的园艺植物包括了蔬菜、果树和观赏类植物，从广义上来讲还包括了药用植物和芳香类植物。还有一些植物能够满足人们的多种需要，而且同属于多类园艺植物，例如黄秋葵，既属于观赏类植物（其花可以用于观赏），又属于蔬菜（其花有食用价值）。所有的这些园艺植物都可作为阳台园艺的生产对象。

（1）阳台园艺的特点。

阳台园艺不是传统的在土壤上精耕细作的农业，这种活动大多数是由脱离了土壤的各种新型栽培方式所组成的，可以达到美化生态和收获兼顾的双重效果，是使家庭生活回归大自然的人造空间环境。它具有地面农业生产的所有属性，但是从技术的角度说，阳台园艺涉及的技术更趋向高新性，栽培的方式更趋向无土性，生产的产品更趋向欣赏性和自给性。这与阳台是城市中比较重要的人居环境有关系，也与城市土壤资源的稀缺等因素相关。正是阳台这种特有的微小的园艺空间环境，决定了它所需要采用的技术必须要充分的利用资源来实现技术和人力的高度密集式生产，很好的利用边际效应与空间效应来实现立体式的高效率栽培。

（2）阳台园艺模式。

① 错层模式：即通过不同形式的栽培架工具，横向或纵向分层错位来摆置园艺景观。该模式的优点在于有效地提升阳台空间利用率，充分利用阳台空间来构建园艺景观；其缺点是过度使用栽培架摆置园艺景观，会导致景观整体太密集而显得杂乱无章。

② 延边模式：即依靠阳台的边缘轮廓设置一定的装置来摆放园艺景观，以达到园艺效果。此模式的优点是使阳台空间向外延伸以达到扩展空间的目的；其缺点是太过依赖阳台形式，延伸空间有限，且考虑到整体美观，向外延伸部分的绿植品种选择较局限。

作为建筑物组成部分之一的阳台，属于建筑物立面起装饰作用的建筑构件。随着带有中庭的高层建筑的日益增多，竖向空间的植物景观种植以及垂直绿化也都逐渐为人们所关注。在竖向的中庭植物景观种植中，常规的做法是在每一层面向中庭的阳台或露台上种植藤本的垂挂植物。这是一种常见的竖向空间的绿化方式。就目前的家庭园艺活动来看，虽已有不少人尝试这类种植绿植的方法，但绿植固定种植的效果却并不是很好，这是因为植物叶片上的积灰通常会难以打扫，有时甚至会给人一种不够清爽的感觉。若是在室外庭院种植，由于经常可以有雨水的冲刷，垂直绿化会显得更加生机勃勃。因此，在室内做垂直绿化的时候最好是采用可移动盆栽的形式种植，会更加便于植物叶片的清洁。在阳台和窗台竖向空间的底层部分，可以选用茎秆挺直且光洁、分枝位置比较高、树冠的形态比较优美的植物，将人们的视线向上吸引，若是选用伞状的树冠，更可以在高度方向上再形成一个空间层次。

3.屋顶园艺模式

当今社会，随着人们生活水平的提高，对居住和工作环境提出了更高的要求。因此，增加城市的绿化面积，改善日益恶化的生存环境就成了急待解决的问题。如今，城市的住房建筑朝着多层、高层和高密度的趋势发展，城市的绿地也逐年被占用，众多的硬质铺装取代了自然的土壤和植被，结果导致了城市生态平衡的失调。为了开拓城市内的绿化空间，很多大、中型城市都新建了大型的公园等园艺绿地，但就总体来说，水平方向的发展已远远不能满足人们的需求。所以在新建和改建的旧建筑物上开辟一定的园林绿化场地，进行屋顶绿化，是有效增加城市绿地面积的途径。在建设节约、环保的社会大背景下，屋顶绿化以其合理集约地利用城市空间、改善城市生态环境、增加城市绿地面积和提高建筑节能效果等独特的优势而越来越受到人们的重视并得以迅速地发展。屋顶绿化按照复杂程度可分为简单式和花园式，本书主要以花园式屋顶绿化作为研究对象。屋顶花园的类型又包括：公共广场型屋顶花园、宾馆酒店盈利型屋顶花园、家居式屋顶花园、科研型的屋顶花园等，本书主要讨论家居式屋顶花园。

（1）屋顶花园的作用。

① 开拓城市空间，增加城市的绿化面积，丰富城市景观。

为了更好地解决建筑占地与绿地的矛盾，屋顶绿化无疑成为解决平面绿化与占地面积矛盾的一种有效的方法和途径。屋顶绿化有效扩大了城市绿化的范围，为城市增加了新的绿源，为市民提供了更多的日常休闲场所，丰富了城市的景观。同时，屋顶绿化体现了绿化与建筑艺术、人与自然的有机结合，还可以提高城市居民绿化环保的意识。它不只可以增加城市的"自然"绿色空间的层次，还能够使工作或居住在高楼层的人们欣赏到更多的绿化景观，给人们带来清新悦目的感觉，消除因为工作紧张和住房拥挤等问题引起的精神压力，发挥其生态效益和美学功能。

② 对生态环境质量的提高具有重要意义。

屋顶绿化在夏季可以明显地降低水泥建筑物屋顶的昼夜温差，以防止楼顶四角出现龟裂或是建筑物的外围墙身被拉裂。屋顶进行绿化后可以减少紫外线的辐射和屋顶眩光，还可以有效地使建筑下面的防水层及建筑结构的构件得到保护，延长其使用寿命。在屋顶进行绿化后，大量的植物可以吸收和储存建筑的屋顶降雨，再通过蒸腾的方式来增加城市里空气的湿度，同时还可以调节城市的温度，吸收二氧化碳、释放氧气并吸附污染物质。

大量的实践可以证明，屋顶进行合理绿化所营造的绿化环境能够使居民们产生良好的心理效应，修建屋顶花园的好处颇多。屋顶绿化的最终效能是为了降低城市内的温室效应，改善城市的热岛效应，增加城市内空气的含氧量，并更好地促进城市内环境质量的改善，为居民们营造一个良好的生态环境，进而提高人们自身的免疫力，减少不良环境引发的疾病，而且还可以保护城市居民们的视力和听力，使久居都市的人们能够时刻享受和感受自然的气息。

（2）我国城市屋顶花园绿化模式。

① 地毯式。

地毯式的屋顶花园是将草坪等地被植物以整片的形式进行地毯式种植，覆盖屋顶。一般是用低矮的树木和灌木，还有花卉生长茂盛的土地来覆盖屋顶，使之看上去就像有一张绿色的地毯铺垫在高空之中，能够为周围的环境带来夏季清凉散热、冬天保暖隔热的效果。地毯式屋顶花园的功能简单，主要是为了满足居民日常绿化和观赏的需求。

② 花坛式。

花坛式的屋顶花园指的是将不同大小、种类、颜色的植物集中栽种在一定形状范围的苗床之内，使植物发挥群体美的一种布置方式，用以突出整体环境的特点。根据屋顶的有效面积来布置花坛，铺入培养土，用以种植花卉。根据各种花卉品种的颜色、花期和其姿态来精心安排，以不同的群体打造和形成屋顶花园的外部轮廓。通常花坛的占地面积比较小，如同一颗明珠镶嵌在花园里，成为屋顶花园的一部分。

③ 棚架式。

棚架式的屋顶花园是用搭建的棚架以及亭、廊等结构的屋顶作为种植植物的主要承担者进行绿植栽培，这种方式可以有效地减少对所用土壤厚度的要求。攀缘植物或是藤本植物沿亭、廊攀登，可以得到立体垂直绿化的效果，增加屋顶的绿化面积，而不会需要过多的土壤，同时也能为居民们提供绿荫棚式的遮蔽场所。在屋顶荷载允许的情况下，人们可以搭设荫棚花架来栽种葡萄、凌霄、紫藤、木香等藤本类植物。在平台的墙壁上可以栽种爬山虎、常春藤等。

④ 园艺式。

园艺式是以植物配置为主的屋顶花园，在屋顶荷载良好的情况下，可以设计微地形、灌木、乔木、地被植物搭配种植，以模仿自然园林。它可以封地栽培，也可以用容器、花盆或是种植池，根据不同类型的几何图案来进行艺术展示，园艺形式灵活，可以随时改变显示模式以形成不同的园艺风格。园艺屋顶花园既可以是具有较强的人造韵味的几何园林，也可以是体现了植物生长规律的自由式园林。

（3）屋顶园艺的植物配置。

① 以常绿植物为主，选择耐旱、抗寒性强的矮灌木和草本植物。

营建屋顶花园的目的是增加城市的绿化面积，其植物应该尽可能地以常绿植物为主，宜选用叶形和株形秀丽的品种。为了使屋顶花园看起来更加绚丽多彩，体现出花园的季节变化，还可以适当地栽植一些色叶树种；在条件许可的情况下，可以布置一些时令的盆栽花卉，使花园四季都有花。因为在夏季屋顶花园风大、气温高、土壤层保湿性能差，在冬季则保温性差，所以应该以抗寒性强、耐干旱的植物为主。同时，考虑到屋顶这样的特殊环境和承重的要求，应该注意多选取矮小的灌木和草本植物，这样更有利于植物的运输和栽种。

② 选择容易移植，成活率高，耐修剪，生长较慢的阳性浅根系植物。

屋顶花园的植物一般都是从苗圃移植而来的，因此最好选择已经移植培育过、根系不深但须根发达的植株。由于屋顶的承重有限，植物的未来生长量要算在活荷载中，生长慢并且耐修剪的植物能够较长时间的维持成景的效果。屋顶花园大部分的地方为全日照的直射，光照强度大，植物应当尽量选阳性的植物，但在某些特定的小环境中，比如花架下或是靠墙边的地方，日照时间较短，可以适当地选用一些半阳性的植物类型，以丰富屋顶花园的植物品种。屋顶的种植层比较薄，为了防止根系对屋顶建筑结构的侵蚀，应该尽量选择浅根系的植物品种。

③ 选择能够抵抗和吸收空气污染的品种。

在屋顶的绿化中，应该优先选用既带有绿化效果又可以改善环境的植物品种，这些植物能够对烟尘和有害气体具有较强的抵抗性，同时起到净化空气的作用。

④ 选择不易倒伏、抗风、耐积水的植物种类。

屋顶上空的风力一般比地面大，特别是在雨季或是有台风来临的时候，风雨交加的环境对植物的生长和生存危害很大，加上屋顶种植层薄弱，土壤的蓄水性能较差，一旦暴雨骤降，就容易造成在短时间内积水的情况，因此应该尽可能地选择一些抗风又不易倒伏，同时还能耐短时间积水的植物种类。

⑤尽量选择本土植物，适当的引进绿化的新品种。

因为本土的植物对当地的气候、气温有高度的适应性，在环境与外界相一致的屋顶花园，选择栽种本土植物，能够起到事半功倍的效果，同时又考虑到屋顶花园的面积有限，为了将它布置得更为精致，可以选用一些观赏价值较高的新型品种，来提升屋顶花园的整体档次。

第四节　观光园艺

一、观光园艺的形成

随着经济的高速发展和人们生活水平的迅速提高，对文化、娱乐、旅游、休闲等业余享受的要求也随之提高，城市中原来的文化游乐项目及设施已不能满足市民的需要。另一方面，随着城市建设的迅速发展，地租及劳动力成本提高，致使包括园艺生产在内的农、畜业生产急剧萎缩，而观光园艺具有以下优点：①风景秀丽、环境幽雅、空气清新；②能提供有益身心健康的环境、陶冶人们情趣，让人们感觉回归大自然；③能让人们欣赏田园风光，参与有趣的农耕劳作，并在游乐中增长生物科学知识和环境保护知识；④经营者可以获得丰厚回报。因为有这些优点，观光园艺得以迅速发展并受到广大市民，特别是中小学生、青少年及老年人的欢迎。因此，原来从事生产性园艺的土地和劳动力，除大部分转移到其他产业外，仍有小部分劳动力利用极少量的宝贵土地，从事观光园艺项目的开发。此外，尚有一些团体，出于对青少年教育、满足青少年求知创新和正当文化游乐等需要，也创办这类集教育、休憩、游乐于一体的非盈利性园地。

可见，观光园艺是经济发展、城乡迅速都市化的产物，随着都市化的发展，集良好社会效益、生态效益和经济效益于一体的观光园艺，必然会迅速发展，既能增加城乡公共绿地，又能增加景点景区和美化环境，为常住居民增添游乐休憩的好地方，更能增添具有地方特色的旅游资源，吸引更多的国内外游客前来观光旅游，从而促进城乡经济和其他事业的进一步发展。

二、观光园艺的发展现状

在我国，观光园艺业发展较早，类型多样。早在汉代，就建有上林苑，里面种植有很多观赏花卉和果树；到清代，有皇帝行宫、猎场等，都是观光园艺的好地方。寻常百姓家中，在庭院种植几株果树、几盆花卉、几棵蔬菜，既可观花、观果，又可品尝果实和收获，集休闲、娱乐、观赏于一体。但观光园艺业在大中城市兴起还是在 20 世纪 90 年代，之后其发展十分迅速。

目前，我国已经建立县（市）级以上农业科技示范园区 3000 多家，分为国家级农业高新技术开发区、工厂化高效农业示范区、持续高效农业示范区、国家农业综合开发高新技术示范区、都市现代化农业示范园区和民营农业科技园区等种类。此外，还有很多专业园艺园、种植园和山庄，如武汉的梅园、水生蔬菜园、北京老张头葡萄园、真顺红苹果乐园、华中农业大学国家柑橘资源圃、香港大棠荔枝山庄等，这些园、圃、山庄不仅起到了科技示范作用，保存了园艺种质资源，而且成为越来越多居民享受自采即食的乐趣、学习园艺知识和休闲观光的好去处。

广义的观光园艺还包括公共园林和绿化园地。许多城市都建有郊野公园、城市公园，有的甚至在高楼大厦群、地铁出口处建设大大小小的休憩公园，这些公用园林绿地，覆盖花草树木，郁郁葱葱，供市民和游客免费享用，不仅是人们体会回归自然、寻找野趣的好去处，而且是工作和生活节奏紧张的市民随时就近吐纳放松的好地方。

三、观光园艺的种类与功能

（一）观光园艺的种类

按照园艺植物学分类法，观光园艺可以分为观光（观赏）蔬菜园艺（观光菜园）、观光（观赏）果树园艺（观光果园）、观光（观赏）花卉园艺（观光花园）。如果将药用植物和茶叶归入园艺，则还有观光药用植物园、观光茶园等。

按照观光园艺植物种植位置分为：家庭（阳台、庭院）观光园艺、社区观光园艺、都市园艺和观光园艺景区等。

按照园艺植物的功能又可分为：采摘园艺园、教育园艺园、观光园艺园和专业园艺园等。

（二）观光园艺的功能

观光园艺是休闲园艺的重要组成部分，是社会进步，经济发展和城乡都市化迅速发展的产物，经营得法不仅有丰厚的经济效益，且有良好的社会效益和生态效益。而作为一种园艺业与旅游休闲、观光活动等服务业有机融合而生化出来的经济发展新产业，从其自身的含义和特点来看，观光园艺所承载的基本功能有优质的生产功能、健康的游乐功能和有趣的教育功能三个方面。

1.优质的生产功能

观光园艺园推广应用各种品质优良的特种蔬菜、水果、花卉和其他观赏植物品种，以高效生态农业模式生产园艺产品，重视引进先进的农业种植模式、栽培技术以及提高科技含量，因而能够为现场游客提供更多的名特优、新鲜、安全、健康的园艺产品。

2.健康的游乐功能

各大中城市尽管有数目繁多的影剧院、公园、郊野公园、游泳池、运动场、歌舞厅和展览馆等文化娱乐场所，但仍难以满足人们业余生活爱好多样化和求新性的要求，特别是青少年并不满足于传统的游乐项目，渴望有新颖的游乐内容来充实业余和假期生活。到果园、菜场、花圃观赏多彩多姿的园艺作物，认识自然界物种的多样性，了解人与自然的亲密关系，参与有趣的农耕，采摘、品尝新鲜蔬果，是有益于身心健康的游乐活动，受到大家的欢迎。

3. 有趣的教育功能

长期生活在大城市的人们，特别是青少年，远离原野，远离大自然，生物知识特别是农作物知识和生态学知识匮乏，只知享用，不知盘中餐粒粒皆辛苦，不知食物来之不易；向往优美的环境，但不知保护人类赖以生存的地球。通过园艺观赏，让人们了解作物习性、生物与环境的协调，并通过自耕劳作让人们体会食物的来之不易，从而引导人们珍惜食物，保护环境，并从中获得若干生物学、生态学知识和简单的生产技能，增长才智。

尽管如此，观光园艺的发展才刚起步，还有许多深层次的问题需要认识。首先，在处理经济效益与健康服务的关系上，要以充实游客健康生活为主要目的。开发观光园艺虽然离不开经营者的经济效益，但一旦离开为游客健康生活服务的宗旨，必然与人们良好的追求背道而驰，最终也难以获得应有的经济效益。成功的观光园艺场所，应是人们健康游乐的好去处，是了解大自然、学习生物知识、环保知识的好课堂。其次，要在资源培育的基础上开发观光园艺。观光园艺的最主要观光资源是各种类、品种的果树、蔬菜和花卉作物，没有五彩缤纷的园艺作物，再豪华、气派的配套设施也难以吸引游客。因此，要保护、充实、提高现有的资源，大力增殖新资源，以植物造景为主，特别注意以最小限度的人造景观，达到与主景观（果、蔬、花等园艺作物）最大限度的协调，使观光区更秀美，更具柔和的自然韵律，令游客心旷神怡，流连忘返。再次，观光园艺开发要有自己的特色。园艺观光是产业观光的一部分，最好能与自然风景观光、文化历史观光结合，与休闲、度假结合，以丰富游客的游乐内容。但观光的主体是园艺作物，要内容充实，项目、种类较多，生长苗壮，结果良好，观赏价值高，有自己的特色才具较强的吸引力，使游客获得其他地方无法获得的美好享受，显示出自己独特的风采。

第五节　盆栽园艺

盆栽园艺是将植物种植在容器内，并通过艺术化的修剪而呈现出各种造型。本节主要以盆栽果树为例来进行介绍。

一、盆栽果树的发展

盆栽果树是果树栽培技术与一般盆栽、盆景技艺相结合的产物，其历史悠久。18 世纪末，在多种果树实验研究中，各国开始进行盆栽果树；此后，果树矮化栽培的兴起，又进一步促进了盆栽果树的发展；20 世纪 80 年代国外出现了盆栽果树的流动果园，通过移动果园，充分利用气象资源，进行果树的研究、盆景的欣赏、稀有果品的生产；许多地方开始了保护地设施栽培。目前，盆栽果树在国内外的商品市场已逐步形成。

近些年来，随着我国园林绿化及花木产业的迅速兴起，果树盆景产业也得到了长足的发展。各地不少花农以专门生产果树盆景为业，并获得了可观的经济效益。尤其是我国不少地方对果树盆景进行规模性开发生产，使果树盆景成为当地的一大产业，并成为当地经济发展的一个新亮点。如河北保定地区、山东胶东地区的一些农村，大力开发果树盆景生产，品种多，数量大，每年有大量果树盆景运销至各大城市花卉市场，取得了可观的经济效益，并成为当地农民致富的支柱产业。

二、果树盆景的制作原则

（一）在有果基础上进行创意

果树盆景与观叶类盆景的主要区别在于果树盆景要求形、果并重。所以，在创作过程中，要保证开花结果，在有果的基础上，考虑果实的数量和质量、分布和发育。这就要求制作者必须具备果树栽培学知识，通过果树栽培技术应用，保证果树结果，在果树有果的基础上，反复审视材料，因势利导，造景成型。

（二）重视主干造型

树干的造型决定了整树的姿态。主干定型后改变较为困难，所以要重视主干造型，且主干的造型应合乎情理，顺乎自然。

（三）比例恰当

果树盆景的树体应与用盆、几架、盆内摆设物有比例和烘托关系，果树本身的干、枝、果、冠、根也存在大小、粗细、长短、高矮、疏密等比例和烘托关系。在盆景造型中，要照顾到自然比例关系，使盆景具有小中见大，自然，主体突出的效果。

（四）布局合理

果树盆景的布局主要注意主客、虚实、色相等关系。主景要突出，主客要分明，其中果树为主体，配置其他材料为客体。虚实上，果、枝分布要疏密有致，不可过实过密，应虚实恰当。所以，在布局时，要以树体来突出主题，或刚劲，或妩媚；枝条则应参差错落，层次有序；果实要疏密相间，悬垂有别，体现变化。由于果树盆景中叶、花、果的色调占重要地位，在选择盆景用盆和盆内配置物时，应避免色调相同或喧宾夺主，要选择色泽淡雅，与主体协调的类型。

总之，在果树盆景的造型过程中，要注意整体造型结构，果实、枝叶和主干要配合，果、枝、叶的疏密应富于变化，使盆景高度逼真，形似、神似、生动新奇。

三、果树盆景的造型模式

果树盆景是在保证开花结果的前提下，因势利导，造景成型的，所以果树盆景应更接近自然，体现粗犷的风格。一般叶、果较大的树种宜制作大中型盆景；叶、果小的树种宜制作小型盆景或微型盆景。

果树盆景的形式根据不同器官的变化而分类，一般常用干、根、枝变化来分。

（一）干变型

干变型根据干变化可分成许多类型，常见干变型有直干式、斜干式、卧干式、曲干式、悬崖式、枯干式、藤蔓式、双干式、合栽式、丛林式。

1. 直干式

直干式一般主干直立，枝条和果实均匀分布，一般为单干。如图4-1所示。

图4-1　直干式

2. 斜干式

斜干式的主干倾斜，略带弯曲，树枝舒展，树冠偏于盆的一侧，果实大多悬垂于盆外上空，一般为单干。如图4-2所示。

图4-2　斜干式

3. 卧干式

卧干式的主干横卧于盆面，树枝舒展向上，树冠偏于盆的一侧，一般为单干。如图4-3所示。

图 4-3　卧干式

4.曲干式

曲干式的主干弯曲向上，呈"之"字形，二层或多层，树枝舒展，树冠似圆柱形，多为单干。如图 4-4 所示。

图 4-4　曲干式

5.悬崖式

悬崖式的主干自根颈处开始弯曲，干倾垂于盆外如悬崖状，枝条舒展向上，果实均匀分布，多为单干。如图 4-5 所示。

图 4-5　悬崖式

6. 枯干式

枯干式的主干枯朽，木质部洞穿蚀空，斜立于盆内，犹如死树枯桩。枝条舒展，枝条上果实均匀分布，多为单干。如图4-6所示。

图4-6　枯干式

7. 双干式

双干式一般是一株两干，一高一低、一直一斜，直者为主景，高大；斜者为配景，矮小。主景树枝、果实多，配景树枝、果实少。如图4-7所示。

图4-7　双干式

8.丛林式

丛林式的一盆中有多株丛植,树木有直有曲,有正有斜,疏密有间。如图 4-8 所示。

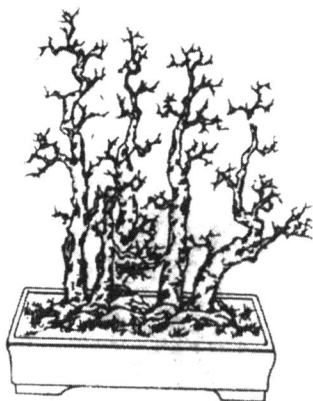

图 4-8 丛林式

9.合栽式

合栽式是一盆中栽植两株,两株可一木一藤或双木,双木时应一高一矮、一大一小。果型、果色可选择差异较大,对比明显,但成熟期一致的类型。如图 4-9 所示。

图 4-9 合栽式

10.藤蔓式

藤蔓式是指盆中果树为藤本类型，配以山石、枯木或其他支架材料，令藤本果树攀缘其上，枝、叶、果自然下垂。如图4-10所示。

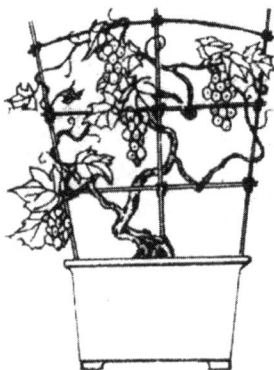

图4-10　藤蔓式

（二）根变型

根变型主要有连根式和附石式两种。

1.连根式

连根式是指在同一根爪上或多个根爪彼此搭接的根系上，着生多个树干，干有高有矮、有直有斜，错落有致，粗根裸露，形如龙爪。如图4-11所示。

图4-11　连根式

2.附石式

附石式是指果树生长在山石的缝隙、孔穴或山石之上，果树根系穿越

洞穴或顺山石缝向下延伸到盆中土内，整个山石裹于露根网结之中。如图
4-12 所示。

图 4-12　附石式

（三）枝变型

常见枝变型主要有上伸式、垂枝式、直枝式、云片式等。如图 4-13
所示。

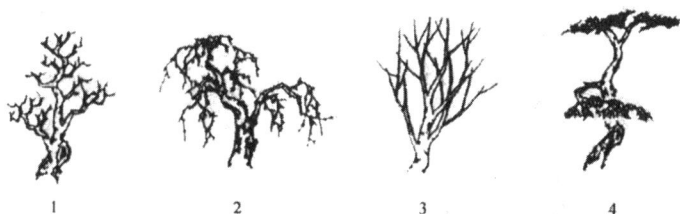

图 4-13　枝变型

1.上伸式 2.垂枝式 3.直枝式 4.云片式

四、果树盆景的造型技术

（一）干的加工

1.做弯法：较粗的树干进行人工做弯往往比较困难且易于折劈，操作
时，可采用下述办法。

　　方法之一：做弯前，先在弯曲部位用麻皮、韧性强的塑料膜包扎，并在需弯曲处外侧衬一条麻筋，以增强树干的韧性，防止断裂，而后再用力做弯。如果仍弯曲困难，可在需弯曲的地方用凿纵向开槽，深达木质部的2/3，然后如前法包扎弯曲。开槽的方向应与弯曲的方向垂直，弯曲后，树干会顺槽裂开，影响愈合。弯曲后的树干需用铅丝、绳等固定，在生长季进行，2 ~ 3个月即可愈合。如图4-14所示。

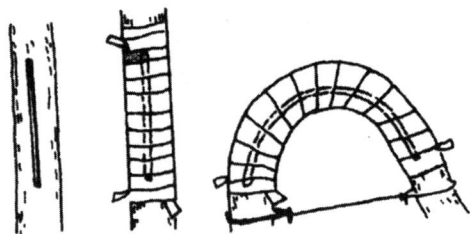

图4-14　干的做弯法之一

　　方法之二：先在需做弯部位用手锯连锯数处，锯口深达木质部1/3 ~ 1/2处。如果需弯曲角度较大，可弯动树干使锯口接合后，再于原锯口处锯一遍，以增加锯口宽度。弯曲后仍需固定并用塑料布包扎。生长季进行，当年即可愈合，如图4-15所示。此法做弯容易，但初愈合时锯口处不甚美观。

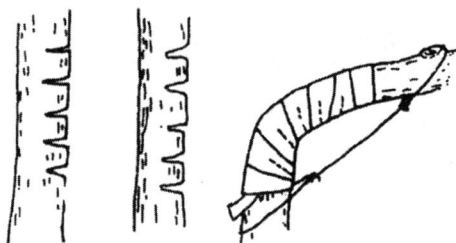

图4-15　干的做弯法之二

　　方法之三：利用专用的做弯器具，既安全又方便，尤适于具有一定规模的盆景园的生产。简单的做弯器是利用具有一定弯度的铁制凹槽板制成。使用时，将需做弯的部位嵌入槽内，使逐渐顺槽弯曲并用绳或附带的螺丝装置固定。为防止断裂和皮部损伤，可在弯曲部位预先包扎麻筋等物予以保护，如图4-16所示。

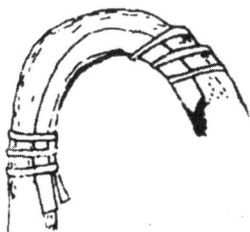

图 4-16　干的做弯法之三

方法之四：拧干，适用于干粗 2 ~ 3 cm 且需做弯的部位无疤、伤、病的枝干，多在春季萌芽前结合上盆进行。方法是紧握需做弯部位的两端，用力向一个方向旋扭，使其木质部酥裂，而后做弯甚至成结，如图 4-17 所示。数年后即可形成奇特优美的干形。操作的关键是旋扭时手要握紧，以达"伤骨不伤皮"，切不可"皮分骨离"。此法对皮层损失较少，易于愈合，随着生长加粗，木质部酥裂的做弯部位当年亦可固定。

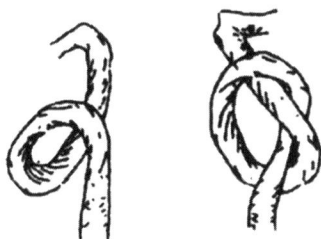

图 4-17　干的做弯法之四

2. 截干法

采集到的树桩，有的基部桩形较好且其上部干、枝既直又长。对此，在不适于做弯造型时，可采用截干的办法保留优美的树桩，重新培养主干和树冠。截干应在春季萌芽之前进行，操作前先对原树反复审视、揣摩，确定操作方案，做到"胸有成树"。截的部位应因树而异、因形而异。如果以适宜的主枝代替主干，分枝代替主枝，不但可调整树形走向，而且可加大上下的粗度比例，在较小的空间内形成自然大树的形态骨架。如图 4-18 所示。截口一般应平滑以利于愈合，也可根据造型需要故意加大伤口甚至造成伤口撕裂，进而培养苍老的古树之态。不论何种伤口均应包扎保护，使之尽快愈合复壮。

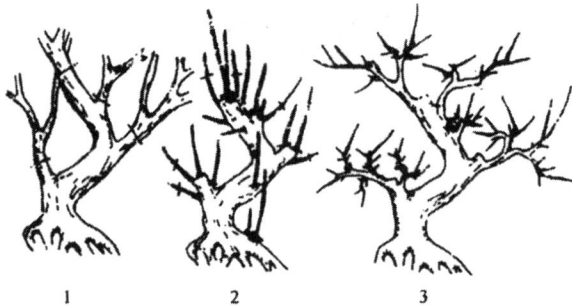

图4-18　截干法

1.第一年截干 2.第二年对新枝进行短截疏除 3.三年以后形成紧凑的树型和结果部位

截干后，所留部分及伤口愈伤组织周围会产生多数不定芽形成的新枝。树桩越健壮，新发芽、枝越多，应及时选择方向、部位适合且长势健旺的芽、枝留下，其余去除。

3.借代法

对于上部形态较好而主干下部较细、较高、较直的盆景，常有基部平淡、头重脚轻之嫌，可在下部拙劣处，于观赏面贴一拳石，以遮丑扬美，弥补空虚，使其上下平衡稳定，增加态势，从而提高观赏价值。如图4-19所示。

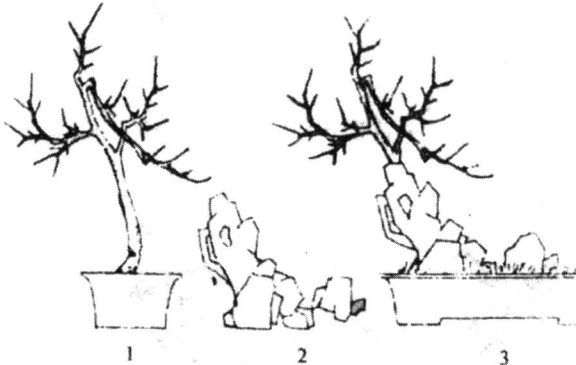

图4-19　借代法之一

1.干部过直、细、高 2.选择适合的山石 3.将山石贴补于正面，弥补空虚，遮丑扬美

另一方法是在姿态优美的死桩上刻一纵向裂缝或纵向穿洞，将主干嵌入后外裹布条捆扎牢固。随着树干的增粗，所嵌部分越嵌越紧并逐渐遮住了嵌合的痕迹，俨然一株姿态优美、生机盎然的古桩。同样，将干部嵌入

石缝也很有趣味。如图 4-20 所示。

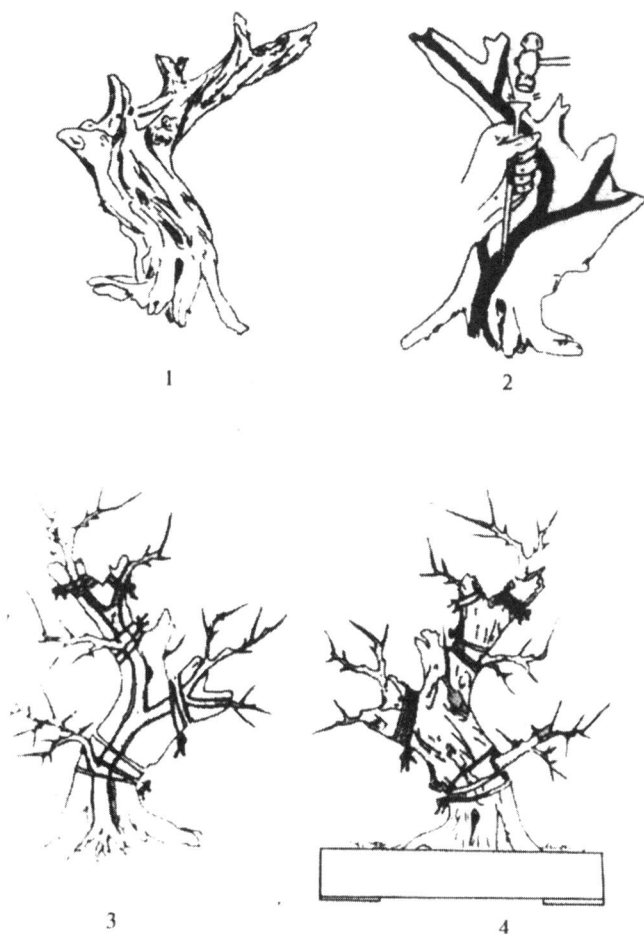

图 4-20　借代法之二

1.选择形态优美的死桩 2.在死桩的背面纵向刻槽或穿洞

3.将盆景果树嵌入死桩，捆牢 4.连同死桩植入盆内

　　4.造伤法

　　为使数年生树呈古老苍劲之态，常用在干部人为造伤的方法进行处理。例如，对外皮平滑、缺少苍劲之态的树干，在生长季用尖刀纵向插入树皮轻轻撬动，使皮部与木质部分离，形成层受伤。由于细胞受刺激，加剧分裂，愈合后即隆起如瘤。如图 4-21 所示。同样道理，如用铁锤适度敲击树

干，使其皮部受伤成皱而不破碎，也可达到同样效果。如图 4-22 所示。

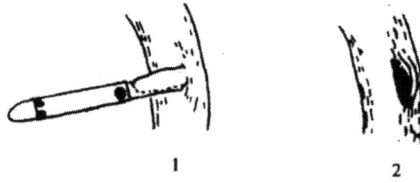

图 4-21　造伤法之一

1.用刀插入树皮并轻轻撬动 2.伤口愈合成瘤

图 4-22　造伤法之二

1.用铁锤轻击树干 2.因树皮受伤而加速分裂呈瘤状

将需要去除的大枝，连同主干的树皮和部分木质部一起撕下，模仿大自然的树木在风雨雷电摧残下的劈裂状，还可将较大的伤口雕琢成洞，呈自然枯朽状。如图 4-23 所示。需要注意的是，要选择生长健旺、根系良好、无病无害的树进行造伤处理，对伤口要包扎保护，促使愈合，同时加强肥水管理，防止树势衰弱，甚至死亡。

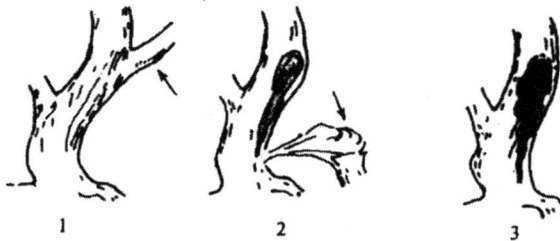

图 4-23　造伤法之三

1.选出造伤用的健壮枝 2.将右边一枝连同树皮和部分木质部一起撕下 3.将较大伤口处雕琢成洞，呈自然枯朽状

（二）枝的加工

果树盆景对枝的加工要求并不像观叶类盆景那样细致、严格，其原因
有以下几点：首先，大多数当年生枝条必须进行冬季修剪，通过修剪进行
局部整形；其次，为保证果实发育必须保留足够数量的叶片，而且许多树
种其结果部位在枝条的顶端，处理不当会影响当年及翌年的结果；再次，
结果后，尤其大果型树种的果实，常使枝条压弯甚至下垂而改变原有形态。
因此，果树盆景对枝的加工，主要是根据整形的需要，在主要分枝的布局
和形态上下功夫。对局部小枝，除对影响树形的及时处理外，多数结合促
花保果和维持树形的原则作较粗犷处理。当然小型盆景对枝的加工十分严
格，因为其枝条很少，对观赏的要求很高。

主枝的选留应服从整体造型的需要，一般选留 2 ～ 3 个，着重考虑其
形态、方位、层次以及与整体的配合。既要层次清晰，伸展有序，又应避
免多、乱、密、繁。对那些交叉枝、反向枝、直立枝、平行枝、对生枝、
丫杈枝等均应去除或短截。如图 4-24 所示。

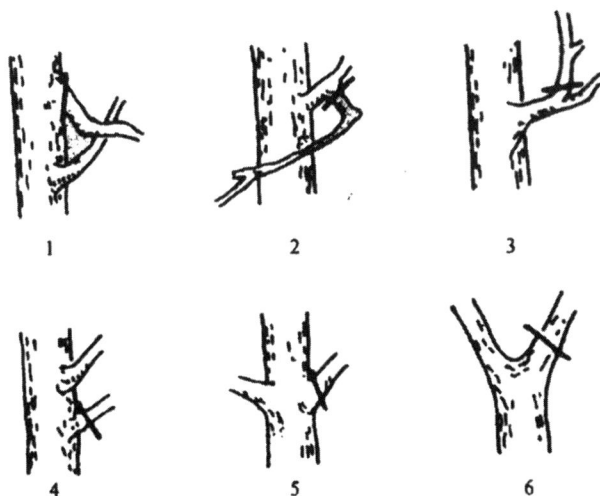

图 4-24　应剪除或改造的主要枝条

1. 交叉枝 2. 反向枝 3. 直立枝 4. 平行枝 5. 对生枝 6. 丫杈枝

枝的弯曲主要通过修剪和蟠扎来实现。

1.修剪

修剪法，主要是利用芽的方向来调节成枝方向，经多次修剪后即呈苍劲有力的扭曲状。如图4-25所示。如果需变化的角度较大，可用培养后部枝，回缩前部枝的方法修剪。

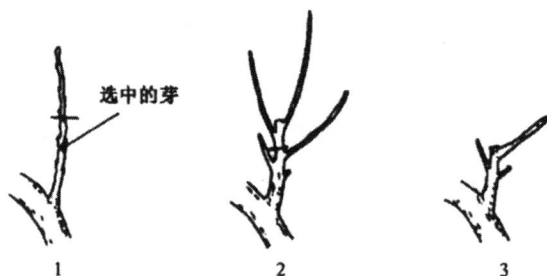

图4-25　利用芽的方向调节成枝的方向

1.选芽，并在其上方留1～2个芽短截 2.冬剪时，将顶端1～2个壮枝剪掉 3.预选芽所发的枝，其方向、角度均较理想

2.蟠扎

蟠扎常用硬丝（金属丝）和软丝（棕丝、塑料绳）进行。金属丝蟠扎简便易行、屈伸自如，但拆除时稍麻烦。使用的铅丝型号应根据枝条粗度灵活掌握。蟠扎时，先把金属丝的一端固定在枝干的基部或交叉处，然后贴紧树皮缠绕。缠绕时，要使金属丝疏密适度，与枝角呈45°。枝条扭旋的方向应与金属丝缠绕的方向相一致，边缠绕边扭旋才不易断折。如图4-26所示。缠绕后的枝条经一年生长即可姿态固定，应及时拆除金属丝。

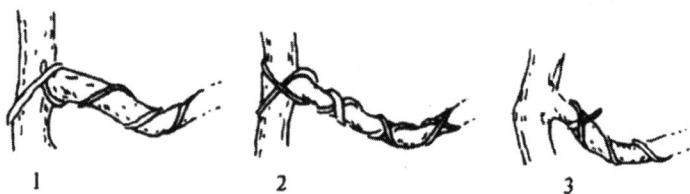

图4-26　金属丝蟠扎

1.正确 2.错误 3.错误

用棕丝或塑料绳蟠扎时，先将拉绳拴住被拉枝的下端，将枝干徐徐弯

曲至所需弧度，再收绳固定上端即成。操作的关键是选好着力点，可先用手将枝条按设计要求的方向、角度固定，再选择下部打结的位置。有的果树年生长量较大，需及时解除拉绳，避免拉绳深陷皮内，造成折枝。如图4-27所示。

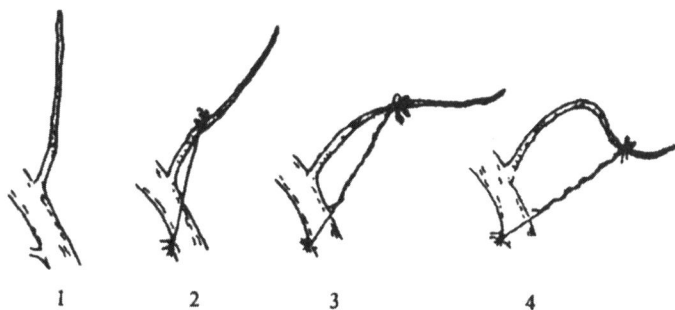

图 4-27　棕丝蟠扎的着力点

1.直立的新枝 2.棕丝所拴的部位太靠下 3.棕丝所拴的部位适中 4.棕丝所拴的部位太靠上

（三）根的加工

1. 盘根

盘根是将较粗长的根环干纵横缠绕，而后再植盆中。经生长、加粗和提根后，裸于土表的根呈盘根错节状、苍劲奇特之态。盘根可自小苗上盆或入圃定植时开始，所盘部分应埋于土面以下，避免急于上提造成生长衰弱和根系损亡。如图4-28所示。例如，基部分根多且细时，可疏去部分细弱根，使所留根加粗生长，此后结合换盆继续盘整，并逐步把根盘到正面。

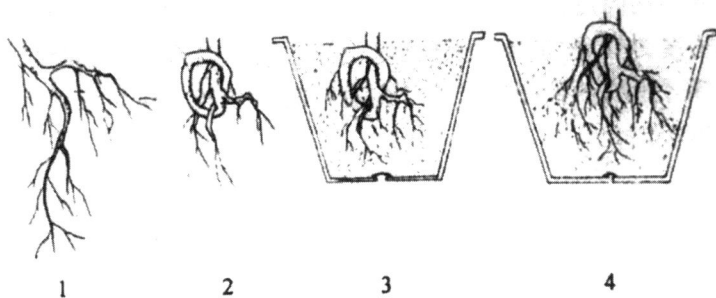

图 4-28　盘根

1.自然根状 2.人工盘根 3.盘根部分应先全埋入地下生长一段时间 4.提根，使一部分露出土表

2. 提根

提根是将表层盆土逐渐去除，使根系逐渐裸露，从而模仿山野古木经多年风吹雨刷表土散失后，苍老的主根裸于土表，抓地而生的雄姿。提扦一次不可过多，以避免影响生长。平淡无奇的根系虽经上提，其观赏效果也不理想。对此，可采用嫁接根的方法，以增加其观赏性。先选一形态优美的同树种的根段，长度 30 cm 左右为宜，将其上部嫁接到根颈部分，下部埋入盆土内，愈合后再逐步上提。嫁接的方法可用劈接或插皮接（皮下接）。如图 4-29 所示。

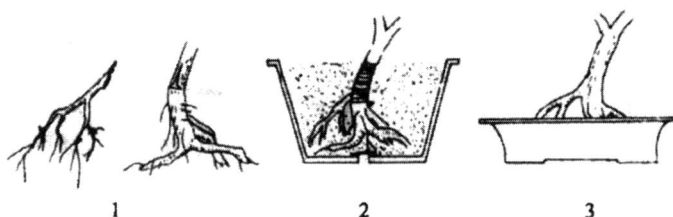

图 4-29　利用接根的方法加强提根的效果

1. 原植株的根与拟接的根 2. 嫁接后上盆，土将嫁接处覆盖好 3. 以后逐步上提根

（四）附石式盆景的制作

先选取干矮、形紧凑且根系发达、分根较粗壮的苗木或砧木，对根系上半段疏弱留强，培养数条粗、长的主、侧根。而后精选石料。例如，选砂积石、浮石等吸水性强的软石，可根据所选树木主、侧根的数目，顺其纹理凿槽刻缝并凿出安放树木的孔穴；硬石只能选其形态及天然纹理良好者，一般不再加工。安放树木的孔穴宜设置在石料顶部的侧、背面。安放后的树木形态可呈上方生长状，也可向前、侧倾斜，甚至 90° 左右倾斜呈悬崖状。操作宜在根系柔软的春季萌芽前进行。先将石料的洞穴、缝隙处填入薄薄的一层黄泥，以保护根部，而后安放树木并将树木调整成最佳姿态，再将整个根系顺其纹理、孔、缝嵌入。树根嵌入要紧，且使所有外露根紧紧包住石块，再后外面以苔藓等遮光保湿并用绳或铁丝连石扎紧。此后，将石的下半部及余根埋入盆土内，每日淋水保湿，使嵌入石缝内的根完好无损，埋入土中的根系发育良好，经一个生长季以后，可逐渐干燥并去掉苔藓及包扎物。为方便管理，可将树石嵌扎后，入盆埋土稍深，而后逐渐去土，使根石上提到所需部位。此种造型尤适果小、叶小、枝多、树形紧

凑的树种，如沙棘、山楂、小枣、金橘、海棠等。如图 4-30 所示。

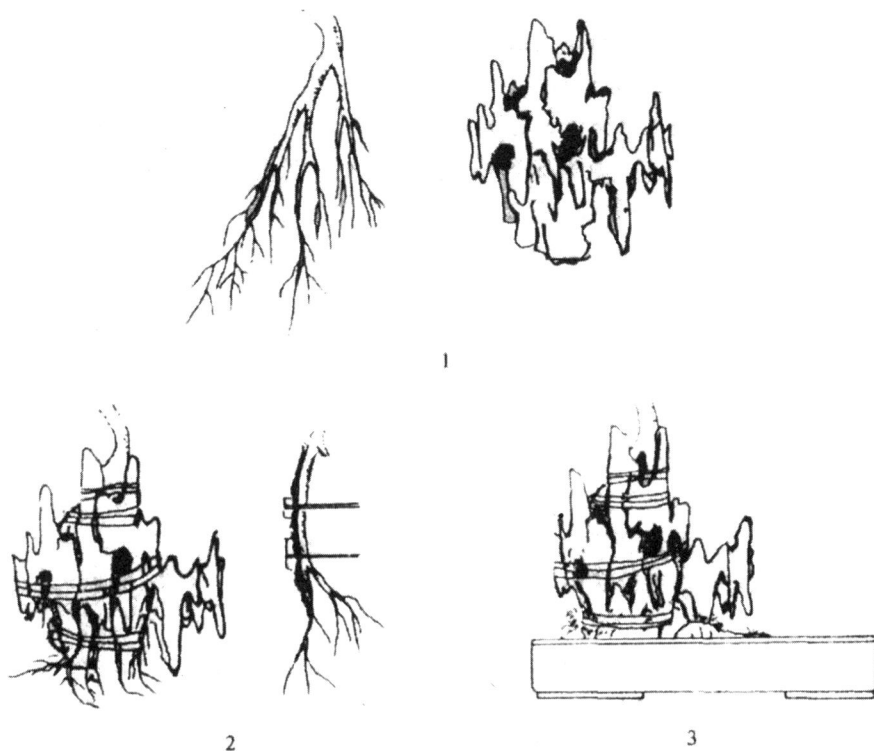

图 4-30　附石盆景的制作

1.根与山石 2.将根嵌于山石中 3.树附山石一同植入盆中

五、果树盆景的快速成型技术

（一）利用自然树桩快速成型

根据果树盆景的造型或规格的不同，其材料来源可分两类，自小培养或利用果树生产中的商品苗木，上盆或归圃造型养护。使用这类材料的特点是造型容易，可按照人们的设想培育出较理想的造型，但培育年限较长，适宜小型盆景。直接利用多年生的树桩上盆养护并造型，具有成型快，结果早，桩部观赏价值高的优点，但采桩、造型及养护等技术要求较高，适宜中大型盆景的快速培育。

1. 树桩的采集与初加工

（1）采集。

① 野外采集。野外的果树桩景素材由于经常受樵夫的砍伐、牛羊的采食践踏以及虫蛀蚁蚀，使其根干枝经过反复多次的残伤以后，形成虬曲交错、苍劲有力的桩形，是制作盆景非常理想的材料。采集前应先摸清资源的自然分布规律，通过查找有关资料和当地访问，根据不同地理纬度、不同气候条件、土壤条件和海拔高度查找出所生长的不同果树种类。一般来说，在野外樵夫难以到达的地域，尽管资源丰富，但不易找到理想的树桩。较好的桩头多分布在荒山瘠地、村口路旁、崖头风口、悬崖峭壁及河岸沟边等地，因为在这些地方经常被人畜践踏，连年砍伐，土壤条件差，桩头生长缓慢，造成低矮畸形而形成了枝曲干低，姿态优美的理想桩头。特别是在悬崖峭壁上生长的果树桩头，由于多年缺乏营养，环境条件恶劣，年长日久，就显得树姿苍劲有力。生长在河岸沟旁的果树，多由于水土冲刷而造成悬根露爪，再经过多年生长而盘根错节，是观根类盆景的良好材料。

在勘查中，应将桩头的种类、地点、大小、数量及观赏价值进行记录和标记，而后有计划地采集。同时，季节适宜，且数量较少时，也可随查随采。采集时期宜在果树生理活动缓慢时期，一般春季在 2 月下旬至 4 月中旬，秋季在 10 月下旬至 11 月中旬较为适宜。采集树桩应携铁镐、手锯、锄头、修枝剪以及草包、麻袋、绳索等包装运输工具。

野外采集时，先清除桩头周围的杂草、荆棘及桩头基部的萌蘖，然后初步确定地上部分的选留，剪截部位应高于选留部位 10 cm 左右，以便留有余地。从距树干部稍远的地方开始，逐渐向内挖掘，一般挖到分根处以下 50 cm 左右时，大致可以看到造型所需根系后，再行断根，断根的位置和地上部分一样，也要留有余地。采掘的过程中要注意尽量多带须根，保护根系部分尽量不受伤，不劈裂，有条件时最好带护心土，更易成活。

对于根系不发达、一次采集不易成活或是珍贵果树的桩头，可用多次掘取法。其具体操作是结合地上部的修剪，先选择树桩的一个侧面或两个侧面，将土挖出，使其根系裸露出来，再按造型需要剪掉根系的无用部分，填上较肥沃的土壤，踩实并浇水，促其多生须根。翌年，用同样的方法处理树桩的另外一侧或两侧，第三年再采掘。此法虽然比较费时费工，但成活率高，上盆后恢复快，生长好，成型也快。

② 果园采集。在果树育种、育苗和果园生产中，常常有枝干伤残或临时利用等原因造成的废弃果树。这些树在生产上利用价值不大，却是制作果树桩景的良好材料。例如，废弃果园中的"小老树"，密度过大的加密树，育种园中的淘汰树，采集接穗用的母本树，地上部严重伤病树，都是适宜盆栽的良好材料。由于立地条件较好，这类树往往生长正常或前期正常，表现为根系较大，干部较粗、较直且分枝点较高，很少有奇特的桩形。树龄以 5 ~ 8 年为好，一般 10 年以上树往往过粗过大，移栽上盆较困难。

对于树龄较大且干部较粗、较直的果树，可利用其上位置适宜的萌枝，在萌枝上部位截干降高，也可采用截干蓄枝法，即在选定的位置截干后利用伤口附近因受刺激而萌生的枝条培育成新的树冠。蓄枝可在移栽上盆后进行，也可以在果园原地进行，翌年再挖取上盆。在果园进行截干蓄枝时，最好同时结合部分断根，以促生较多的须根，利于第二年的上盆和生长。

③ 采后运输。为了便于包装和运输，采集后的果树桩头应及时蘸上泥浆，以防止根系水分散失。其具体做法是将黏土用水调成糊浆状，再把树桩根部全放入泥浆中，上下、左右来回拉几遍，使根系部分均匀地挂上泥浆。蘸浆后放置阴凉处，待泥浆不太黏时，再进行包装。常用的包装物有稻草、蒲包或草包等。一般蘸浆后的树桩不可放在封闭的塑料袋内，以免因湿度过大造成霉烂。包装时应将枝干和根系全部包装绑好，也可将树桩直接套入适当大小的蒲包内，扎紧包口。运输的基本要求是及时、迅速、不损伤，最好是能随采随运。距离较远或不能及时运输时，应暂时放在背阴避风处或临时假植待运。为了避免在运输中造成损伤，可垫上杂草或篷布等。

（2）初加工。

在对野外采集的树桩进行初加工之前，先要做到心中有"树"，对树桩进行审视，从前后、上下、左右反复观察和仔细琢磨。也可采用"取影"的方法选择心目中理想的树形，把树桩用灯光照射到墙壁上，考虑其坐落方位，宜竖或宜斜，宜俯或宜仰等，从各个角度审视影像，然后画出图像，经过增删，挑选出一个或两个最佳观赏面。这样经过周密的审材和设计，才可初步对树桩进行剪裁。

树桩经过剪裁后往往造成伤口。由于伤口面积较大，短期内若不促其愈合会引起腐烂，所以必须对伤口及时彻底治疗。其方法是，先用刀削平刮净伤口，使皮层边缘呈弥形，然后用消毒保护剂涂抹，预防伤口腐烂，并促其愈合。治疗伤口用的保护剂要求容易涂抹，不透水，不腐蚀树体，同时有防腐消毒的作用，如桐油、沿油、接蜡等。树体接蜡的配方是：松香 800 g，油脂 100 g，酒精 300 g，松节油 50 g。制法是：先将松香及油脂投入锅中，用火加热搅拌熔解，然后把锅离火，稍冷后慢慢注入酒精及松节油，充分搅匀即成。

① 干的初加工。树桩应选择直径粗，干龄高，节多，干小而形态好又无病虫害的作为主干，如双干式应另选择形态与第一主干配合的作为第二主干。选留主干应掌握局部服从整体的原则。虽然主干与基础配合较差，但形态较好，应予保留，而主干与基础配合好，但形态差时，应予以舍去。

对已选留的主干，可根据需要进行撕干或雕干处理。但是，要求树势健壮，根系较好，而且一般经过养护一年以上方可处理。撕干是把树桩上需要疏剪掉的干或主枝不用剪刀剪掉而是用手从基部强行撕裂取下，从而使保留的树干上产生自然的疤痕，仿佛被风电袭击，饶有风趣。雕干是在树桩较粗时，为使其与上部枝条协调或使平淡无奇的树干苍老奇特，而采用的一种方法。用刀或凿在树干上雕刻成条状小沟或小坑，然后用 20% ~ 30% 硫酸与土和成泥状，糊在上面，过半月左右去掉，其上即可出现枯朽斑驳，自然暴皮的特征。如条件允许时也可利用蚁蚀方法进行处理，但要阻止白蚁在其中做窝生息，一旦发现要马上杀灭。

② 枝的初加工。树桩选定主干以后，对其上枝条也应根据各种造型需要进行适当选留，枝条选留不仅要考虑主干的高度、枝条角度，还要考虑侧枝分布，如需分层，每层主枝要有中心，不论怎样起伏变化，其中心一定要沿一定方向生长，侧枝及其他枝应与主枝相协调生长，这样既有主向，又有动向，疏而不稀，多而不密。对难以决定去留的枝可暂时保留，待以后再加工时考虑。树桩枝条的选留应遵循几项原则：第一，选留枝条应考虑不同果树种类的结果特性。有的是由壮枝结果，应予以保留；有的是中庸枝结果，应选择此类枝条方能保证开花结果。第二，疏掉多余枝及妨碍全株生长扰乱树形的枝条，如交叉枝、重叠枝、平衡枝、病虫枝等，一律剪掉，但有的枝条虽初生时较弱，位置却很好，应予以保留，促其生长。第三，枝条的数量和位置应决定于主干的高度和形态。主干较低的应少留枝，反之可适当多留，但要有层次，层与层之间不可交叉重叠，上部枝和

下部枝可俯可仰，但中间枝条一般只可仰生或平生。主干的形态变化很大，千姿百态，其上枝条也应灵活掌握选留，按一定画理，依照心中之"树"，对枝条通过整形手段或嫁接方法等加以调整。对树桩虽好但主枝不理想的可采用嫁接方法进行弥补。

③ 根的初加工。根系的调整要掌握适当短截、尽量少疏的原则。一般除对裂根、伤根剪裁到健壮部位外，只对粗长根进行短截，以促发须根，便于上盆。如果侧根较长，应予以保留，为以后盘根做准备，细根可保留 15 ~ 25 cm。根系的剪口一定要平滑，有利于剪口愈合和促生须根。如果树桩的根系比造型要求缺少一条或几条根系时，可用接根的方法加以弥补，所接的根应选用同种果树健壮的新鲜根。其嫁接方法与枝接相同。

2. 果树桩头的初期养护

（1）上盆和入圃。果树桩头经过初加工后，要及时入盆或移入苗圃进行初期养护，待树形稳定生长健壮且成花数量可达到观赏要求后，再移植到盆景中养护管理。

① 上盆。果树桩头经初加工后要马上上盆。为了更适宜桩头养护，应上瓦盆进行养坯，个别树桩也可直接上盆景盆。上盆时，一手扶住桩头，一手加工，同时将桩头稍向上提，使根系自然舒展，用小木棍从盆沿向下夯实，使根与土密接。

② 入圃。是将初加工后的桩头直接栽植到苗圃中去进行初期养护。苗圃地要选择背风向阳的场地，土质疏松、排水良好的沙质壤土。栽植的方法可采用沟栽或坑栽。栽前要在沟或坑内施入适量的有机肥，然后填一层薄土，将桩头放置在坑或沟内。株行距要根据桩头大小确定，以生长季节互不影响为原则。将桩头根颈以下埋入土中，埋后要浇透水。

（2）上盆和入圃后的养护管理。果树桩头上盆或入圃以后，立即浇一次透水，此次水能将虚土压实，使根系与土壤进一步密接，确保树桩成活。生根前根系吸收水分能力较弱。因此，不宜浇水过多，否则土壤长时期处于过湿、低湿状态，很难产生新根，老根也容易腐烂。树桩的上部由于裸露在空气中，尤其较大的伤口部分，会因失水使树皮干瘪而影响发芽。因此，这一时期要对土面以上部分进行保湿保活，在桩头盖湿草袋，经常喷水，增加空气湿度。

树桩成活并经过一段时期生长后，新根系初步恢复，吸收能力增强，应进行适当追肥。此时，施肥不宜过浓，应薄肥勤施，以免幼嫩的新根受伤害。肥料以氮肥为主，如尿素 0.1% 或有机饼肥 200 倍液。圃地桩头如果入圃时施入了有机肥，生长季节可以不再追肥，但是为使枝条充实发育饱满，后期可适当追施部分磷钾肥。

果树桩头经 1 ~ 2 年养护后，应及时换盆，通过换盆可改善果树生长条件，维持其正常生长发育的需要。换盆在果树进入休眠时期后进行，即秋季落叶后到春季萌芽前。夏季多雨季节，一些常绿果树种类可进行换盆，因为此时期空气湿度大，树体水分蒸发少，换盆后容易恢复生长。但是，对于处在花芽膨大期或开花期的果树，切忌换盆。换盆时，可进行盘根或提根等根部造型，树桩露根如鸡爪或盘根错节才具有天然古树的自然形态。将粗根屈曲裸露出土面，对较粗而长的根盘曲隆起露出土面。每次结合换盆逐渐提根或盘根，进一步完善根系造型，有利于增加桩景的苍古奇崛之势。换盆时，对根系的修剪参见前面的盆栽内容。

换盆时还要对树桩位置加以选择。由于树桩每年结果的部位会发生变化，果实分布不匀，所以要正确选择观赏面，以突出果树盆景特点。同时，选择树形优美、观果量较多的一面作为最佳观赏面。

（二）嫁接成形

在盆内采用综合嫁接技术可以使果树盆景快速成型。果树盆景多采用嫁接造型与修剪技术相结合的方法，这与一般观叶类盆景不同，盆内嫁接是选择砧木上盆后，利用嫁接方法达到当年嫁接，当年开花，当年结果，一次成形的目的。嫁接方法以枝接为主。

1. 砧木和接穗的选择

利用嫁接快速成型，应选择那些干部较粗、分枝点较低及桩形较好的砧木。有些分枝点较高且分枝已无利用价值，普通多年生砧木和由于品种等原因其观赏价值较低的品种树，也可作为嫁接成形的砧木。

无论哪种果树的砧木，都须是健壮、生长旺盛而且盆栽一年以上的坐盆苗。经过试验表明，临时上盆嫁接花枝，其成活率低，部分虽能开花，但花器较小（花器相当于正常花的 1/3 ~ 1/2），开花不整齐，坐果率极低。

作为果树盆景的砧木，多应苍劲有力，奇态异形，犹如古木缩影，以小见大。要达到上述要求，除野外采集和果园挖掘外，也可通过选择不同砧木生长速度的快慢而得到。某些砧木种类，其自身生长和加粗的速度差异甚大，利用其生长快慢不同，选用两个差异很大的种类，嫁接后在接口的上下部位，容易形成粗细不均匀的形态，人为地造成一种具有特色的桩景。

用作盆景快速成型的接穗，多在大果树上选择生长健壮，组织充实，节间较短，形态优美且芽子饱满的 1 ～ 4 年生的枝组，枝龄过高会因生命力差而降低成活率。选择接穗时，强调对品种的选择。实践证明，同一树种中不是任何一个品种都可采用来达到快速成型、结果早的目的。为了调整全株树势的平衡，可在树桩顶部选择生长势较弱的枝组进行嫁接，在下部嫁接健壮枝组，但枝组不宜过于细弱，否则即使成活也不易坐果。

2. 嫁接时期

盆内嫁接的时期，应考虑到气温、盆土温度、空气湿度及砧木和接穗的活跃状态等因素。秋冬两季在自然休眠期内嫁接是导致成活率低的直接原因。此时期，由于生理活动非常微弱，切口愈伤组织形成慢或基本不形成，使接穗中水分失调，造成大部分枝条出现抽条现象，降低成活率。而砧木和切穗都是在秋季自然休眠期以前或在早春自然休眠期以后（因有温室等设备，已开始进行正常生理活动，使被迫休眠期缩短）才有正常生理活动。秋季嫁接时，砧木和接穗之间有愈伤组织出现以后再进入自然休眠期；春季嫁接由于生理活动开始早，也有愈伤组织出现，而且能够继续愈合。因此，嫁接成活率均较高。试验结果表明，秋季宜在 9 ～ 10 月嫁接，此期嫁接花枝等较大枝组非常适宜。嫁接盆树于 1988 年 10 月 5 日分别放入地窖（空气湿度 90%，冬季最低温度 –1℃）和露地埋土越冬，同时对苹果、梨嫁接花枝，结果露地埋土越冬砧木嫁接后无一成活，而地窖越冬的苹果嫁接成活率为 91%，梨为 73%，成活后开花结果均正常。早春嫁接宜在 2 ～ 4 月进行。利用地窖或温室等条件以满足砧穗对低温的要求，同时可提早一段时间嫁接，有利于嫁接成活，达到早愈合、早生长、早结果的目的。

不同果树种类应选择适当的嫁接时期。北方大多数落叶果树，宜在早春或秋季进行。个别树种由于其本身生理特性等原因，要求在特定时期内嫁接，如核桃，早春砧木未活动前嫁接，会出现树液外渗现象，影响成活，宜在春季 4 ～ 5 月砧木顶芽已萌动时进行嫁接。葡萄宜在 6 ～ 9 月进行嫩枝嫁接，或在春季 3 ～ 4 月伤流前进行。

3.嫁接

嫁接的主要目的是使果树盆景快速成型，达到开花结果早且具有一定观赏价值的目的。实践证明，通过不同的嫁接手段，如腹接、劈接、切接、靠接、倒拉牛嫁接及借花嵌花接等，均可完成。

（1）嫁接枝组。嫁接时应把所采的接穗再复选一遍，按照具体嫁接部位的配合要求，可通过修剪调节一下接穗的形态和大小。嫁接应选择适宜时期进行。嫁接方法以腹接法为主，此法运用范围广、效果好，可以任意选择嫁接部位，随弯就势，不受砧木形态方面的影响，而且嫁接切口平滑，速度快，愈合好，成活率高。嫁接后，先用塑料布条绑紧接口部位。由于接穗蘸蜡后又经修整，使某些部位暴露剪口，可用适宜的塑料袋套住整个接穗，绑于砧木上。这种方法保湿性能良好，接穗自身水分损耗也大大减少。嫁接成活后，春季花期要注意及时通风换气，将塑料袋开2～3个适当的小孔，以利授粉，小孔要上下均有，可利用昼夜温差进行换气。当幼果坐住以后，逐渐把孔扩大，最后全部去掉，接口的塑料条应在生长前期及时解绑。

（2）反极性嫁接。又称倒拉牛嫁接，是将接穗极性向斜下方向嫁接的一种枝接方法。利用这种方法是为了盆树造型的需要，也是为了控制某些品种生长极性过强。所用砧木也需要在盆内生长一年以上的坐盆苗。接穗可用一年生健壮的营养枝，也可用多年生枝组，但必须生命力强，枝芽饱满。根据造型的需要，选择恰当角度进行嫁接，成活以后，逐渐地从接口以上剪掉，这样可以形成枝组大回弯，呈现垂枝类型的果树盆景，这是快速成型常用的嫁接方法。如图4-31所示。

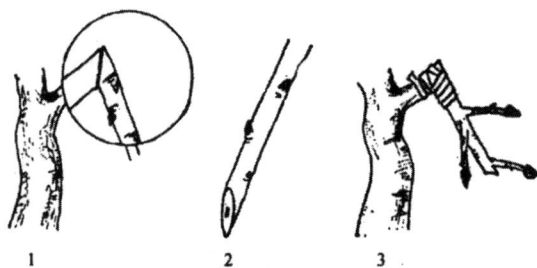

图4-31 反极性嫁接

1.接口 2.接穗 3.嫁接状

（3）嵌花嫁接。盆中果树在成形后，由于没有花芽或花芽量甚少，且在树上分布不均匀，或因前一年结果量过多，超越了自身的负载能力，造成所谓"大小年"现象，致使成花很少。针对以上两种情况，为达到提早结果目的，可运用嵌花嫁接技术，对缺少花芽的盆树进行补花，这样会使盆树开花早，结果适量，提高其观赏价值。

借花母树应该选择进入结果期的大树，树龄太小、花芽量较少，难以判断所取花芽是否已经分化成花芽；树龄太大，花芽生命力较弱，直接影响成活。应选择花芽多、粗壮的 1 ～ 2 年生结果枝顶花芽。如图 4-32 所示。

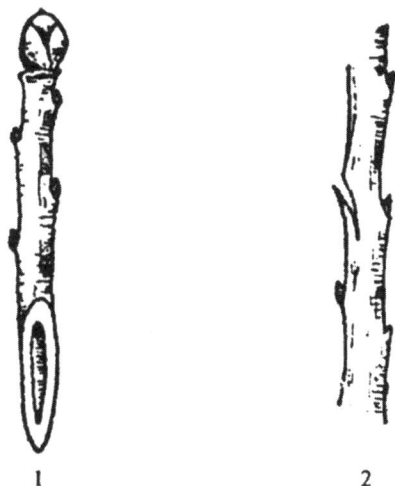

图 4-32　嵌花嫁接

1. 花芽枝 2. 砧木

嵌花嫁接时期多在 9 月中旬左右进行。时期太早，花芽不易辨认；时期太晚，会因温度较低而不能完全愈合，直接影响翌年开花结果。嫁接方法可采用各种枝接的方法，接后也应予以绑扎。

六、果树盆景的养护

果树盆景的养护与盆栽基本上是一致的。主要目的是使盆景有花可赏，有果可观。不仅要通过养护管理来给予一定量的土壤、水分、温度、光照和营养，保证其正常生长开花结果，还要保证通过养护管理形成一定数量的花芽，为翌年开花结果做准备。另外，还要不断地整形修剪，使植株姿态更加优美。由于不同种类的树体生长发育规律不同，其成花结果的表现差异较大，养护管理技术要求相对较高。所谓"四分制作，六分养管"，就是这个道理。除第四章所述相关内容外，还应着重注意以下几个方面。

（一）用土及上盆

果树盆景的用土与盆栽相比，更需要疏松和通透，同时要排水良好，保肥能力强，而且不易板结。培养土的选材方便，配制比较简单。其配制比例通常为田园土30%，腐熟厩肥30%，工业炉渣30%，腐殖质土10%。

果树盆景中树桩的上盆时期与盆栽相同。把树桩先在粗盆（泥盆）中养护，即养坯。以后可上盆景盆，选择盆钵要适宜，只有使盆钵适合树桩的栽培和造型，才能显示盆景的美。一般而言，普通树桩可采用椭圆形、圆形、六角形等盆景盆；垂枝式树桩宜用洞底的深口签筒盆；双干式树桩可选择较大的马槽盆。此外，盆的大小要与树桩相称，一般大树用大盆，小树用小盆。

果树盆景的上盆方法与盆栽基本一致，但树桩在盆中的位置要合适，否则将直接影响果树盆景的布局及艺术效果。树桩定位时，应先从各种角度，仔细推敲，或直、或斜、或卧、或垂，最后选择一个最佳方案，以免过于死板而失去观赏价值。

（二）水分

盆景用盆由于盆壁通透性差，蒸发水分少，故浇水量和浇水次数较盆栽要少，但由于果树盆景须放置在阳光下和通风处生长，盆土又疏松通透，因此要勤浇水。每次浇水要浇透，不能浇半截水，防止下部根系受害。浇水量因树种而定。喜干怕涝树种，如桃、杏、李等，切忌盆内积水；南方果树如柑橘等种类，一般喜湿润条件，除每次浇透水外，夏季每天还要喷水1～2次，但花期一般不要喷水。长时间干旱会造成落花落果，甚至枯枝。有的果树如核桃等叶片很大，蒸发水分多，干枝皮薄，易散失水分，故应多浇水。

（三）施肥

果树盆景的施肥不同于一般盆景，它既要正常生长，又要观花赏果。试验表明，树体开花结果会消耗一半以上的营养物质。因此，施肥是养护中一项很重要措施。不同树种对肥料的要求不同，一般大果类树种，如苹果、梨、柑橘等，需肥量相应多；有的树种、如枣、柿等耐瘠薄，施肥量少时也能正常开花结果。大部分果树生长前期需氮肥较多，需磷钾肥较少，而后期则需磷钾肥多，氮肥少。

由于盆土容量有限，根系分布范围小，盆内果树与大田果树不同，其施肥方法也不同。应改大田果树集中施肥为薄肥少施勤施；改施固体肥料为施液体肥料为主，并适当追施无机肥料，以适应盆内果树正常生长，开花结果。肥料的种类除盆内有腐熟厩肥外，主要用有机液肥和无机液肥。有机液肥用有机饼肥 200 倍液；无机液肥用化学肥料，如尿素、磷酸二铵、磷酸二氢钾等。此外，蹄角肥水等肥料也可使用。

施肥时期一般从果树萌芽开始到秋季落叶前停止。有机液肥每 7 ~ 10 天施 1 次，同时要根据情况追施化肥，如在枝条速长期、现蕾期、果实膨大期应追肥。施肥要在晴天傍晚时进行，第二天清晨再浇一次水，这样有利于根系吸收和保护根系，但应注意不要让肥料直接接触到叶片或根颈部位，以免受害。

第五章　休闲园艺中植物类型的选择

休闲园艺涉及植物众多，主要包括观赏果树、观赏蔬菜与观赏花卉三大类，这三类可以细分为不同的种类与品种。对此，本章将一一介绍。

第一节　果树种类与品种

一、落叶果树

（一）苹果

苹果是落叶果树的主要树种之一，分布广泛，栽种面积较大。苹果属于蔷薇科苹果属，该属植物全世界约有 35 种，原产我国的有 22 种。其中，有的是重要的栽培种，有的供作砧木，有的则为观赏植物。

1. 主要种类

（1）苹果。

目前，栽培的苹果绝大部分属于这个种或本种与其他种的杂交种。本种有很多变种，生产上有价值的主要有 3 个。

道生苹果：植株较矮，可用作苹果的矮化砧及半矮化砧。

乐园苹果：植株极矮，可用作苹果的矮化砧。

红肉苹果：本种的叶片、木质部、花、果肉及种子都有红色素，可用作培育红肉品种的原始材料。

（2）沙果。

沙果别名林檎、花红等。小乔木，可用作苹果砧木，较抗寒，但不耐盐碱、不抗旱。

（3）海棠果。

海棠果别名楸子、海红等。小乔木，适应性强，抗寒、抗旱、耐湿，可用作苹果的砧木，也可作为育种的原始材料。

（4）山定子。别名山丁子、山荆子等。乔木或小乔木，抗寒力极强，不耐盐碱，抗涝性较差，主要用作苹果的砧木。

（5）西府海棠。

西府海棠别名小海棠果。小乔木，适应性较强，抗旱、耐瘠薄、耐盐碱，较抗黄叶病，不耐涝，是苹果的优良砧木。

（6）河南海棠。

河南海棠别名刺枸子等。落叶小乔木，可用作苹果砧木，有的类型有矮化倾向。

（7）湖北海棠。

湖北海棠别名野海棠等。乔木或小乔木，抗涝，但不抗旱，可用作苹果的砧木。

（8）新疆野苹果。

新疆野苹果别名塞威氏苹果。乔木，抗旱、抗寒、耐盐碱，用作苹果的砧木。

2. 主要品种

（1）红富士。

红富士原产日本，为富士着色芽变品种。果实近圆形，平均单果重200 g以上，果面为鲜红或浓红，色泽艳丽，浓甜，有芳香，质脆多汁，极耐贮藏，品质优。10月下旬至11月上旬成熟。该品种抗寒性稍差，结果早，丰产性强。

（2）新红星。

新红星为美国品种，为红星的芽变品种。果实圆锥形，果顶五棱突起，单果重约200 g，果面浓红，蜡质较多，有果粉。9月成熟，果实贮藏性较差。该品种树势强健，树冠较小，萌芽力强，成枝力弱，短枝系数高，有少量腋花芽。早果性好，且稳产。

（3）乔纳金。

乔纳金为美国品种，亲本为金冠×红玉，三倍体品种。果实近圆形，平均单果重250 g左右，底色绿黄，阳面着鲜红霞，果面光洁，肉质松脆，汁多、味香，品质上等。果实较耐贮。该品种适应性较强，抗寒、耐旱、早果、丰产。

（4）藤牧 1 号。

藤牧 1 号又名"南部魁"，美国育成。果实圆形或长圆形，平均单果重210 g，底色黄绿，着鲜红条纹，果实黄白色，汁多，有香味，品质上等。7月成熟。该品种萌芽力强，成枝力中等，以短果枝结果为主，腋花芽较多，具早果性和丰产性。

（5）新嘎拉。

新嘎拉为新西兰品种，是从嘎拉品种中选出的着色较好的芽变品系。果实近圆形，单果重 150 g 左右，果面有棱起，底色绿黄，全面着鲜红霞，有断续红条纹。果实耐贮。该品种树势中庸，有腋花芽结果能力，坐果率高，早果性和丰产性强，熟前有轻微落果现象。

（6）早捷。

早捷由美国纽约州农业试验站育成，亲本为昆特 × 七月红。果实扁圆形，平均单果重 156 g 左右，底色黄绿，全面着浓红色，有蜡质光泽，外观艳丽，果肉乳白色，汁多、味浓，品质上等。6 月中旬成熟。该品种树势中庸，有腋花芽结果习性，易成花，结果早。

（二）梨

梨为我国主要果树之一，分布遍及全国，适应性强，易高产稳产，深受群众欢迎。

1. 主要种类

梨属蔷薇科梨属，全世界约 35 种，原产我国的有 13 种，从欧洲引入洋梨 1 种，即白梨、砂梨、林梨、秋子梨、褐梨、豆梨、河北梨、大梨、杏叶梨、麻梨、新疆梨、川梨、滇梨及洋梨。主要栽培种为白梨、砂梨、秋子梨、洋梨。现将部分种类进行简单介绍。

（1）秋子梨。

秋子梨原产我国东北地区，华北及西北也有分布。树体高大，生长旺盛，抗寒力强，耐旱、耐瘠薄，是梨属中最抗寒的种类，能耐 –32℃ 低温，个别的种可耐 –50℃ 严寒。果实近球形或扁圆形，果梗较短，果实多为黄绿色，阳面显红色，香气浓，风味佳，多数品种需经后熟才能食用。典型品种有南果梨、京白梨、安梨、花盖、尖把等。

（2）白梨。

白梨主要分布在华北、东北和西北地区。树体不如秋子梨高大，生长较强，成枝较少；果实较大，果形为倒卵形或长圆形；果质甜脆多汁，略有香气，不经后熟即可食用，多数较耐贮藏。典型品种有秋白梨、雪花梨、慈梨、黄县长把梨等。

（3）砂梨。

砂梨主要分布在长江流域以南和淮河流域，在华北和东北南部也有少量栽培。果实脱萼，有的为褐色，果肉有的石细胞较多，多数不如白梨耐贮藏。不经后熟即可食用。品种有金二十世纪、博多青、砀山酥、三季梨、晚三吉、长十郎等。

（4）西洋梨。

西洋梨由欧洲引入我国。果实为坛形或圆形，风味浓，经后熟可食用。品种有巴梨、茄梨、贵妃梨等。因抗寒力低，易得胴枯病和腐烂病，故栽培面积受到一定限制。

（5）杜梨。

杜梨分布于华北、华东和西北等地。枝条有茎刺，嫩枝有白色绒毛，嫩叶表面有白毛，果实近圆球形，根系深，耐寒、耐旱、耐涝、抗盐性强，与各种梨均有较强的嫁接亲和力，故生产上多用作梨嫁接苗的砧木。

（6）褐梨。

褐梨分布于华北、东北和西北等地。有的栽培供食用，有的用作砧木。果为球形。和杜梨不同之处在于叶和果较大，嫩叶上生有白绒毛，不久即脱落。

（7）豆梨。

豆梨分布于华北、华南、华东、西南等地。小枝无毛，果圆球形。抗寒力差，较抗腐烂病，是西洋梨的优良砧木。

2. 主要品种

（1）秋子梨系统。

南果梨：原产于辽宁鞍山地区。在东北中南部广泛栽培，是秋子梨的优良地方品种，适于北方地区栽培。

京白梨：原产于北京地区。在当地广泛栽培，是秋子梨中最优良的品种之一，适于北方城市郊区栽培。

苹香梨：系吉林省果树研究所在 1956 年用苹果梨与延边谢花甜杂交培育而成。已在吉林、辽宁北部、内蒙古和河北等部分地区推广。

龙香梨：来源于黑龙江园艺研究所，由磙子梨实生苗中选育而成，黑龙江省已有栽培。

（2）白梨系统。

鸭梨：原产于河北，其中定县鸭梨最负盛名。在河北、山东、山西、陕西、河南、辽宁等地栽培极多，是我国最古老、优质、高产品种，为北方地区主栽品种。

慈梨：原产于山东茌平。以山东栽培最多，河北、山西、辽宁也有少量栽培。

雪花梨：原产于河北赵县、定县一带，在陕西、辽宁、山西等地均有栽培，是丰产、优质，外形美观的品种。该品种抗寒性强，个大质优，较丰产，适于北方寒冷地区栽培。

库尔勒香梨：原产于新疆库尔勒地区，南疆均有栽培，是西北地区优质丰产品种。

（3）砂梨系统。

金水 1 号：湖北省果茶研究所培育的新品种，用江岛和麻壳梨杂交育成，已在省内栽培，是一个优质丰产，但不耐贮运的品种。

砀山酥梨：原产于安徽砀山。在山西、陕西、新疆、云南均有栽培，品质优异，是国内适应性强的优质丰产优良品种。

苍溪梨：原产于四川苍溪，省内栽培较多，是我国砂梨系统中著名的优良品种。

黄花梨：浙江农业大学培育的新品种，亲本是黄蜜梨 × 早三花梨，是一个优质较丰产，适应性较强的品种，已在浙江、江苏、湖北、湖南部分地区推广。

最近几年国内各地又新培育和引进了一些新品种，如金二十世纪、大果水晶、新水、丰水、新高等。这些新品种、品系的引进和育成，为丰富梨品种和促进梨果业发展起到了积极作用。

（三）桃

桃是我国栽培的主要果树之一，品种繁多，适应性也强，无论南方、北方、山地、平原均可栽培，而且结果早、收益快，具有广阔的发展前景。

1. 主要种类

桃属于蔷薇科桃属果树，在我国共有 6 个种，即普通桃、山桃、光核桃、甘肃桃、陕甘桃、新疆桃。生产上应用较多的有 2 种。

（1）普通桃。

普通桃又名毛桃。原产我国，分布极广，是主要的经济栽培种。小乔木，果实圆形，果面有毛，核大，有沟纹，叶片披针形。本种有 3 个变种：

蟠桃：果实扁圆形，两端凹入，核小，圆形，分有毛和无毛两种类型。

油桃：又名光桃、李光桃。果实圆或扁圆形，果面光滑无毛，果肉色有白有黄。

寿星桃：树矮小，根系浅，有红花、白花和粉红花 3 个类型。多供观赏，也可用作桃的矮化砧或矮化育种材料。近年在吉林发现了大果型的可食用兼观赏的新品系。

（2）山桃。

山桃原产我国华北、西北等地。小乔木，果小，圆形，不能食用。成熟后果肉开裂，离核，仁可榨油。耐寒、耐旱，是北方桃的主要砧木，有红花、白花和光叶 3 个类型。

2. 桃的品种

桃的品种很多，全世界有 3000 余种，我国约有 1000 种以上。根据形态、生态和生物学特征，将桃分为 5 个品种群。

（1）北方品种群。

北方品种群树姿直立或半直立，萌芽力强，发枝力弱，中、短果枝比例较大。果形大，果顶有突尖、缝合线深，果肉硬质。优良品种有五月鲜、深州水蜜桃、肥城佛桃等。

（2）南方品种群。

南方品种群树姿开张或半开张，发枝力强，中、长果枝比例较大。果实圆或长圆形，果顶圆或微凹，果肉柔软多汁。优良品种有大久保、上海水蜜、早香玉、朝霞、雨花露等。

（3）黄肉桃品种群。

黄肉桃品种群树姿较直立，长势强，发枝力较北方品种群稍强，以中、长果枝结果为主。果皮、果肉均呈黄色，肉质紧密强韧，适于加工制罐头。优良品种有黄露桃、晚黄金、凯旋、丰黄等。

（4）蟠桃品种群。

蟠桃品种群树姿开张，发枝力强，中、短果枝多。果形扁圆，两端凹入。果肉柔软多汁。优良品种有撒花红蟠桃、早露蟠桃、黄金蟠桃、白芒蟠桃、早硕蜜等。

（5）油桃品种群。

油桃品种群果皮光滑无毛，果肉硬脆、汁少，味稍酸。优良品种有早美光、曙光，五月火等。

（四）葡萄

葡萄是一种营养价值很高的果品，浆果中含糖、有机酸、蛋白质、果胶、矿物质（钙、铁、磷、钾等）以及多种维生素和氨基酸。除鲜食外，主要用于酿酒，还可以制干、制汁、制罐头等。尤其葡萄酒，目前已成为一种营养保健型饮品，倍受人们青睐。

葡萄适应性强，抗旱、耐瘠薄、耐盐碱，在山地、坡地、河滩等都能正常生长。生长快、结果早、产量高，栽培方式多样化。除露地栽培、设施栽培外，还可庭院绿化、盆栽造型，既能美化环境、丰富生活，又有一定经济效益。

葡萄属于葡萄科葡萄属，为多年生藤本果树，本属约70种，其中具有栽培价值的约有20个种。

1. 主要种类

按地理分布和生态特点，葡萄属可分为以下3个种群。

（1）欧亚种群。

欧亚种群仅1个种，通称欧洲种。原产欧洲、西亚及北美，世界著名的鲜食和加工品种均属本种。由于长期受不同生态条件的影响，形成的许多品种又被划分为东方、西欧和黑海3个生态地理品种群。

（2）东亚种群。

东亚种群共40余种，野生于东亚各国。原产我国的有10余种，其中主要有山葡萄、毛葡萄等。

（3）北美种群。

北美种群有 28 个种，多分布于美洲东部。栽培上有利用价值的有美洲、河岸、沙地葡萄等。

目前，生产上栽培的葡萄 90% 以上为欧亚种或欧美杂交种。

2. 主要品种

葡萄品种很多，全世界有 8000 余种，我国约有 1000 种，按用途将其分为鲜食和加工两类品种。

鲜食品种主要包括京秀、乍娜、藤稔、红地球、瑞必尔、巨峰 6 种；加工品种主要包括霞多利和赤霞珠 2 种。

（五）猕猴桃

猕猴桃是猕猴桃科猕猴桃属木质藤本果树，又名羊桃、阳桃、猕猴梨。《本草纲目》称："其形与梨，其色与桃，而猕猴喜食，故有此名。"猕猴桃是原产我国的野生果树，经过几千年的驯化栽培，成为大规模商品化生产、经济效益好、生态效益显著的新兴水果。

1. 主要种类

目前，猕猴桃属在全世界共发现 66 个种，其中 62 个种原产于我国。供鲜食和加工的主要有 5 个种。

（1）中华猕猴桃。

中华猕猴桃分布最广，集中于秦岭和淮河流域以南。其果实近球形或圆柱形，果面光滑无毛，果皮黄褐色至棕褐色，果重 20 ~ 120 g。果肉多为黄色，少绿色，汁液多，味酸甜可口，香味浓。

（2）美味猕猴桃。

美味猕猴桃为我国栽培面积最大、产量最高，生产和发展速度最快的种类，分布于黄河以南地区。

（3）毛花猕猴桃。

毛花猕猴桃分布于中国浙江、福建、江西、湖南、贵州、广西、广东等省区。生于海拔 250 ~ 1000 米山地上的高草灌木丛或灌木丛林中。毛花猕猴桃果实营养极为丰富，维生素的含量很高，比被称为"果中之王"的中华猕猴桃果实所含的维生素高一倍，并含有多种氨基酸等营养成分。

（4）软枣猕猴桃。

软枣猕猴桃主要分布于黑龙江、吉林、辽宁、河北、山西等地，黄河以南也有分布。其代表种为吉林选育的魁绿，该种类是我国耐寒性强、适应性广、综合利用价值较高的猕猴桃种类。

（5）阔叶猕猴桃。

阔叶猕猴桃主要分布于广西、广东、云南、贵州、湖南、四川、湖北、江西、浙江、安徽、台湾等地，果实以富含维生素 C 而闻名于世，维生素 C 最高含量可达 2140 mg/100 g。

2. 主要品种

猕猴桃的主要品种有金魁（竹溪 2 号）、米良一号、秦美、海沃德、武植 3 号、金丰等。

（六）李

李果实营养丰富，每 100 g 果肉中含糖 7.9 ~ 9.0 g、酸 0.81 ~ 1.04 g、果酸物质 0.79 g、蛋白质 0.48 ~ 0.84 g、维生素 C 2.31 ~ 4.98 mg、钙 7.5 ~ 17.1 mg、钾 8.5 ~ 142.5 mg、铁 0.48 ~ 0.53 mg，还含有 17 种人体所需的氨基酸。果实既可鲜食，又可制作罐头、果脯、果干、果酱、果酒、蜜饯、果汁、点心等食品；种仁含油率达 45%，是工业用润滑油之一。除此之外，果实还有很高的药用价值，味甘酸、性寒，具有清热利水、活血祛痰、润肠肺等作用；李树的叶、花、果实均有很高的观赏价值，有些品种，如红叶李还是城市园林绿化的优良品种，也是蜜源树种。

1. 主要种类

李为蔷薇科李属植物。本属植物有 30 种以上，分布在北半球的温带地区。作为果树栽培的有 10 多种。原产我国或在我国少量分布的有如下几种。

（1）中国李。

中国李原产我国长江流域，是我国栽培李的主要种类。本种多为小乔木，高 5 ~ 10 m，树势强健，适应性强。果实圆形、卵球形、心脏形或近圆锥形；果皮有黄色、红色、紫色；梗洼陷入，先端微尖，缝合线明显，外被蜡质果粉。粘核，少数离核。进入结果期早，产量高，抗病力较强，果实较耐贮藏。花期早，寒地易受晚霜危害。

（2）乌苏里李。

乌苏里李原产我国东北各省，植株较中国李矮小，果实较小，果皮苦涩，没有特殊香味。果肉柔软多汁，有的品质甚好，多粘核。抗寒力最强，窑门李为代表品种。

（3）欧洲李。

欧洲李原产高加索。我国长江以北的辽宁、河北、山东有少量栽培。多为乔木，树冠高大，宽卵形，果实形状和色泽多种多样，果面常被蓝色果粉。品种有冰糖李等。

（4）美洲李。

美洲李原产北美，经过长期栽培，现已有多种有较强抗寒力的品种。树体高大，多枝，有刺，树冠天幕形。果实球形、卵球形。果皮红色，少数黄色；果肉黄色，柔软多汁，纤维多，味甜；粘核或离核。

（5）杏李。

杏李原产我国华北地区。小乔木，枝条直立，生长势强，分枝力差，树冠呈塔形。果实扁球形，果肉淡黄色，质地紧密，有浓香，粘核。品种有香扁、荷包等。

（6）樱桃李。

樱桃李原产我国新疆，多自然生长在沿山坡的乔灌混交林中。灌木或小乔木多具干性，枝条宽广开张。果实球形或椭圆形，果小，黄色、红色或近黑色，果肉软，多汁，粘核。

2. 主要品种

李在我国栽培历史悠久，品种丰富，长期的栽培生产中，形成了许多具有地方特色的优良品种，主要有槜李、绥棱红、帅李、盖州市大李、玉皇李、三华李、澳大利亚14号、北京晚红李、花奈。

（七）樱桃

樱桃果实色艳品质好，味甜而有芳香，为落叶果树中成熟期较早的树种之一，享有"春果第一枝"的美誉，对调节市场淡季鲜果的供应起着特殊的作用。

1. 主要种类

樱桃为蔷薇科樱桃属植物，目前我国栽培的主要有以下4个种类。

（1）中国樱桃。

中国樱桃为小乔木或灌木。树干暗灰色，枝叶茂盛。叶片卵形或长卵圆形，暗绿色，质薄而柔软，叶缘尖，复锯齿。花白色或稍带红色，4～7朵呈总状花序，或2～7朵簇生，花期早。果较小，红色、橙黄色或黄色；果柄有长短2种，长者为果实纵径的2～2.5倍；果肉多汁，皮薄不耐运。易生根蘖。耐寒力较甜樱桃弱。主产于辽宁、河北、山东、安徽、陕西、甘肃、河南、江苏、浙江、江西、四川等地。本种在我国栽培已久，品种甚多，果实主供鲜食，也可酿酒。

（2）甜樱桃。

甜樱桃又称西洋樱桃、欧洲甜樱桃、大樱桃等。乔木，树势强健，枝干直立。树皮暗灰褐色，有光泽。叶片大而厚，黄绿到绿色，长卵形或卵形，先端渐尖，叶柄暗红色，长3～4 cm，其上有1～3个红色圆蜜腺。花白色，较大，2～5朵簇生，于展叶同时开放。果大，直径1～2 cm，果皮黄、红或紫红色，圆形或卵圆形，果柄长3～4 cm，果肉和果皮不易分离，肉质有软肉、硬肉2种，味甜，离核或粘核。

（3）酸樱桃。

酸樱桃又称欧洲酸樱桃。灌木或小乔木，树势强健，树冠直立或开张，易生根蘖。树干灰褐色，枝条细长而密生。叶小而厚，灰绿色或暗绿色，卵形或倒卵形，叶质硬，具细锯齿；叶柄长，其上具1～4个蜜腺。花白色，1～4朵簇生。果皮与果肉易分离，味酸，品质差，不耐贮运，但耐寒性强，结果早。

（4）毛樱桃。

毛樱桃为灌木，萌蘖力强，枝粗而密。叶小，倒卵形或椭圆形，叶面有皱纹和绒毛，叶缘具粗锯齿。花白色稍带淡粉红。果小，圆形或椭圆形，直径1 cm左右，果色有鲜红、黄、黄白及白色，果皮上有短绒毛，果柄极短。种核大，味酸甜，可供生食或加工用。因叶片、果皮上均有短绒毛，故称"毛樱桃"。

原产我国，分布较广，江苏、河南、河北、陕西、山东、甘肃、内蒙古和黑龙江等地均有栽培。适应性好，抗寒力极强，较丰产，可作育种材料。

2. 主要品种

（1）中国樱桃的主要品种有大鹰嘴甘樱桃（又称大鹰嘴）、垂丝樱桃、大窝楼叶。

（2）甜樱桃的主要品种有早丰（代号2—11）、早紫（又称日出、日之出、小红袍）、大紫（又称大叶子、红樱桃）、那翁（又名黄樱桃、大脆）、红灯（代号20—5）、芝罘红（原名烟台红樱桃）、滨库、黄玉（又称水晶、油皮子、马鞭子等）。

（3）酸樱桃的代表品种为磨把酸（又称早利、玻璃灯、磨把子）。

（八）草莓

草莓为蔷薇科草莓属的多年生常绿草本植物。草莓浆果色泽鲜艳、味道鲜美，还含有丰富的养分及人体必需的矿物质、维生素和氨基酸等。

草莓的优良品种有硕丰、硕香、丰香、春旭、全明星、鬼怒甘、土德拉、奥利红、氟杰利亚、星都1号。

二、常绿果树

（一）柑橘

柑橘是亚热带常绿果树，也是世界果品市场上重要商品之一，我国是世界柑橘主要原产中心之一，也是柑橘栽培最早的国家。

1. 主要种类

（1）枳。

枳是柑橘果树中最耐寒的种类，冬季可耐 –20℃的低温。枳主要作砧木，具有矮化、早结果、早丰产、果实成熟早、耐湿、耐瘠、抗酸、抗脚腐病、根结线虫、衰退病的优点；但不耐旱、不耐盐碱、不抗裂皮病，寿命较短。可用作药材。

（2）金弹。

金弹又名金柑。原产中国，是金柑中品质最好、抗寒性较强的种类。

（3）柠檬。

柠檬原产中国。常绿小乔木，树体开张，枝有刺。叶中大、卵状椭圆形，翼叶不明显。嫩枝及花、芽具紫红色，一年开花多次。果中大，长圆形有乳状突起，果肉淡黄、汁极酸，含柠檬酸 3%～7%，维生素 C 含量高。用于饮料和医药。

（4）甜橙。

甜橙树体高大，常绿小乔木，椭圆或长椭圆形。翼叶小，叶柄较短。花白色，花瓣长且向外卷，花单生或花序。果实中大，圆形或椭圆形，皮厚难剥离，瓤瓣 10～13 个，不易分开，中心柱充实。果肉柔软多汁，有香味，甜中带酸。种子多胚。

（5）宽皮柑橘。

宽皮柑橘原产中国，常绿小乔木，枝细且有时有刺。叶广披针形或狭披针形，翼叶窄小。花小，顶生单花，少数丛生腋生，花白色。果实扁圆或近圆形，果皮易剥，以瓤瓣易分离而得名。味道因品种而酸甜不一，种子一般为多胚，绿色、淡绿色或白色。

（6）杂柑类。

杂柑类是橙、橘、柚之间相互杂交而形成的中间类型，其形态特性因亲本的不同而不同，品质大部分都比亲本优。

（二）主要柑橘品种

目前，国内栽培的柑橘种类品种繁多，各地可根据本地资源情况和栽培条件来灵活选用，见表 5-1。

表5-1　国内培育的主要优良品种

种　类	品种名称	产　地	果　形	皮　色	单果重（g）	品　质	成熟期	备　注
甜橙	北碚无核锦橙	四川、湖北	椭圆	橙红	183	优	11月上旬	丰产、采前易裂果
	无核雪柑	中国农业科学院柑橘研究所	椭圆	橙红	170～200	优	11月下旬至12月上旬	积温要求高
	新会橙	广东新会	圆	橙黄	110～130	浓甜香	11月下旬至12月上旬	耐贮藏、丰产

续 表

种 类	品种名称	产 地	果 形	皮 色	单果重(g)	品 质	成熟期	备 注
宽皮柑橘	黔阳无核柑	湖南	圆	橙黄	120~140	浓甜香	12月初	抗性强、早结果、丰产
	蕉柑	广东、福建、广西	扁圆	橙红	100~130	优	10月至次年1月	耐肥、不耐寒、优质

（二）枇杷

枇杷是我国南方特有的果树。树形优美，果色鲜艳，果肉柔软多汁，甜酸适度，风味独特。果实除鲜食外，还可制作糖水罐头、果膏、果酱、果汁和果酒等。花、果、叶、根及树白皮均可入药，最重要的药用部分是叶。叶中含有多种药用成分，具有清肺和胃、降气化痰的功用，为治疗肺气咳喘的良药。栽培枇杷既具有较高的经济价值，又有较好的观赏价值。

1. 主要种类

枇杷又称芦橘，属蔷薇科枇杷属植物，共有30种，分别分布于亚洲温带和亚热带地区。其中，中国产枇杷共15种和变种。章恢志教授根据花期的不同和老叶叶背有无绒毛，将中国枇杷属植物简要分类如下。

（1）秋冬开花。

① 幼叶下面有绒毛，老时仍不脱落。

枇杷（长江以南各省及陕西、河南、甘肃）。

栎叶枇杷（云南东南部、四川西部和南部）。

大渡河枇杷（四川西部）。

麻栗坡枇杷（云南东南部靠近中越边境）。

② 幼叶下面有绒毛，老时脱落近无毛。

齿叶枇杷（云南）。

（2）春季开花。

① 幼叶下面有绒毛，老时仍不脱落。

怒江枇杷（云南西北部）。

台湾枇杷（广东、海南）。

② 幼叶下面有绒毛，脱落近无毛。

倒卵叶枇杷（云南）。

大花枇杷（四川、湖北，江西）。

腾越枇杷（云南西部）。

香花枇杷（广东、广西）。

窄叶枇杷（云南）。

小叶枇杷（云南东南部、贵州）。

椭圆枇杷（西藏墨脱）。

南亚枇杷窄叶变形（云南）。

其中，枇杷为经济价值最高，并广为栽培的唯一种。

2. 主要品种

我国枇杷资源丰富，品种繁多，分布甚广。据统计，其主要品种及品系共 300 多个。常用的枇杷品种分类法有 2 种，即依果实形状分类和依果肉颜色分类。根据果实形状的不同，将枇杷品种分为长形种、圆形种和扁圆形种；根据果肉颜色的不同，分为红沙种和白沙种。凡着色的果肉，不论橙红、橙黄或黄色都归于红肉类，统称为红沙种。而着色极淡者，如白色或近于白色、淡黄者，统称为白沙种。

我国栽培的枇杷主要优良品种如下：

（1）软条白沙。

软条白沙主产浙江余杭塘栖，为最优良的古老品种。树势中庸，枝细而软，叶中等大小，在树上常呈倒垂性。果梗纤细而软，果实卵形、扁圆或圆形，果中等大小，平均单果重 26 g，果面淡黄色，果皮极薄而易剥，果肉黄白或乳白色，肉质细嫩而柔软，汁多味美，品质优良，宜鲜食。种子 4 粒。6 月上旬成熟。品质优良，但不耐贮运，采前多雨易裂果，抗性差，不易丰产。

（2）照种白沙。

照种白沙主产江苏洞庭东山。树势中庸，枝条开张，叶大而厚，叶缘锯齿疏而浅。果梗硬而挺，果圆形或略扁，果面淡橙黄色，绒毛短，果皮薄，易剥离，果肉黄白色，汁多，酸甜适度，品质极佳。种子 3 ~ 4 粒。种皮易裂开，露出子叶。6 月中旬成熟。具有生长迅速，果形整齐，风味鲜甜，不易裂果，比较耐冻，丰产，大小年不明显等特点。

（3）白梨。

白梨为福建莆田的主栽品种之一，因果肉雪白，细嫩如梨而得名。树较矮化，枝条细密，叶狭长，叶缘有浅锯齿。果实圆形或长圆形，平均单果重 31.8 g，果面淡黄色，皮较薄，易剥离，果肉乳白色质地细腻，汁特多，味甜而有香气。种子 3～4 粒。4 月下旬成熟，为早熟品种。丰产、稳产，品质极上，为鲜食良种。抗性较强。缺点是果实易被碰伤变黑，不耐贮运，宜在城市附近发展，就近鲜销。

（4）青种。

青种主产江苏洞庭西山。树势较强，树冠开展，呈圆头形，枝粗，叶大挺立。果大、圆形，平均单果重 33.2 g，果实成熟时，果面、果肉呈淡橙黄色，蒂部仍呈绿色，故名青种。肉质较松，粗细中等，汁多，酸甜可口。种子大，3～4 粒。6 月中旬成熟。适应性强，产量高，果实大小一致，品质优，但后期遇雨易裂果，对土肥要求较高。

（5）华保 2 号。

华保 2 号系华中农业大学选育。树势强健，树姿半开张，自花授粉结实率不高。果实圆球形或广卵形，平均单果重 38 g，果皮比软条白沙稍厚，呈橙黄色，果肉厚，质细，汁液多，风味甜而微酸。种子少，1～2 粒，可食率为 71%。5 月底至 6 月初成熟。树势强健，抗逆性强，品质极佳，适宜鲜食，对肥水管理条件要求高。

（6）洛阳清。

洛阳清为浙江黄岩（现台州）主栽品种。树势强健，树冠开张，无中心主干，枝斜展，叶披针形，中等大小。果实椭圆形或卵形，单果重 33 g，大小均匀，果实成熟时萼片基部呈青绿色，故名洛阳清。果面橙黄色至橙红色，果皮厚而易剥，果肉质地较粗，致密，酸甜适度。种子 2～4 粒。6月初成熟。抗性强，丰产，果形整齐，色泽优美，较耐贮运，除鲜食外，还是主要的加工品种。

（7）大钟。

大钟主产福建莆田。树势中庸，树姿开张，叶大，夏叶狭椭圆形，叶缘反转明显，如一叶小舟。果实大，如庙堂中的大钟，故名大钟。单果重 50～60 g，果皮和果肉均呈淡橙红色，果肉致密，稍粗，酸甜适度，风味浓。种子平均 5 ～ 8 粒。5 月上旬成熟。晚熟品种，果大丰产，耐贮运，适宜制作罐头。但易裂果。

（8）早钟 6 号。

早钟 6 号为福建果树所育成。树势强，树姿较直立，叶片大而厚，色浓，夏叶边缘有反转现象。果实倒卵形，平均单果重 52.7 g，果皮橙红色，锈斑少，鲜艳美观，易剥离。肉质细，化渣，甜多酸少，香气浓，品质优良。种子 4 ～ 5 粒，果实特早熟，比一般品种早 15 ～ 20 天。4 月上旬成熟。

（9）霸红。

霸红主产江苏扬中。果实呈球形略扁，平均单果重 31.5 g，果皮橙红色，厚而韧，易剥离，汁多味甜，有香气，品质上等，制作罐头的性能良好。种子平均 4 ～ 5 粒。6 月上旬成熟。抗寒性能强，果大味浓，是生食和制作罐头的优良品种。

（三）荔枝

荔枝原产我国，广东、广西、福建、海南、台湾、四川、云南等地均有栽培，以广东、广西、福建、海南、台湾栽培最多。荔枝是中国南方热带、亚热带地区广泛栽培的著名水果之一。它的干、鲜果及罐头等在外销与外贸上都占有很重要的位置。荔枝属常绿乔木，花多且花期长，产量较高。

1. 主要种类

荔枝属无患子科荔枝属常绿乔木。有 2 个种和 1 个变种，它们是荔枝、菲律宾荔枝、光头荔枝。菲律宾荔枝和光头荔枝常作荔枝的砧木与育种材料。

2. 主要品种

荔枝的主要品种有三月红、白糖罂（又叫蜂糖罂）、白蜡（又名电白白蜡）、妃子笑、桂味、尚书怀、陈紫（又名陈家紫、莆田荔）、糯米糍。

（四）龙眼

龙眼又名桂圆，是重要的亚热带常绿果树，其鲜果及桂圆干均享有盛誉，产品畅销海内外，是我国南方的名佳果品之一。

龙眼系无患子科龙眼属常绿乔木。全国有将近 400 个品种，但主栽品种较少。目前，生产上栽培的商品性良种大约 20 个。主要品种有龙优、水南 1 号、友谊 106、巨龙 105、松风本、东壁、石硖、储良、福眼、乌龙岭、油潭本、紫螺、九月乌、立冬本、十二月龙眼等。

（五）杧果

杧果为热带、亚热带地区的名果，果色鲜艳美观，肉质甜滑芳香，风味独具一格，在国内外市场都很受欢迎，素有"热带果王"之美誉。在印度、巴基斯坦等国家被称为"圣果"。

1. 主要种类

杧果属于漆树科杧果属。杧果属有 62 个种，但商业栽培的只有杧果一种。全世界的杧果栽培品种超过 1000 个，我国的杧果栽培品种也有 100 多个，主要归于 2 个植物学上不尽相同的类型。

（1）单胚类型。

种子仅有 1 个合子胚和 2 片子叶，播种后仅能长出 1 株苗。实生树变异性大，不能保持母本的性状。

（2）多胚类型。

种子有多个胚，播种后可以长出多株苗，但合子胚往往不发育，实生苗由珠心胚发育而成，因而变异性不大。

2. 主要品种

杧果的主要品种有吕宋杧、白象牙杧、黄象牙杧、白玉杧、泰国白花杧、秋杧、粤西 1 号杧、紫花杧、桂香杧、串杧等。

（六）香蕉

香蕉是指供食用蕉类的总称，包括我们常说的香蕉、大蕉和粉蕉。香蕉原产亚洲东南部，是热带、亚热带地区的重要果树，也是我国华南四大名果之一。

香蕉属于芭蕉科芭蕉属，为多年生常绿性、大型草本单子叶植物。根据植株形态的特征及经济性状，我国习惯上把食用蕉分为香蕉、粉蕉及大蕉三类。目前，在蕉类栽培中，我国北热带和南亚热带以种植香蕉类为主，而中亚热带则以大蕉和粉蕉为主。

每类又根据假茎色泽和高度、叶片形状、果实品质等分为若干品种，主要的种类及品种如下。

1. 蕉类

香蕉类假茎黄绿色而带紫褐色斑，叶片较阔大，先端圆钝，叶柄粗短，叶柄槽开张，有叶翼，反向外，叶基部对称而斜向上。幼叶初出时往往带些紫斑。吸芽紫绿色。小果弯曲向上生长，果皮黄绿色，果肉黄白色，无种子。香蕉在栽培蕉类中经济价值最高，栽培面积最大。

主要的品种有大种高把、广东香蕉1号、齐尾、矮香蕉、廉斯、天宝蕉、河口香蕉。

2. 大蕉类

大蕉类的植株一般高大健壮，假茎绿色。叶宽大而厚，深绿色。叶先端较尖，基部近心脏形，对称或略不对称。叶背及叶鞘微被白粉。叶柄长而闭合，无叶翼。小果身直，棱角明显，果皮橙黄色，果肉杏黄色，偶尔有种子。主要的品种有大蕉、灰蕉。

3. 粉蕉类

粉蕉类植株一般较高瘦，假茎淡黄绿色而紫红色斑纹。叶狭长而薄，淡绿色，先端稍尖，叶基部左右不对称。叶柄狭长，一般闭合，无叶翼。叶柄和叶基部的边缘有红色条纹。叶背、叶鞘被白粉。果近圆形而微起棱角，形较短小，成熟果皮鲜黄色，薄而微韧，但易开裂。果肉乳白色，柔软甜滑。抗寒性比香蕉强，抗风和对土壤的适应性比大蕉弱。主要的品种有糯米蕉、龙牙蕉。

（七）菠萝

菠萝，又名凤梨、黄梨、王梨。它是世界热带四大名果之一，也是我国热带和亚热带地区重要果树之一。由于菠萝制作罐头后色、香、味优美，故被誉为"罐头之王"，畅销世界各地。

1. 主要种类

菠萝属于凤梨科凤梨属，为多年生常绿草本。茎单生、直立、为叶片所掩蔽，基部抽生吸芽。叶剑状，簇生，先端渐尖，边缘有刺或无，叶面浓绿，叶背淡绿。花序由叶丛中抽出，为头状花序，顶生、单生、椭圆形。花无柄、紫红色。果肉质细，成球状复果，果顶上着生冠芽。

全世界菠萝栽培品种约有60～70个，一般分为卡因类、皇后类及西班牙类3个类型。

（1）卡因类。

卡因类植株强健，叶长而宽，无刺或末端有几对小刺，果大，圆筒形，小果平，果肉浅黄色。适应罐头加工，是目前世界上最重要的制作罐头品种。

（2）皇后类。

皇后类植株较矮小，叶有刺，果皮及果肉金黄色，果小，卵圆形，小果明显突起。汁多味甜、香气浓厚，品质上等。

（3）西班牙类。

植株较大，叶宽长，叶缘有刺。果皮红色，果中等大，果圆锥形，小果扁平，果眼下陷，果肉浅黄色。

2. 主要品种

菠萝的主要品种有无刺卡因、皇后巴厘、神湾、剥粒菠萝（台农4号）等。

（八）番木瓜

番木瓜也叫作万寿果，俗称木瓜。中国的木瓜是中国原产的果树，属于蔷薇科的木本果树。

番木瓜的主要品种有穗中红、岭南种、中山种、优8和878、蓝茎、泰国红肉、苏罗、墨西哥黄肉等。

第二节　蔬菜种类与品种

一、茄果类蔬菜

茄果类蔬菜主要包括番茄、辣椒和茄子，在分类学上均属茄科植物。茄果类蔬菜性喜温暖，不耐寒冷也不耐炎热，温度低于10℃时生长停滞，温度超过35℃，植株容易早衰；主要栽培期间要求较强的光照和良好的通风条件，属于喜光、半耐干燥性蔬菜；幼苗生长缓慢，苗龄较长，要求进行育苗栽培；枝叶茂盛，茎节上也容易生不定根，适合进行再生栽培和扦插栽培；分枝较多，需要整枝打杈；栽培期长，产量高，对养分需求量大，特别是对磷钾肥的需求量比较大。

（一）番茄

番茄，别名西红柿、六月柿，原产于南美洲秘鲁等地，属茄科一年生蔬菜。按生长习性分为有限生长和无限生长两种类型。

有限生长类型：植株矮小，长势较弱，当主茎上形成一定的花序（低封顶类型 2～3 个花序，高封顶类型 4～5 个花序）后自行封顶，不再向上生长。开花结果早，果实转色成熟快，适于密植，多用于早熟栽培。

无限生长类型：植株高大，条件适宜时主茎无限向上生长，长势旺盛，结果期长，单株结实多，增产潜力大。多为中晚熟品种，果大质优，抗病耐热性能好，主要用于春季露地栽培和夏茬延后生产。

根据植株的结果节位高低以及结果期的长短不同，将生产上推广的番茄品种又分为早熟品种和中晚熟品种。

早熟品种：一般在主干的 6～8 节处着生第一个花序，以后每隔 2 节左右着生 1 个花序，通常着生 2～3 个花序后，主干便不再伸长，也不再出现花序，结果期比较短。主要用于栽培期较短的春季早熟栽培以及秋季延迟栽培，栽植的密度比较大，一般每平方米栽苗 6～7 株。代表品种有早丰、中丰、西粉 3 号、美国大红、东农 704、渝抗 2 号、苏抗 9 号、鲁番茄 1 号、苏抗 8 号、浦红 6 号等。

中晚熟品种：一般在主干的 8～9 节处着生第一个花序，以后每隔 2～3 节着生 1 个花序。在栽培条件适宜时，主干可无限伸长，花序也随之不断地长出，直到植株死亡。其结果期比较长，露地栽培一般可结果 8～10 穗，保护地栽培可结果 10 穗以上。该类品种的栽植密度比较小，一般每平方米栽苗 5～6 株，主要用于栽培期较长的番茄高产栽培；较优良的品种有中蔬 4 号、佳红、佳粉 10、双抗 2 号、L-402、浙红 1 号、农大 23、毛粉 802、加州番茄、苏抗 7 号、新番 1 号、浙红 20、中杂 9 号等。

（二）辣椒

辣椒原产于南美洲，属茄科一年生蔬菜。按生产目的不同，一般分为菜椒和干椒两种类型。

1. 菜椒

菜椒又称为青椒，以采收绿熟果鲜食为主。果实含辣椒素较少或无。植株高大，长势旺盛，果实个大肉厚。

按果别菜椒可划分为灯笼型和长椒型两种。灯笼型椒一般无辣味或微辣，主要品种有双丰、农大 8 号、中椒 4 号、甜杂 3 号、辽椒 3 号、湘研 8

号、农发、苏椒 6 号等。长椒型品种多为牛角形，如湘研 6 号、早杂 2 号、华椒 8 号、农大 21、苏椒 3 号、新丰 5 号、汴椒 1 号等。

2. 干椒

干椒又名辛辣椒，以采收红熟果制椒干为主。果实多为长椒型，辣椒素含量高。干椒的主要品种有湘辣 3 号、永城大羊角、日本三鹰椒等。

（三）茄子

茄子原产于印度，属茄科一年生蔬菜。根据茄子果实的形状，可分为圆茄、长茄和卵茄三种类型。

1. 圆茄类

圆茄类的植株高大，茎秆粗壮，叶片大，植株长势旺，多较晚熟。果实大型，有圆球形、长圆形、扁圆形等几种。果实质地致密，皮厚硬，较耐贮藏和运输；但耐阴、耐潮湿的能力比较差。多作为露地茄子栽培用种，小拱棚以及部分大棚茄子栽培也有选择该类品种进行晚熟高产栽培的，温室栽培较少选择该类品种。较优良的品种有北京五叶茄、六叶茄、呼茄 1 号、丰研 2 号、天津快圆茄、高唐紫圆茄、天津二苠茄、大苠茄、安阳茄、西安大圆茄等。

2. 长茄类

长茄类的植株高度及生长势中等，分枝比较多，枝干直立伸展，叶小而狭长，绿色，株型较小，适合密植。花型较小，多为淡紫色。结果数多，单果较轻。果实长棒状，依品种不同，长度从 25 ~ 40 cm 不等，果形指数一般为 3 以上。果皮较薄，果肉较软嫩，种子较少，果实不耐挤压，耐贮运能力比较差。该类品种多较早熟，较耐阴和潮湿，比较适合在保护地栽培。露地栽培中除了一些长茄类品种的传统栽培区外，其他地区一般较少选用。较优良的品种有紫阳长茄、鹰嘴长茄、兰竹长茄、南京紫面条茄、徐州长茄、济南长茄、苏崎茄、苏长茄、齐茄 1 号等。

3. 卵茄类

卵茄类又叫矮茄类。植株较矮，枝叶细小，生长势中等或较弱。花型小，多为淡紫色。果实较小，形状有卵形、长卵形和灯泡形，果皮为黑紫色或赤紫色，种子较多，品质不佳。产量较低，早熟性好，主要用于早熟栽培。该类茄子的适应性比较强，露地和保护地栽培均可，但因其结果期短，并且果实的品质也多较差之故，目前主要用于春季露地栽培、小拱棚栽培和塑料大棚春季早熟栽培。较优良的品种有济南早小长茄、茄冠、辽茄 2 号、辽茄 3 号、内茄 2 号等。

二、瓜类蔬菜

我国普遍栽培的瓜类蔬菜主要分为两大类：一类以嫩瓜为产品，主要包括黄瓜、西葫芦、丝瓜、苦瓜、瓠瓜等；另一类以成熟瓜为产品，主要包括西瓜、甜瓜、南瓜、冬瓜等。

（一）黄瓜

黄瓜，别名胡瓜，原产于印度北部，古代分南、北两路传入我国，各地普遍栽培，品种类型多，消费量大，是主要的设施栽培蔬菜之一。

目前我国栽培的黄瓜品种数量比较多，分类方法也多种多样。按生态分布通常分为华南系和华北系两个系统。华南系统的植株蔓叶发达，根多，耐移植，果实粗短、皮硬、无刺或黑刺，主要分布于西南、东南及长江流域；华北系统的植株蔓细叶薄，根系不耐移植，瓜条粗长、皮薄、有刺棱，主要分布于黄河流域和北方的某些地区。

按雌花的出现节位高低以及结瓜能力不同，又将黄瓜分为早熟品种、中熟品种和晚熟品种。该分类法与生产关系较为密切，应用较为普遍。

早熟品种：第一雌花一般出现在主蔓的 3 ～ 4 节处，雌花密度大，节成性强，几乎节节有雌花。一般播种后 55 ～ 60 天开始收获。该类品种的耐低温和弱光能力以及雌花的单性结实能力均比较强，适合于露地早熟栽培及设施栽培。较优良的品种有长春密刺、新泰密刺、中农 5 号、津春 3 号、津优 3 号、鲁黄瓜 10 号、碧绿、鼎峰 1 号、李氏 21 等。

中熟品种：第一雌花一般出现在主蔓的第 5 ～ 6 节处，雌花密度中等，一般播种后 60 天左右开始收获。该类品种的耐热、耐寒能力中等，露地和设施栽培均可，多用于露地栽培。较优良的品种有津研 4 号、津优 4 号、中农 2 号、中农 8 号、湘黄瓜 1 号等。

晚熟品种：第一雌花一般出现在主蔓的第 7 ～ 8 节处，雌花密度小，空节多，一般每 3 ～ 4 节出现一个雌花。通常播种后 65 天左右开始收获。该类品种的生长势比较强，较耐高温，瓜大，产量高，主要用于露地高产栽培以及塑料大棚越夏高产栽培。较优良的品种有津研 2 号、津研 7 号、宁阳刺瓜等。

（二）西葫芦

西葫芦，别名搅瓜，原产于南美洲。其营养丰富，食用途径广，栽培广泛，在瓜菜中栽培规模仅次于黄瓜，也是设施栽培的主要蔬菜之一。按瓜蔓的生长能力不同，一般将西葫芦分为短蔓型和长蔓型两种。

1.短蔓型

短蔓型节间短，瓜蔓生长速度慢，露地栽培一般长度为 60 ～ 100 cm。早熟，主蔓第 5 ～ 7 节着生第一雌花，瓜码密，几乎节节有雌花。较耐低温和弱光，较适合设施栽培与露地早熟栽培。优良品种有早青（F1）、阿太（F1）、花青（F1）、白皮"一窝猴"、花叶西葫芦、灰采尼（F1，引自美国）等。

2.长蔓型

长蔓型的植株长势强，节间长，露地栽培瓜蔓长度可达 2 m 左右。晚熟，第一雌花一般出现在主蔓的第 8 ～ 10 节处，瓜码稀，空节多。耐热能力强，但不耐寒，多用于露地晚熟高产栽培，总体栽培较少。

（三）甜瓜

甜瓜，别名香瓜，主要起源于我国西南部和中亚地区，属葫芦科一年生蔬菜，通常分为薄皮甜瓜和厚皮甜瓜两种类型。

1.薄皮甜瓜

薄皮甜瓜的生长势弱，植株较小，叶面有皱。瓜较小，单果重 500 g 左右。果皮较薄，平均厚度在 5 mm 以内，光滑柔嫩，可以带皮食用。果肉薄，平均厚度在 2 cm 以下，香味淡，含糖量低，品质一般。该类甜瓜不耐运输和贮存，但适应性强，较耐高湿和弱光照，抗病性也较强，我国栽培比较普遍，主要进行露地栽培。代表品种有青州银瓜、懒瓜、一窝猴、龙甜 1 号、齐甜 1 号等。

2.厚皮甜瓜

厚皮甜瓜的植株长势强或中等，茎粗、叶大、色浅，叶面较平展。果实较大，单果重 1 ～ 5 kg。果皮较厚而硬，一般皮厚 1 ～ 3 mm，不可食用。果面光滑或有网纹。果肉厚 2.5 ～ 5 cm，质地细软或松脆多汁，有浓郁的芳香，含糖量为 11% ～ 17%，口感甜蜜，属高档瓜果之一。种子较大，不耐高湿，需要较大的昼夜温差和充足的光照。新疆、甘肃等地是我国厚皮甜瓜的主要栽培区，自 20 世纪 90 年代以来，我国其他地区采用温室、大棚栽培也取得了比较好的效果，栽培规模扩展较快。代表品种有伊丽莎白、状元、蜜世界、蜜露、白兰瓜、哈密瓜、兰甜 5 号等。

三、豆类蔬菜

豆类蔬菜均属于豆科一年生草本植物，主要有菜豆、豇豆、扁豆、蚕豆、刀豆、豌豆等。除豌豆和蚕豆外，其余都原产于热带，为喜温性蔬菜，不耐霜，宜在温暖季节栽培；属中光性作物，对日照时数要求不严格，但苗期在短日照条件下，能促进花芽分化，降低第一花序的着生节位；根系较发达，入土深，具有固氮能力，但再生能力弱，宜护根育苗；忌连作，应实行 2 ~ 3 年轮作，适合在微酸性至中性土壤中生长，不耐盐碱。

（一）菜豆

菜豆，别名芸豆、四季豆等，原产于中南美洲，属豆科一年生蔬菜。依生长习性一般分为蔓生型和矮生型。

1. 蔓生型

蔓生型菜豆也叫"架豆"，顶芽为叶芽，属于无限生长类型。主蔓长达 2 ~ 3 m，节间长。每个茎节的腋芽均可抽生侧枝或花序，陆续开花结荚，成熟较迟，产量较高，品质好。较优良的品种有芸丰、丰收 1 号、双季豆、老来少、九粒白等。

2. 矮生型

矮生型的植株矮生而直立，株高 40 ~ 60 cm。通常主茎长至 4 ~ 8 节，顶芽形成花芽，不再继续生长，从各叶腋发生若干侧枝，侧枝生长数节后，顶芽形成花芽，开花封顶。生育期短，早熟，产量低。较优良的品种有优胜者、供给者、新西兰 3 号、嫩荚菜豆等。

（二）豇豆

豇豆，别名长豆角、带豆，原产于非洲，属豆科一年生蔬菜，可分为菜用豇豆和粮用豇豆两类。菜用豇豆的嫩荚肉质肥厚，脆嫩；粮用豇豆荚皮薄，纤维多而硬，不可食用，种子做粮食。

依菜用豇豆茎的生长习性又可分为蔓生、半蔓生和矮生三种，现主要栽培蔓生豇豆，主要品种有红嘴燕、之豇 28—2、之豇 30、正豇 555、33—47 豇豆等。

四、叶菜类蔬菜

叶菜类蔬菜包括白菜类、绿叶菜类、葱蒜类等几大类。

（一）白菜类

白菜类蔬菜在分类上属于十字花科芸薹属植物，主要包括大白菜、结球甘蓝、花椰菜、叶用芥菜、茎用芥菜等。

1. 大白菜

大白菜原产于我国，属十字花科两年生蔬菜。

根据叶球形态和对气候的适应性可将大白菜分为以下三种。

（1）卵圆形（海洋性气候生态型）。

叶球褶抱呈卵圆形，球叶数目较多。严格要求气候温和、湿润的环境，耐寒及耐热能力均较弱，也不耐旱，对水肥要求严格。其代表品种有福山包头、胶州白菜、旅大小白根等。

（2）平头型（大陆性气候生态型）。

叶球叠抱呈倒圆锥形，球叶较大而数目较少。适于阳光充足、昼夜温差大、气候温和的环境，对水肥要求严格，抗逆性较差。其代表品种有洛阳包头、太原包头等。

（3）直筒型（交叉性气候生态型）。

叶球拧抱呈细长圆筒形，球顶近于闭合。适应性强，水肥或气候条件较差时也能正常生长。其代表品种有天津青麻叶、河北玉田抱尖等。

按结球早晚与栽培期长短大白菜也可分为以下三类。

（1）早熟品种。

早熟品种从播种到收获需 60 ~ 80 天。耐热性强，但耐寒性稍差，多用作早秋栽培或春季栽培，产量低，不耐贮存。优良品种有山东 2 号、鲁白 2 号、潍白 2 号、中白 19、中白 7 号、北京小杂 51、早心白等。

（2）中熟品种。

中熟品种从播种到收获需 80 ~ 90 天。产量高，耐热、耐寒，多用作秋菜栽培，无霜期短以及病害严重的地方栽培较多。优良品种有青杂中丰、鲁白3号、山东5号、青麻叶、玉田包尖、中白65、中白1号、豫白6号等。

（3）晚熟品种。

晚熟品种从播种到收获需90～120天。产量高，单株大，品质好，耐寒性强，不耐热，主要作为秋冬菜栽培，以贮存菜为主。优良品种有青杂3号、福山包头、城阳青、洛阳包头、中白81、石绿85、秦白4号、北京新3号等。

2. 甘蓝

甘蓝，别名洋白菜、卷心菜，原产于地中海沿岸，属十字花科两年生蔬菜。

按叶球的形状可将甘蓝分为尖头型、圆头型和平头型三种。

（1）尖头型。

尖头型的植株较小，叶球小而尖，呈心脏形，叶片为长卵形，中肋粗，内茎长，产量较低，多为早熟小型品种。

（2）圆头型。

圆头型的植株中等大小，叶球圆球形，结球紧实，球形整齐，品质好，成熟期较集中，多为早熟或中熟的中型品种。

（3）平头型。

平头型的植株较大，叶球为扁圆形，直径大，结球紧实，球内中心柱较短，品质好，耐贮运。多为晚熟大型品种或中熟中型品种。按成熟期可将其分为以下三种类型。

①早熟品种。早熟品种从定植到收获需40～50天。较优良的品种有四季39、中甘12、冬甘1号等。

②中熟品种。中熟品种从定植到收获需55～80天。较优良的品种有中甘15、中甘16、华甘1号、小型小金黄、迎春、京甘1号、东农609、西园4号、西园6号等。

③晚熟品种。晚熟品种从定植到收获需80天以上。较优良的品种有中甘9号、华甘2号、昆甘2号、黄苗、黑叶小平头等。

3. 花椰菜

花椰菜，别名菜花或菜花，原产于地中海沿岸，属十字花科两年生蔬菜。

花椰菜极早熟品种有夏雪40、荷兰春早等；中熟品种有厦花80天1号、津雪88、龙峰特大80天、祁连白雪、丰花60等；晚熟品种有冬花240等。

青花菜是野生甘蓝进化为花椰菜过程中的中间产物。它与花椰菜的不同之处在于：青龙菜主茎顶端产生的并非由畸形花枝所组成的花球，而是由完全正常分化的花蕾组成的青绿色扁球形的花蕾群，同时叶腋的芽较花椰菜活跃，主茎顶端的花茎及花蕾群一经摘除，下面叶腋便抽生侧枝，在侧枝顶端又生花蕾群，如此反复可多次采摘。我国近期育成的有中青 1 号、中青 2 号、绿宝青花菜等，这些均为早熟品种。

（二）绿叶菜类

绿叶菜类蔬菜种类多，目前开发的稀特菜中就有许多是绿叶蔬菜。它们以鲜嫩的叶片、叶柄或嫩茎为产品，生长期短，适于密植，可排开播种以延长供应期，对增加花色品种、周年均衡供应起了重要作用。

1.菠菜

菠菜，别名赤根菜、波棱菜、波斯草，原产于古波斯，属藜科两年生蔬菜。

依叶片的形状和果实上有无刺可将菠菜分为以下两类。

（1）尖叶菠菜（有刺种）。

尖叶菠菜的叶片窄而薄，尖端箭形，基部戟形多缺刻，叶柄细长，果实有刺。耐寒力强，不耐热，对日照反应敏感，在长日照下很快抽薹。较优良品种有北京尖叶菠菜、双城尖叶、青岛菠菜、菠杂 10、菠杂 15、绿光等。

（2）圆叶菠菜（无刺种）。

圆叶菠菜的叶片椭圆形，大而厚，多有皱褶，叶柄短，果实无刺。耐热力较强，耐寒力较弱，对日照长短反应较迟钝。较优良品种有日本春秋大圆叶、法国菠菜、成都大圆叶、广东圆叶菠菜等。

2.芹菜

芹菜，别名旱芹、药芹，伞形科两年生蔬菜，原产于地中海沿岸的沼泽地带。

芹菜分为本芹和西芹两类。

（1）本芹。

本芹为我国栽培类型。植株稍矮，叶柄细长，香味浓。优良品种有天津白庙芹菜、保定实心芹、潍坊青苗芹菜、石家庄实心芹等。

（2）西芹。

西芹从国外引进。植株较大，叶柄肥厚，纤维少，品质佳。优良品种有文图拉、意大利冬芹、意大利夏芹、荷兰西芹、开封玻璃脆等。

3. 莴苣

莴苣起源于地中海沿岸，有叶用莴苣和茎用莴苣两种。前者宜生食，故名生菜；后者又名莴笋。

莴苣有以下四个变种：

（1）皱叶莴苣。

皱叶莴苣的叶深裂，叶面皱缩，不结球，如花叶生菜、鸡冠生菜等。

（2）直立莴苣。

直立莴苣的叶全缘，狭长，直立生长，不结球或卷心呈圆桶形，如登峰生菜、红帆紫叶生菜等。

（3）结球莴苣。

结球莴苣的叶全缘或有缺刻、锯齿，外叶展开，顶生叶形成叶球，圆或扁圆形。较优良的品种有团叶生菜、泰安皱叶生菜、广州结球生菜、皇帝结球生菜、奥林匹亚、恺撒、马来克等。

（4）茎用莴苣。

茎用莴苣也叫莴苣笋、莴笋，以肥大的肉质茎为产品。根据叶片的形状分为以下两个类型。

①尖叶莴笋。叶片先端呈披针形，叶面多光滑，节间较稀，肉质茎下粗上细呈棒状，苗期耐热，晚熟。较优良的品种有柳叶笋、紫莴笋、雁翎笋、南京青皮笋、上海大尖叶、渡口尖叶等。

②圆叶莴笋。叶片顶部稍圆，微皱，节间较密，肉质茎的中下部较粗，上下两端渐细，较耐寒而不耐热，早熟。较优良的品种有鲫瓜笋、南京圆叶白皮等。

4. 普通白菜和乌塌菜

普通白菜别名小白菜、油菜，乌塌菜别名塌棵菜。因这两种蔬菜栽培技术相近，故一同介绍。

普通白菜根据成熟期、抽薹期和适宜栽培季节分为以下三类。

（1）秋冬白菜。以秋季栽培为主，冬性弱，翌春抽薹早，植株直立或束腰，耐寒力较弱，质佳，南方栽培较多。较优良的品种有矮脚黄、杭州油冬儿、矮杂 2 号、矮杂 3 号等。

（2）春白菜。植株多开展，冬性强，耐寒，较优良的品种有上海的三月慢、四月慢等。

（3）夏白菜。在夏秋高温季节栽培，较耐热，生长迅速，抗高温及暴雨，抗病虫害。较优良的品种有南京矮杂 1 号、夏冬青（JII青菜）、苏州青等。

乌塌菜按株型分为塌地型和半塌地型两类。

（1）塌地型。植株塌地与地面紧贴，较耐寒。较优良的品种有常州乌塌菜、上海小八叶、中八叶、大八叶、油塌菜等。

（2）半塌地型。植株不完全塌地。较优良的品种有南京瓢儿菜、黑心乌、成都乌脚白菜等。

5. 蕹菜

蕹菜原产于我国热带多雨地区，为一年生或多年生蔓性蔬菜。依结籽与否可将蕹菜分为子蕹和藤蕹两类。

（1）子蕹。

子蕹用种子繁殖，耐旱力较藤蕹强，多栽于旱地，又可分为白花和紫花两种。白花子蕹茎较细，叶片大，对日照反应迟缓，适应性强，质地脆嫩高产，较优良的品种有广州大骨青、大鸡黄等；紫花子蕹的茎秆略带紫色，品质较差，代表品种有湖北红梗竹叶菜。

（2）藤蕹。

藤蕹因其开花少，难结籽，故常用茎蔓繁殖。通常以水田或沼泽栽培为主，生长期长，较优良的品种有广州细通菜、丝蕹、四川藤蕹、江西水蕹。

6. 球茎茴香

球茎茴香，别名意大利茴香，原产于意大利南部，为伞形科，一年或两年生蔬菜，目前从国外引进的品种较多。据球茎形状可将球茎茴香分为两类。

（1）扁球形。外层叶鞘较直立，左右两侧短缩茎明显膨大，球茎扁球形，淡绿色，单球 250 ~ 500 g。例如，荷兰 11 这一品种，从播种到收球茎约需 75 天。

（2）圆球形。叶鞘基部除向左右两侧膨大外，前后也明显膨大，球茎紧实呈圆球形，颜色较淡，单球重 250 ～ 1 000 g。

（三）葱蒜类

葱蒜类蔬菜属于百合科葱属的两年生或多年生草本植物，普遍栽培的有大葱、韭菜、大蒜和洋葱等。

1. 大葱

大葱原产于中亚高山地区和我国西北高原，属百合科两年生蔬菜。

大葱根据假茎高度和形态可以分为以下三类。

（1）长葱白类型。相邻叶的叶身基部间距较大，为 2 ～ 3 cm，株高 80 ～ 150 cm，葱白长 35 ～ 65 cm、粗 3 ～ 5 cm，葱白粗细均匀，如北京高脚白、章丘大葱、盖平大葱、辐射大葱等。

（2）短葱白类型。相邻叶的叶身基部间距小，株高 50 ～ 70 cm，葱白长 20 ～ 30 cm，葱叶短粗，葱白也短而粗，如寿光八叶齐、西安竹节葱、拉萨藏葱等。

（3）鸡腿葱。假茎短，基部显著膨大，形似鸡腿，如莱芜鸡腿葱、大名鸡腿葱等。

2. 韭菜

韭菜，别名起阳草，原产于我国，为百合科多年生宿根蔬菜。按食用器官类型分为根韭、花韭、叶韭和叶花兼用韭四类。普遍栽培的为叶韭和叶花兼用韭，两类韭菜按叶片宽窄又可分为以下两类。

（1）宽叶韭。

宽叶韭的叶片宽厚，叶鞘粗壮，品质柔嫩，香味稍淡，产量高，易倒伏。较优良的品种有汉中冬韭、河南791、天津大黄苗、北京大白根、寿光马蔺韭等。

（2）窄叶韭。

窄叶韭的叶片狭长，叶鞘细高，纤维稍多，香味较浓，直立性强，不易倒伏。较优良的品种有北京铁丝苗、保定红根、太原黑韭、诸城大金钩等。

3. 大蒜

大蒜，别名葫蒜，原产于中亚高山地区，属百合科一年或两年生蔬菜。

依据鳞茎外皮色泽的不同大蒜可分为白皮蒜和紫皮蒜两类。

（1）白皮蒜。

白皮蒜的叶数较多，假茎较高，蒜头大，辣味淡，成熟晚，耐寒。白皮蒜分大、小瓣两种：大瓣种每头 5 ~ 8 瓣，较优良品种有苍山大蒜、永年大蒜、舒城大蒜、嘉定大蒜等；小瓣种每头十数瓣以上，较优良的品种有白皮马牙蒜、拉萨白皮蒜、狗牙蒜等。

（2）紫皮蒜。

紫皮蒜每头瓣数较少，一般为 4 ~ 8 瓣。辣味浓郁，质佳，耐寒性差，适合春播。较优良的品种有阿城大蒜、蔡家坡紫皮蒜、川西大蒜、海城大蒜、安丘大蒜、应县大蒜、北京紫皮蒜等。

第三节　花卉种类与品种

一、一年或两年生花卉

（一）瓜叶菊

瓜叶菊，别名千日莲、瓜叶莲、千叶莲，为菊科千里光属植物。原产非洲北部。现在世界各国广泛栽培。品种类型很多，根据花径大小和着花情况，可分如下各种类型。

1. 大花型

大花型株高 25 ~ 30 cm，花径 4 ~ 10 cm，着花较密，生长期较短。花色从白到深红以及蓝色，栽培较为普遍。

2. 小花型

小花型又称星型。株高 60 ~ 100 cm，一株着花可达 200 朵，花色多为红紫色系，生长强健，生长期较长，适用于切花，常行地栽生产，现已育出矮型盆栽品种。

3. 中间型

中间型高约 40 cm，花径 3.5 cm 左右，多花，宜盆栽，本类型品种数量众多。

4. 小花丰花型

1921 年在瑞士育出小花丰型品种，株高 25 ~ 30 cm，花小型，着花量大，1 株开花可达 400 ~ 500 朵。

在以上四种类型中，除纯黄色外，几乎各色俱全，而以紫色和蓝色最多。另外还有复色、重瓣、管瓣等品种。

（二）四季秋海棠

四季秋海棠别名瓜子海棠、蚬肉秋海棠，为秋海棠科秋海棠属植物。四季秋海棠为多源杂种，近年来主要以栽培丰富多彩的杂种一代为主。四季秋海棠有近十个栽培品种，花卉市场上供应的多为杂种一代品种。其生长势强健，耐湿热，开花整齐，花繁叶茂，花色鲜丽，大体可分为三个品种类型。

1. 矮生型

矮生型的植株低矮，花单瓣，有白、粉、红等色，叶绿色或古铜色。

2. 大花型

大花型的花单瓣，花径较大，常达 5 ~ 7 cm，花有白、粉红等色。

3. 重瓣型

重瓣型的花重瓣，不结实，花有红、粉等色，叶绿色或古铜色。

（三）蒲包花

蒲包花别名荷包花，为玄参科蒲包花属植物。蒲包花属植物有 300 多种，多产于中美洲和南美洲。蒲包花的主要亲本原产于南美洲的厄瓜多尔、秘鲁和智利，现世界各国广泛在温室栽培。

本种是蒲包花属植物的园艺代表种，是其盆栽杂种的总称，有许多优良品系。

1. 大花系

大花系花径为 3 ~ 4 cm，花色丰富，多具色斑。

2. 多花矮生系

多花矮生系花径为 2 ~ 3 cm，着花多，植株矮，耐寒，适宜盆栽。

3. 多花矮生大花系

多花矮生大花系性状介于以上二系之间。现在栽培的多为大花系和多花矮生大花系品种。

蒲包花常见品种如下：cv.John Innes，花大，深黄色带红褐色斑点；cv.Sunshine，矮生，株丛紧密，花为金黄色；cv.Walter Shrimpton，花为铜黄色带深褐色斑点，中间有带状白斑，高 10 cm 左右，常绿，耐寒；cv.Anytime，株丛紧密，花为红色、黄色或两色。

二、宿根花卉

（一）菊花

菊花又名九花、帝王花、秋菊，为菊科菊属植物。原产于我国，是我国栽培历史最悠久的传统名花。现在世界各国切花菊栽培盛行，约占切花市场的 30%。日本是生产切花菊最大的国家，年产量达 16 亿枝。各国所用的切花菊品种优良，多数是日本培育。近年来，我国在切花菊生产方面引进了秋菊、夏菊、寒菊系列近百个品种，极大地丰富了我国的切花市场。

菊花依其自然花期可分为以下四类：① 春菊，花期为 4 月下旬至 5 月下旬；② 夏菊，花期为 5 月下旬至 8 月；③ 秋菊，花期为 8 月下旬至 11 月下旬；④ 寒菊，花期为 12 月上旬至翌年 1 月。切花菊的几个主要栽培品种见表 5-2 ~ 表 5-4：

表5-2 秋菊切花品种

名 称	花 色	自然上市期
视	粉	8 月上旬
秋晴水	白	9 月上旬
红之华	紫	9 月下旬
千代姬	紫	9 月下旬
都	粉	9 月下旬
花言华	粉	9 月中下旬
深志	黄	9 月中旬
秋之风	白	10 月下旬
琴	粉白	10 月下旬

续　表

名　称	花　色	自然上市期
秋之山	黄	9月下旬
花甬	红色	9月下旬

表5-3　夏菊切花品种

上市期	白色品种	黄色品种	桃红色品种
6月中旬	银香	新明光	常夏、夜樱
6月下旬		朝之光	
7月中旬	森之泉	宝珠	

表5-4　寒菊切花品种

上市期	白色品种	黄色品种	桃红色品种
12月	银御园、寒白梅、岩之霜、薄雪	金御园、岩之霜、金太郎	寒樱、寒娘、新年樱、岛小町、早生姬小町
1—2月	印南2号、美雪银、正月、寒小雪	印南1号、春之光	姬小町、春姬、红正月

目前，我国的切花品种主要是秋菊类，为了在元旦、春节供花，都需要进行人工补光以延迟开花期，对能源浪费较大，应提倡引进寒菊切花品种进行栽培，减少人工补光的成本。

（二）大花花烛

大花花烛别名安祖花、火鹤花、红鹤芋、红掌、烛台花，为天南星科花烛属植物，原产于南美洲哥伦比亚西南部。20世纪60年代，盛行于欧美各国，并于70年代末传入中国。目前美国的夏威夷、荷兰和东南亚等地都有大规模的生产栽培，是国际流行的高档切花花卉。

现在观赏栽培的大花花烛多为其园艺品种，常见栽培的有以下几种：① 可爱花烛，佛焰苞深桃红色，肉穗花序白色，端部黄色；② 克氏花烛，佛焰苞心形，端白色，中央带淡红色，有沟；③ 大苞花烛，佛焰苞大型，长 21 cm，宽 14 cm；④ 红苞花烛，佛焰苞宽，红心；⑤红绿花烛，佛焰苞大型，上部鲜红色，从中央到先端绿色；⑥粉绿花烛，高达 1 m，苞粉红色，中心绿色。

同属植物约有 200 种，皆原产于美洲热带。常见观赏栽培的还有以下各类。

1. 花烛

花烛别名火鹤花、猪尾花烛，多年生附生性常绿草本植物。叶丛生，革质，长圆状披针形，端渐尖，长 15 ~ 30 cm，宽约 6 cm，暗深绿色。花梗长 25 ~ 30 cm，佛焰苞卵形，有短尖，长 5 ~ 20 cm，宽 4 ~ 10 cm，鲜红色，肉穗花序橙红色，长约 10 cm，螺旋状卷曲。周年开花，主要花期为 2—7 月。原产哥斯达黎加、危地马拉。主要用于盆栽观赏，也可做切花，水养期长。其园艺品种甚多，主要如下：① 矮花烛，佛焰苞肉红色，肉穗花序橙色，叶长仅 10 cm；② 白苞花烛，佛焰苞白色；③ 黄苞花烛，佛焰苞黄色；④ 白斑花烛，佛焰苞紫色，具白斑；⑤玫红花烛，佛焰苞玫瑰红色；⑥大白花烛，佛焰苞大型，白色，肉穗花序殷红色；⑦红点花烛，佛焰苞大，白色，满布玫瑰红色小斑点。

2. 水晶花烛

水晶花烛为多年生附生常绿草本植物。茎叶密生，叶阔心形，幼叶紫色，后变为有丝绒光泽的碧绿色，叶脉粗，银白色，叶背淡红色。花超出叶片之上，佛焰苞细窄，带褐色，肉穗花序圆柱形，带绿色。原产于哥伦比亚的新格林纳达，是优良的观叶植物，宜室内盆栽观赏。

3. 胡克氏花烛

胡克氏花烛的叶为长椭圆形，长 80 cm，宽 25 cm，几无叶柄，鲜绿色，有光泽。佛焰苞有淡绿色晕，肉穗花序紫色。

4. 华美花烛

华美花烛的叶心形，革质，橄榄色，有丝绒般光泽，叶脉细，银白色。

5. 蔓生花烛

蔓生花烛的叶似枫叶，边缘波状，暗绿色，基部红色。茎伸长生长，节间长 5 ~ 10 cm，每节着生 1 枚叶片，并于节处抽生许多细气根。

（三）非洲菊

非洲菊，别名扶郎花，为菊科大丁草属植物。原产非洲南部的德兰士瓦。由于非洲菊风韵秀美，花色艳丽，周年开花，又耐长途运输，瓶插寿命较长，所以其是理想的切花花卉，目前已成为温室切花生产的主要种类之一。

非洲菊经世界各国广泛栽培和育种，新品种不断涌现。有单瓣品种，也有重瓣品种；有露地切花用品种，还有花坛栽植品种；有供温室栽培周年开花的品种，又有适合盆栽的低矮品种等。常见的盆栽品种如下：矮盆株高为 20 ～ 30 cm，花序径为 7 ～ 8 cm，温室保持 12℃ ～ 25℃时可不断开花；切花品种中荷兰育出的 4 倍体品种，花葶粗长，花大，舌状花宽而厚，水养持久，色彩丰富，已成为最主要的切花用品种。除此之外，还有重瓣品种和筒状花瓣化隆起的托桂品种等。

（四）大花君子兰

大花君子兰，别名剑叶石蒜、达木兰，为石蒜科君子兰属植物。原产非洲南部，19 世纪 20 年代传至欧洲，在英国、德国、丹麦、比利时等国栽培，并于 19 世纪中期由德国传入我国，目前大花君子兰在我国栽培极为普遍。

大花君子兰的主要品种如下：黄花君子兰，花黄色，基部色稍深；斑叶君子兰，叶上有斑。最早栽培的品种主要有 3 个：大胜利、和尚和染厂。近 50 年来，大花君子兰在我国东北地区（尤其长春市）育出许多性状优异的品种，有绿叶和浅绿叶品种；根据叶态可分为直立型、斜展型和弓垂型等品种；按照叶片长度可分为短叶型（30 cm 以下）、中叶型（30 ～ 50 cm)和长叶型（50 cm 以上）品种等。

三、球根花卉

（一）仙客来

仙客来，别名萝卜海棠、兔子花、一品冠等，为报春花科仙客来属植物，原产于地中海沿岸东南部，至今已有近 400 年的栽培历史。近年来，仙客来在世界花卉市场上久盛不衰，成为世界最著名的盆栽花卉之一。19世纪末仙客来引入中国，目前全国各地广泛栽培。仙客来的主要变种有以下两种：暗红仙客来，花大，暗红色；大花仙客来，花大，有红、白、紫等色。

仙客来园艺品种极为丰富，按花型可分为以下几种。

1. 大花型

大花型花大，花瓣全缘平展，开花时花瓣反卷，有单瓣、重瓣、银叶、镶边、芳香等品种。叶缘锯齿较浅或不显著，是仙客来的代表花型。

2. 平瓣型

平瓣型花瓣平展，边缘具细缺刻和波皱，花瓣较大，花型窄，叶缘锯齿显著。

3. 钟型

钟型又名洛可可型，花蕾端部为圆形，花呈下垂半开状态，花瓣不反卷。花瓣宽，顶部呈扇形，边缘波皱有细缺刻。花具有浓香。另外，叶缘锯齿显著。有人将平瓣型和本型合称缘饰型。

4. 皱边型

皱边型是平瓣型和钟型的改进花型，花大，花瓣边缘有波皱和细缺刻，开花时花瓣反卷。

近年来利用杂种优势育出许多杂种一代（F1）品种，性状非常优良。如有的花朵大，生长势强；有的株丛紧凑，生长均一，多花性；有的花期早，最早的花的品种，播种后8个月即可开花。另外，目前世界上"迷你型"仙客来（即小型仙客来）极为盛行，各国仙客来生产者都育出许多性状优异的品种。

（二）百合

百合别名山蒜头、百合蒜、中逢花、重迈、中庭等，为百合科百合属植物。全世界共有百合属植物96种，其中亚洲分布59种。我国分布有20种百合，是世界百合遗传资源最重要的产地之一，分布有麝香百合、台湾百合、王百合、药百合、卷丹、川百合等观赏价值较高的种类。目前用于园艺育种或栽培的有40～50种。

百合可以作为切花、盆花和园林地被，国内主要作为切花栽培。百合由于花大色艳，花姿奇特，深受人们的喜爱。百合切花是继世界五大切花之后的一枝新秀。近年来，中国开始在设施栽培条件下，大力发展百合切花生产。

一般将栽培百合分为亚洲百合、L/A 杂交百合（即东方百合和亚洲百合的杂交种）、东方百合和铁炮百合四类，具体分类情况见表5-5。

表5-5   常见栽培的观赏用百合分类

种　类	花形、花色	香　味	鳞茎大小及栽培适宜球径	生长适温（℃）	贮藏适温（℃）
亚洲百合	花小，花色较少	无	中等鳞茎周径 6.5 ~ 7.4 cm，栽培适宜 10 ~ 12 cm 或以上	8	-2.0
东方百合	花大，花色多样	有	中等鳞茎周径 10 ~ 11.4 cm，栽培适宜 12 ~ 14 cm 或以上	17	-1.5
铁炮百合	喇叭状花，只有白色	浓香	中等鳞茎周径 13.5 ~ 14.9 cm，栽培适宜 10 ~ 12 cm 以上	14	-2.0
L/A 杂交百合	花大，花色较少	几乎无	中等鳞茎周径 6.5 ~ 7.4 cm，栽培适宜 10 ~ 12 cm 或以上	8	-2.0

四、其他花卉

（一）月季

月季别名月月红、四季花等，商品名称玫瑰，为蔷薇科蔷薇属植物，原产于中国。目前许多切花生产大国已基本形成了栽培设施、栽培技术、优质专用品种等配套的规范化技术体系。在全自动温室中，温度、湿度、光照、二氧化碳浓度、通风、施肥、灌溉等完全由计算机控制，同时无土栽培面积也越来越大。近年来，我国也开始了大面积的切花月季栽培，但是在设施管理技术方面还不够全面，有待进一步提高。

1. 生产类型

根据设施情况，我国的切花月季生产有以下三种主要类型。

（1）周年型。

周年型适合冬季有加温设备和降温设备的温室，可以周年产花，但耗能较大，成本较高。

（2）冬季切花型。

冬季切花型适合冬季有加温设备的温室和广东、昆明一带的露地与塑料大棚生产。此类切花生产以冬季为主，花期从 9 月到翌年 6 月，是目前切花生产的主要类型。

（3）夏季切花型。

夏季切花型适合长江流域及其以北地区的露地及大棚切花生产。花期从 4 月到 11 月，生产设施简单，成本低，也是目前普遍采用的栽培类型。

2. 切花月季的品种

在杂种茶香月季中，花大、有长花茎的各色品种都适于切花。其中，最早受欢迎的是红色系的品种，以后逐渐发展到粉红、橙色、黄色、白色及杂色，常见的各色品种中适于做切花的有以下几类。

（1）红色系。

红色系主要包括卡尔红、萨曼莎、飞红等。

（2）粉红色系。

粉红色系主要包括铁塔、初恋（索尼亚）、婚礼粉等。

（3）黄色系。

黄色系主要包括金凤凰、和平、赛维亚、黄金时代等。

（4）白色系。

白色系主要包括佳音、白天鹅等。

（5）其他色系。

其他色系主要包括橙色的杏花天、蓝月等。

（二）香石竹

香石竹别名康乃馨、麝香石竹，为石竹科石竹属植物，原产南欧、地中海沿岸至印度。目前，香石竹已经成为世界各国广泛栽培的重要的商品切花之一。我国香石竹切花生产地以上海最为著名。

香石竹园艺品种极多，根据栽培方式可分两类。

1. 露地栽培类型

该类型主要用于花坛和露地花卉布置，有一季开花品系和四季开花品系之分。

2. 温室栽培类型

该类型四季开花，适于温室地栽或盆栽，主要用于切花生产，可分为三大类。

（1）大花香石竹。

大花香石竹枝挺、花大、芳香、花色丰富，可周年开花，营养期长，耐远途运输，用组织培养苗进行规模化切花生产，是目前世界香石竹切花最重要的品种体系之一。

（2）散枝香石竹。

散枝香石竹即小花多朵香石竹，花径较小（4～5 cm），着花多数，花色丰富，疏落有致，用组织培养苗进行规模化切花生产，是近些年新发展起来的香石竹切花品种类型。常见的品种如下：红色色拉，早花，红色，丰产，生长势强；米尔娜，早花，纯黄色，茎坚挺，丰产性强；比安卡，早花，纯白色，茎硬，生长势强健，抗病性强，易栽培；等等。

（3）盆栽香石竹。

盆栽香石竹属香石竹温室盆栽类型，种子繁殖，多为杂种一代（F1），植株低矮（10～30 cm）（亦有高株品种），茎坚挺。常见品种如下：红骑士，花深红色；小裙，一季开花种，极早花。株高25 cm；各色混合，花径4 cm，香气浓，较耐寒；美红，四季开花，花朱红色，花径5.5 cm，株高10～15 cm。

（三）鹤望兰

鹤望兰别名极乐鸟之花，为芭蕉科鹤望兰属植物，原产南非，现世界各地普遍栽培，主要品种有以下几种。

1. 白花鹤望兰

白花鹤望兰花为白色。

2. 尼可拉鹤望兰

尼可拉鹤望兰茎高约5 m，叶大，柄长，基部呈心脏形，总苞红褐色，外花被片白色，内花被片蓝色。5月开花，原产非洲南部，我国南方有引种栽培。

3. 大鹤望兰

大鹤望兰是本属中植株体最大者，高可达10 m，叶着生茎顶，形似芭蕉叶，叶长 60 ～ 120 cm，柄长 100 ～ 200 cm。总苞深紫色，长 30 ～ 40 cm，外花被片白色，内花被片紫色。

4. 小叶鹤望兰

小叶鹤望兰叶呈棒状，花大型，外花被片深橙红色，内花被片紫色。

（四）大花蕙兰

大花蕙兰又名虎头兰、喜姆比兰和蝉兰，日本人称为"东亚兰"，欧美人又叫"新美娘兰"，为兰科兰属植物。大花蕙兰原产于我国西南地区。目前，大花蕙兰的生产地主要是泰国、新加坡和马来西亚。主要销售国是日本。从 20 世纪 90 年代开始，我国广东、云南、北京、山东、上海等地已从国外引种优良品种进行批量生产。

大花蕙兰的常见栽培品种有洋红色的安娜贝丽、彩斑，血青色的巴塞罗那、森林之王、莱维斯公爵和先锋，红色的卡门、红美，乳白色的小瀑布、牧歌，黄色的金色羊毛、抒情诗人，银灰色的莫莉和白色的新娘，等等。

（五）一品红

一品红别名象牙红、猩猩木、圣诞红、向阳红等，为大戟科大戟属植物。原产墨西哥和中美洲，1838 年引入欧洲，20 世纪初引入中国，现在世界各国广泛栽培，是最重要的盆花品种之一。

目前栽培的园艺品种有以下几种：一品白，总苞片乳白色；一品粉，总苞片粉红色；一品黄，总苞片淡黄色；重瓣一品红，杯状花序瓣化和总苞一起成重瓣状，红色；矮一品红，植株较低，株高不足 50 cm。

第六章　休闲园艺相关的主要生产技术

先进的生产技术可以在最大限度上促进园艺产业的发展。近年来，我国的休闲园艺产业发展迅速，在生产中应用较为普遍的技术主要有设施园艺生产技术、无土栽培技术、无公害生产技术和有机生产技术等，本章将对这些技术展开详细介绍。

第一节　设施园艺生产技术

一、节水灌溉技术

（一）滴灌

滴灌是滴水灌溉的简称，它是将具有一定压力的水，过滤后经管网和出水管道（滴灌带）滴头，以水滴的形式缓慢而均匀地滴入植物根部附近土壤的一种灌水方法。

滴灌的优点如下：节水、节能、省力；土壤不易板结；施肥、浇水等一次完成；滴灌湿润部分土体，有利于作物行间干燥；提高作物产量和品质；对土壤和地形的适应性强，特别适合立体栽培的灌水追肥。

滴灌的缺点如下：由于易引起堵塞，所以可能引起盐分积累并限制根系的发展。

滴灌主要适用于以下几种情形：蔬菜、果树、花卉等经济作物温室和大棚栽培的灌溉；水源极缺的地区或地形起伏较大地区的灌溉；在透水性强、保水性差的沙质土壤和咸水地区的灌溉。

1.滴灌系统的组成及主要设备

（1）滴灌系统的组成。

典型的滴灌系统由水源、首部枢纽、输水和配水管网及滴头四大部分组成。

水源：自来水、地下水、江、河、淡水湖泊、塘、沟渠水或泉水等均可作为滴灌的水源，但水质应符合农田灌溉水的要求。

首部枢纽：包括水泵、肥料罐、过滤器、控制及测量设备等。其作用是从水源抽水加压，经过滤后按时按量输送至管网。采用高位水池供水的小型滴灌系统，可将可溶性肥料直接溶入池中，如果采用有压水作为水源，可省去抽水的水泵和加压动力。

输水和配水管网：包括干管、支管、毛管、管路连接管件和控制设备。其作用是将压力水或化肥溶液输送并均匀地分配到滴头。

滴头：其作用是使毛管中压力水流经过细小流道或孔眼，使能量损失而减压成水滴或微细流，均匀地分配于作物根区土壤，是滴灌系统的关键部分。

（2）滴灌系统的主要设备。

第一，滴头。滴头为滴灌系统的心脏。一般要求滴头流量低，流速均匀而稳定，不因微小的水头压力差而发生明显的变化；结构简单，不易堵塞，便于装卸；造价低，坚固耐用。

第二，过滤器。过滤器是清除水流中各种有机物和无机物，保证滴灌系统正常工作的关键净化设备。过滤器是在较清洁的水源条件下直接使用的，如果水源有较多的悬浮物和泥沙，还需要拦污栅（筛、网）、沉淀池等设备先进行初步净化，然后使用过滤器。过滤器类型较多，应根据水质情况正确选用。

第三，施肥装置。随水施肥是滴灌系统的重要功能，当直接从专用蓄水池中取水时，可将化肥溶于蓄水池再通过水泵随灌溉水一起送入管道系统。当直接从自来水、蓄水池或水井取水时，则需加设施肥装置。通过施肥装置将化肥溶解后注入管道系统随水滴入土壤中。

为了确保滴灌系统施肥时运行正常并防止水源污染，使用施肥装置时必须注意以下三点：其一，化肥或农药的注入一定要放在水源与过滤器之间，使肥液先经过过滤器再进入灌溉管道，使未溶解化肥和其他杂质被清除掉，以免堵塞管道及灌水器。其二，施肥和施农药后必须利用清水把残留在系统内的肥液或农药全部冲洗干净，防止设备被腐蚀。其三，化肥或农药输液管出口处与水源之间必须安装逆止阀，防止肥液或农药流进水源，严禁直接把化肥和农药加进水源从而造成环境污染。

第四，管道与连接件。管道与连接件用于组成输水、配水的管网系统。塑料管是滴灌系统的主要用管，有聚乙烯管、聚氯乙烯管和聚丙烯管等种类。应尽量避免使用易于产生化学反应或被锈蚀的管道，如钢管、铸铁管等。通常所用的连接件有接头、三通、弯头、螺纹接头、旁通及堵头等。

第五，控制、保护、测量与计量装置。这些装置为滴灌系统的正常运行所必需。控制装置指的是各类阀门，如控制阀、安全阀、进排气阀、冲洗阀等。保护装置有流量调节器、压力调节器和水阻管等。测量与计量装置指的是压力表和水表。

2.滴灌水处理

滴灌对水质有很高的要求，一般天然水源必须进行有针对性的水质处理。引起滴灌系统堵塞的原因包括多个方面，如水中存在大颗粒固体杂质、细菌的生长、藻类的繁殖、铁和硫的沉淀、钙盐沉淀等。水处理的方法主要有以下几种。

（1）物理处理。

物理处理是从水中除去粒径大于系统中最小孔径 $\frac{1}{10}\sim\frac{1}{7}$ 的所有有机和无机杂质的方法。

澄清：澄清的作用是从水中除去较大的无机悬浮颗粒。常用于较急的地面水源，如河流和沟渠。澄清也是水质初步处理经济而有效的方法，可大大减少水中杂质的含量。澄清池加上掺气是除去灌溉水中铁质和其他可溶固体物质的最好办法。

过滤：当水流通过一种多孔或具有孔隙结构的介质（如沙）时，水中的悬浮或胶质物质被孔口拦截或截留在孔口、孔隙中或介质的表面上，此种将杂质从母液中分离出来的方法称为过滤。过滤是滴灌系统中应用较广泛且最经济而有效的处理方法之一。

（2）化学处理。

水的化学处理的原理是向水中加入一种或数种化学物品，以控制生物生长和化学反应。化学处理可单独进行，也可以与物理处理方法同时进行。滴灌系统中最常使用的化学处理方法是氯化处理和酸处理。

第一，氯化处理。氯化处理是将氯加入水源的处理方法。氯气溶于水，有很强的氯化剂作用，可破坏藻类、真菌、细菌等微生物。对微生物生长引起的滴头和孔口堵塞问题，氯化处理是经济有效的解决方法。滴灌系统最常用的水处理氯化物有次氯酸钙、次氯酸钠和氯气。

对滴灌系统的最远处滴头而言，氯处理浓度标准如下：防止细菌和藻类生长的连续处理为 1 ~ 2 mg/L；对已在滴灌系统中生长的藻类和细菌间歇处理为 10 ~ 20 mg/L，维持 30 ~ 40 min。

大多数情况下，为了控制微生物黏液的生长，需要采用间歇处理方法。时间间隔取决于水源污染程度，开始间隔短一些，然后逐渐拉开。在有机物已经影响了滴头流量的情况下，应进行超量氯处理，浓度为 500 mg/L，并关闭整个系统，维持 24 h 后冲洗所有支管和毛管。为了控制铁细菌，氯浓度应比铁含量高 1 mg/L。控制铁沉淀的氯用量为 Fe^{2+} 含量的 0.64 倍，控制锰沉淀的氯用量为 Mn^{2+} 含量的 1.3 倍。

第二，酸处理。酸处理是指通过降低 pH 值的方法解决水质问题。通常用于防止可溶物的沉淀（如碳酸盐和铁），酸也可以防止滴灌系统中微生物的生长。

酸处理通常是间歇进行的。它一般不影响大多数多年生植物的生长，对酸的管理和使用应注意：应将酸加入水中，而不要将水加入酸中。由于一般金属部件不耐酸，所以应当选用耐酸的注入泵。

常用的酸有盐酸和硫酸。如果使用不当，所有酸都会造成危害。为了确定加酸量，可以取一个 100 L 的圆桶灌满灌溉用水，缓慢加入所使用的酸，加入量略小于估计值，边加入边搅拌，待溶解均匀后用 pH 试纸测量其低 pH，并根据测量结果重复这一过程直到获得预期的低 pH，当获得 100 L 水所需的酸量后，假如已知进入滴灌系统的水量，可计算出加酸量。加酸 30 ~ 40 min 后停止，并关闭滴灌系统 24 h，然后冲洗所有支管和毛管。

3.滴灌系统的运行管理

（1）滴灌水管理。

这是滴灌系统运行管理的中心内容。以土壤水分的消长作为控制指标进行滴灌，使土壤水分处于适宜范围。测定土壤水分的方法很多，但以张力计法较为普遍。

张力计法的测量范围一般为 $0 \sim 1 \times 10^5$ Pa。旱地土壤有效水的范围是从田间持水量到萎蔫系数之间的含水量，水分所受到的吸力为 $0.3 \times 10^5 \sim 15 \times 10^5$ Pa，对绝大多数作物而言，水分受到的吸力在 $0.3 \times 10^5 \sim 1 \times 10^5$ Pa，即当张力计的读数为 1×10^5 Pa 时开始灌水，灌到 0.3×10^5 Pa 时停止。当然，合理滴灌的指标还应根据作物及不同生长阶段对土壤水分的要求以及气候、土壤条件进行适当调整。

（2）滴灌系统的日常管理。

根据作物的需要，开启和关闭张力计读数滴灌系统；必要时，由滴灌系统施加可溶性化肥、农药；预防滴头堵塞，对过滤器和管路进行冲洗；规范运行操作，防止水锈发生。

（3）滴灌施肥。

滴灌施肥是供给作物营养物质最简便的方法，做法如下：将称好的可溶性肥料先装入容器内加水溶解，然后将肥料溶液倒入水池（箱），经过一定时间，肥料液扩散均匀后，再开启滴灌系统随水施肥。为保证施肥均匀，应采用低浓度、少施勤施的方法，水池（箱）中最大浓度不宜超过 500 mg/L。

（4）堵塞处理方法。

酸液冲洗法：对碳酸钙沉淀，可用 0.5% ~ 2% 盐酸溶液，用 1 m 水头压力输入滴灌系统，溶液滞留 5 ~ 15 min。当被钙质黏土堵塞时，可用砂酸冲洗液冲洗。

压力疏通法：用 $5.05 \times 10^3 \sim 10.1 \times 10^5$ Pa 的压缩空气或压力水冲洗滴灌系统，对疏通有机物堵塞效果好，但对碳酸盐堵塞无效。

（二）微喷灌及雾喷灌

微喷灌是通过低压管道系统，以小流量将水喷洒到土壤表面进行灌溉的方法。它是在滴灌和喷灌的基础上逐步形成的一种新的灌水技术。微喷灌时，水流以较大的速度由微喷头的喷嘴喷出，在空气阻力的作用下形成细小的水滴落到土壤表面或作物叶面。由于微喷头出流孔口直径和出流流速（或工作压力）都比滴灌滴头大，所以大大减少了灌水器的堵塞。微喷灌还可将可溶性肥料随水喷洒到作物叶面或根系周围的土壤表面，提高施肥效率，节省肥料用量。

雾喷灌（又称弥雾灌溉）与微喷灌相似，也是用微喷头喷水，只是工作压力较高（可达200～400 kPa）。因此，从微喷头喷出的水滴极易形成水雾。微喷灌和雾喷灌具有较好的喷洒降源效果。不仅可以增加作物湿度，调节土壤温度，而且对作物打击强度小，具有显著增产作用，一些花卉、木耳等对温度和湿度有特别要求的作物更为明显。同时，微喷灌还具有独特景观。微喷灌的适应性强，可用于各种地形、土质、果树、花卉及苗圃、城市园林绿化等。

1. 微喷灌系统的类型和组成

（1）微喷灌系统的类型。

根据微喷灌系统的可移动性，可将微喷灌系统分为固定式和移动式两种。固定式微喷灌系统的水源、水泵及动力机械、各级管道等均固定不动，管道埋入地下。其特点是操作管理方便，设备使用年限长。移动式微喷灌系统是指轻型机组配套的小型微喷灌系统，它的机组、管道均可移动，具有体积小、重量轻、使用灵活、设备利用率高、投资小、便于综合利用等优点，但使用寿命较短、设备运行费用较高。

（2）微喷灌系统的组成。

微喷灌系统由水源、管网系统和微喷头等部分组成，各部分功能与滴灌基本相同。

（3）微喷灌设备。

①微喷头。常用微喷头有折射式、射流式、离心式和缝隙式四种。射流式有运动部件，又称旋转式喷头，后三种又称固定式微喷头。

折射式微喷头：主要部件包括喷嘴、折射锥、支架，有单向和双向喷水两种形式。压力水从孔口喷出并碰到孔顶部扩射时，水流受阻折射并形成薄水层后向四周射出，在空气阻力和内部涡流作用下被粉碎，形成水滴洒落在地面进行灌溉，其工作压力通常为100～350 kPa，射程为1.0～7.0 m，流量为30～250 L/h。其优点是结构简单，没有运动部件，工作可靠，价格便宜，适用于果园、苗圃、温室、花卉等的灌溉。

射流式微喷头：通过曲线形的导流槽使水流以一定的仰角向外喷出，利用水流的反作用，使摇臂带着水快速旋转，并均匀洒在地面上。其工作压力一般为 1000 ~ 1500 kPa，喷洒半径为 1.5 ~ 7.0 m，流量为 45 ~ 250 L/h，常用于果树、温室、苗圃和城市园林绿化的灌溉。对全面喷洒灌溉，密植作物的灌溉以及对透水性较强的沙土和透水性弱的黏土等效果更为明显。

离心式微喷头：水流从切线方向进入离心室，绕垂直轴旋转后，从离心室中心射出，在空气阻力作用下粉碎成水滴洒灌在微喷头四周。这种微喷头的特点是工作压力低，雾化程度高，适用于蔬菜、花卉、园林绿化等的灌溉。

缝隙式微喷头：这种喷头的特点是雾化，扇形向上喷洒，特别适用于长条带状形花坛灌溉。

②过滤器具。微喷灌系统与滴灌系统相比，虽然不易发生堵塞，但仍然存在一定隐患，应引起高度重视。堵塞会降低系统的效率及灌水的均匀性，甚至造成漏喷。防止堵塞的方法主要是对水源进行过滤。微喷灌系统对水质净化处理的要求比滴灌系统低，所用过滤器的微粒和滤网的目数应根据水质状况进行选择。一般过滤器的目直径比滴灌系统大。

③管道。微喷灌采用的管道多为塑料管，其材料有高压聚乙烯、聚乙烯、聚丙烯、聚氯乙烯等，其中高压聚乙烯和聚氯乙烯用得较多，这两种质材的管道具有较高的承压能力。聚氯乙烯多用作微喷灌系统的干管和支管，高压聚乙烯主要用于小直径管道，如毛管、支管、连接管等，这些管道要求具有一定的柔性。

④管件。管件是将管道连接成管网的部件。管道的种类与规格不同，所用的管件也不尽相同。例如，干管与支管的连接需要等径或异径三通，还要设置阀门，以控制进入支管的流量；支管与毛管的连接需要异径三通或等径三通、异径接头等管件；毛管与微喷头的连接需要旁通、变径管接头、弯头、堵头等管件。管件的材料多为塑料，但也可以采用金属件。

⑤施肥装置。目前应用较多的施肥罐是旁通式，也有文丘里泵、注射泵等。

⑥水泵。水泵是微喷灌系统的心脏，它从水源抽水并将无压水变成满足微喷灌要求的有压水。水泵的性能直接影响微喷灌系统的正常运行及费用。应根据微喷灌系统的需要选用相应性能的高效率水泵。

2. 微喷灌的管理

（1）用水管理。

微喷灌的用水管理主要是执行既定的灌溉制度。

667 m² 用水定额（m³）= 土壤容重（t/m³）× A × 计划湿润深度（m）
× 667 m²

式中，A 为土壤适宜含水量的上下限。

计划湿润深度：苗期 0.3 ~ 0.4 m，随作物生长逐渐加深，最深不超过
0.8 ~ 1.0 m。

具体灌水时间和灌水量应根据作物及其不同生长时期的需水特性及
环境条件，尤其是土壤含水量确定，也可采用张力计控制微喷灌时间和灌
水量。

（2）施肥管理。

在微喷灌过程中施肥具有方便、均匀的特点，容易与作物各生长阶段
对养分的需求协调；易于调整对作物所需养分的供应；有效利用和节省肥
料，施用液体肥料更方便，且能有效控制施肥量。但有的化肥会腐蚀管道
中的易腐蚀部件，施肥时应注意。

微喷灌系统大部分采用压差化肥罐，用这种方法施肥的缺点是肥液浓
度随时间不断变化。因此，以轮灌方式逐个向各轮灌区施肥，应控制好施
肥量，正确掌握灌区内的施肥浓度。另外，喷洒施肥结束后，应立即喷清
水冲洗管道、微喷头及作物叶面，以防产生化学沉淀，造成系统堵塞并使
作物叶片被烧伤。

微喷灌施肥的具体施肥量、肥液浓度的确定与滴灌的施肥管理要求
相似。

（三）膜下灌溉

膜下灌溉是一种在膜下面滴灌进行浇灌的技术。滴灌一般采用的是软
管滴灌设备，其中最主要的是软滴灌带。软滴灌带为无毒聚乙烯薄膜管，
直径一般为 20 ~ 40 mm，滴头与毛管制成一体，兼具配水和滴水功能，按
结构分为内镶滴灌带和薄壁滴灌带。它具有设备简单、安装使用方便、省
水省工、灌水后土壤不易板结、不明显增加空气湿度等优点。结合地膜覆
盖进行膜下滴灌，降低空气湿度的效果将更加明显，能大大降低设施内病
虫害的发生。

膜下灌溉方法如下：首先，根据栽培作物的种类确定好畦的宽度；其
次，在畦面铺设软滴灌带，铺设时将小孔朝上顺着畦长方向把管放好，管

长与畦同长。为了保证供水均匀，一般要求管长不超过 60 m。在畦面上铺设滴灌带的根数应与栽培方式配套。

（四）渗灌

渗灌是利用埋于地表下开有小孔的多孔管或微孔管道，使水分均匀而缓慢地渗入作物根区地下土壤，借助土壤毛管力作用湿润土壤的一种方法，主要在要求空气湿度较低的作物栽培中应用。渗灌的特点如下：节水、节能、便于中耕；不破坏土壤结构；降低保护地环境湿度，有利于防止杂草丛生和病虫害发生。渗灌对一些对水分有特殊要求的园艺作物尤为适宜，如草莓，其茎叶适合生长在湿润的土壤中，而浆果不能接触水分，采用渗灌可以解决这一问题。

二、施肥技术

（一）配方施肥

配方施肥也叫测土配方施肥，是综合运用现代农业科技成果，根据作物需肥规律、土壤供肥性能与肥料效应，在以有机肥为基础的条件下，计算出氮、磷、钾和微量元素的适当用量、比例，并提供相应的施肥技术的施肥方法。测土配方施肥包括三个过程：一是对土壤中的有效养分进行测试，了解土壤养分含量的状况，这就是测土；二是根据种植作物预计产量，即目标产量，根据该作物的需肥规律及土壤养分状况，计算出需要的各种肥料及用量，这就是配方；三是对所需的各种肥料进行合理安排，作基肥、种肥和追肥施用及确定施用比例与施用技术，这就是施肥。下面介绍目前国内外确定施肥量的最常用的方法——目标产量法。

1.计算公式

目标产量法是以实现作物目标产量所需养分量与土壤供应养分量的差额作为确定施肥量的依据，以达到养分收支平衡。因此，目标产量法又称养分平衡法。其计算公式为：

$$F = \frac{(Y \times C) - S}{N \times E}$$

式中，F 为施肥量（kg/hm²）；Y 为目标产量（kg/hm²）；C 为每 1000kg 产量的养分吸收量（kg/kg）；S 为土壤养分供应量（kg/hm²），S= 土壤养分测定值

值 × 2.25（换算系数）× 土壤养分利用系数；N 为所施肥料中的养分含量（%）；E 为肥料当季利用率（%）。

2. 参数确定

实践证明，确定合理的参数是目标产量法应用成功的关键。

（1）目标产量。以当地前 3 年的平均产量为基础，再加上 10% ~ 15% 的增产量为目标产量。

（2）单位产量养分吸收量。它是指作物形成每一单位（如每 1000 kg）经济产量从土壤中吸收的养分量，见表6-1。

表6-1 不同园艺作物形成1000 kg 经济产量所需养分数置

作物种类	收获物	养分需要量（kg）		
		N	P_2O_5	K_2O
大白菜	叶球	1.8 ~ 2.2	0.4 ~ 0.9	2.8 ~ 3.7
油菜	全株	2.8	0.3	2.1
结球甘蓝	叶球	3.1 ~ 4.8	0.5 ~ 1.2	3.5 ~ 5.4
花椰花	花球	10.8 ~ 13.4	2.1 ~ 3.9	9.2 ~ 12.0
菠菜	全株	2.1 ~ 3.5	0.6 ~ 1.8	3.0 ~ 5.3
芹菜	全株	1.8 ~ 2.6	0.9 ~ 1.4	3.7 ~ 4.0
茴香	全株	3.8	1.1	2.3
莴苣	全株	2.1	0.7	3.2
番茄	果实	2.8 ~ 4.5	0.5 ~ 1.0	3.9 ~ 5.0
茄子	果实	3.0 ~ 4.3	0.7 ~ 1.0	3.1 ~ 6.6
甜椒	果实	3.5 ~ 5.4	0.8 ~ 1.3	5.5 ~ 7.2
黄瓜	果实	2.7 ~ 4.1	0.8 ~ 1.1	3.5 ~ 5.5
冬瓜	果实	1.3 ~ 2.8	0.5 ~ 1.2	1.5 ~ 3.0
南瓜	果实	3.7 ~ 4.8	1.6 ~ 2.2	5.8 ~ 7.3
架芸豆	豆荚	3.4 ~ 8.1	1.0 ~ 2.3	6.0 ~ 6.8

续　表

作物种类	收获物	养分需要量（kg）		
		N	P₂O₅	K₂O
豇豆	豆荚	4.1 ~ 5.0	2.5 ~ 2.7	3.8 ~ 6.9
胡萝卜	肉质根	2.4 ~ 4.3	0.7 ~ 1.7	5.7 ~ 11.7
大蒜	鳞茎	4.5 ~ 5.1	1.1 ~ 1.3	1.8 ~ 4.7
韭菜	全株	3.7 ~ 6.0	0.8 ~ 2.4	3.1 ~ 7.8
大葱	全株	1.8 ~ 3.0	0.6 ~ 1.2	1.1 ~ 4.0
洋葱	鳞茎	2.0 ~ 3.7	0.5 ~ 1.2	2.3 ~ 4.1
生姜	块茎	4.5 ~ 5.5	0.9 ~ 1.3	5.0 ~ 6.2
马铃薯	块茎	5.0	2.0	10.6
柑橘	果实	3.5 ~ 6.0	1.1 ~ 3.0	2.4 ~ 5.0
梨	果实	4.7	2.3	4.8
柿	果实	5.9 ~ 8.0	1.4 ~ 3.0	5.4 ~ 12.0
葡萄	果实	3.8 ~ 6.0	2.0 ~ 3.0	4.0 ~ 7.2
苹果	果实	3.0 ~ 7.0	3.0 ~ 3.7	3.2 ~ 7.2
桃	果实	2.5 ~ 4.8	1.0 ~ 2.0	3.0 ~ 7.6
猕猴桃	果实	1.8	0.2	3.2
菠萝	果实	3.5	1.1	7.4

（3）土壤养分测定值。以菜园土为例，土壤有效养分的测定方法及其丰缺分级参考指标见表6-2。

表6-2 菜园土壤有效养分丰缺状况的分组指标

水解氮（N）		有效磷（P）		速效钾（K）		交换性钙		交换性镁		有效硫		氯	
含量 mg/kg	丰缺状况	含量 mg/kg	丰缺状况	含量 mg/kg	丰缺状况	含量 mg/kg	丰缺状况	含量 mg/kg	丰缺状况	含量 mg/kg	丰缺状况	含量 mg/kg	丰缺状况
<100	严重缺乏	<30	严重缺乏	<80	严重缺乏	<400	严重缺乏	<60	严重缺乏	<40	严重缺乏	<100	一般无抑制作用
100～200	缺乏	30～60	缺乏	80～160	缺乏	400～800	缺乏	60～120	缺乏	40～80	缺乏	100～200	有抑制作用
200～300	适宜	60～90	适宜	160～240	适宜	800～1 200	适宜	120～180	适宜	80～120	适宜	>200	呈现过量症状
>300	偏高	>90	偏高	>240	偏高	>1 200	偏高	>180	可能偏高	>120	偏高	<100	

（4）2.25 是将土壤养分测定单位 mg/kg 换算成 kg/hm² 的换算系数。因为每公顷 0 ~ 20 cm 耕层土壤重量约为 225×10^4 kg，所以 2.25 是将土壤养分测定值的单位 mg/kg 换算成 kg/hm² 计算出来的系数。

（5）土壤养分利用系数也叫土壤养分校正系数，为了使土壤测定值更具有实用价值，应乘以土壤养分利用系数进行调整，这样才能使土壤养分供应量的值更加准确。

（6）肥料中养分含量一般氮肥和钾肥成分稳定，不必另行测定。而磷肥，尤其是小型磷肥厂生产的磷肥成分变化较大，必须进行测定，以免计算出的磷肥用量不准确。

（7）肥料当季利用率。肥料利用率一般变化幅度较大，主要受作物种类、土壤肥力水平、施肥量、养分配比、气候条件以及栽培管理水平等影响。目前，化学肥料的平均利用率氮肥按 35% 计算，磷肥按 10% ~ 25% 计算，钾肥按 40% ~ 50% 计算。

3. 保护地设施内施肥注意事项

保护地设施是一个相对封闭的环境，过量施肥容易引起土壤中盐类的积聚，从而造成土壤盐碱化并产生有害气体。因此，在肥料施用过程中应注意以下几点。

（1）以施用有机肥为基础，合理搭配良好的施肥方式。应该达到的目标是：不断提高土壤肥力；改善土壤理化性质；满足作物对各种养分的需求；降低成本，产量高，品质好，经济效益最大。要想达到上述目标，必须按照以施用有机肥为主、化肥为辅的原则，确定适宜的有机肥与化肥的比例，并且注意通过加强与其他田间管理实现产量的提高，而不能只求通过多施肥来提高产量。

（2）施肥时期要准确。应根据作物的生长特性及其需肥规律，在不同生长期，满足作物对肥料养分种类和数量的要求。

（3）施肥方法要正确。一般要求做到以基肥为主，追肥为辅，具体做法：基肥选用充分腐熟的猪粪、牛粪、土杂粪等；深施切忌使用未腐熟的肥料，避免产生危害；追肥适时适量，不超量施肥，不偏施氮肥，氮、磷、钾配合使用，尽量减少硫酸铵、硫酸钾、氯化钾等易在土壤中造成盐分积累肥料的使用量。

（二）根外追肥

根外追肥在作物生产中历史悠久，根外追肥能迅速补充作物所需的营养元素，克服作物因缺乏营养元素引起的缺素症。特别是微量元素，由于作物吸收、利用少，在土壤中施用易被固定或分解，所以追肥更为经济、有效。在某些特定的条件下，如干旱季节、水洼地等，应用根外追肥具有明显的增产效果。但根外追肥在实际应用过程中也存在一些问题，如大面积喷雾的机械问题、喷雾的劳动力成本问题、根外追肥营养元素的实际利用率等。因此，根外追肥只能作为土壤施肥的补充，而不能替代土壤施肥。

1. 根外追肥常用的肥料种类及使用浓度

根外追肥常用肥料种类及使用浓度具体见表6-3。

表6-3　根外追肥常用肥料种类及使用浓度

肥料名称	使用浓度（%）
尿素	0.20 ~ 0.50
磷酸二氢钾	0.10 ~ 0.30
过磷酸钙	1.00 ~ 5.00（取上清液）
硫酸镁	1.00 ~ 2.00
硫酸亚铁	0.10 ~ 0.20
氯化钙	0.30 ~ 0.50
硫酸锰	0.05 ~ 0.10
硫酸锌	0.05 ~ 0.40
钼酸铵、钼酸钠	0.01 ~ 0.05
硫酸铜	0.02 ~ 0.10
硼酸、硼砂	0.10 ~ 0.30

2. 根外追肥的注意事项

（1）用微量元素进行根外追肥时必须慎重。因为作物对微量元素的需求量很小，从缺乏到过量之间的变化幅度较小，微量元素的缺乏或过量都会造成作物生理失调，使用前应根据作物的症状或通过定量分析加以确诊，使用时注意用量。

（2）叶面追肥时最好采用雾化性能较好的工具，提高肥料溶液的雾化程度，增加肥料与作物的接触面积，提高肥料的吸收率。

（3）喷洒时间最好选择在下午进行，防止在强光高温下使肥料溶液迅速变干，降低吸收率甚至引起药害。一般溶液在叶片上湿润时间达到30～60 min时养分吸收速度快，吸收量大。

（4）从叶片的结构看，叶背面多是海绵组织，比较疏松，细胞间隙较大，多气孔，营养液通过比较容易。因此，在叶面追肥时，应尽可能喷洒到叶片背面，提高吸收速度及利用率。

（5）叶面追肥可与杀虫剂、杀菌剂配合使用，降低生产成本；也可在肥料溶液中加入适量湿润剂，降低溶液表面张力，增大与叶片的接触面积，提高肥效。

三、化控技术

化控技术是指在栽培环境不适合蔬菜、花卉、果树等生长发育的条件下，用化学制剂调节植株的生长发育，确保产品优质高产的技术。

（一）植物生长调节剂的种类

目前公认的植物激素有生长素、赤霉素、乙烯、细胞分裂素和脱落酸五大类。油菜素内酯、多胺、水杨酸和茉莉酸等也具有激素性质，故有人将其划分为九大类。而植物生长调节剂仅在园艺作物上应用的种类就达40种以上。例如，植物生长促进剂类有赤霉素、萘乙酸、吲哚乙酸、吲哚丁酸、2，4-D、防落素、6-苄基氨基嘌呤、激动素、乙烯利、油菜素内酯、三十烷醇、ABT增产灵、西维因等；植物生长抑制剂类有脱落酸、青鲜素、三碘苯甲酸、增甘磷等；植物生长延缓剂类有多效唑、矮壮素、调节磷、烯效唑等。

（二）植物生长调节剂的配制

不同植物生长调节剂需要使用不同溶剂溶解，多数植物生长调节剂不溶于水，但溶于有机溶剂。表6-4是不同植物生长调节剂的剂型、使用的溶剂种类和配制时的注意事项。

表6-4　不同植物生长调节剂的剂型及配制时常用的溶剂

植物生长调节剂的种类	溶　剂	剂　型
萘乙酸（NAA）	溶于丙酮、乙醚和氯仿等有机溶剂，溶于热水，可将原药溶于热水或氨水后再稀释使用	80% 原粉，遇碱形成盐
吲哚乙酸（IAA）	溶于热水、乙醇、丙酮、乙醚和乙酸乙酯，微溶于水、苯、氯仿；在碱性溶液中稳定	粉剂和可湿性粉剂
吲哚丁酸（IBA）	溶于醇、醚、丙酮等有机溶剂，不溶于水、氯仿；使用时先溶于少量乙醇，然后加水稀释到所需浓度，若溶解不全可加热，冷却后加水	92% 粉剂
2，4-D	溶于乙醇、乙醚和苯等有机溶剂，难溶于水；配制时先用 1 mol/L 氢氧化钠溶液溶解再加水	80% 粉剂，72% 丁酯乳油，55% 胺盐水剂
防落素（PCPA）	溶于醇、酯等有机溶剂，微溶于水；使用时用少量乙醇或氢氧化钠溶液滴定溶解，再加水稀释至所需浓度，水溶液稳定	1%、2.5%、5% 水剂，99% 粉剂，99% 可湿性片剂
6- 苄基氨基嘌呤（6-BA）	溶于碱性或酸性溶液，在酸性溶液中稳定，难溶于水；使用时加少量 0.1 mol/L 的盐酸溶液溶解，再加水稀释至所需浓度	95% 粉剂
激动素（KT）	溶于强酸、碱性溶液及冰乙酸中，微溶于乙醇、丙酮、乙醚，不溶于水；配制时先溶于 1 mol/L 盐酸中，完全溶解后再加水稀释至所需浓度	
赤霉素（GA）	溶于甲醇、丙酮、乙酸乙酯和 pH6.2 的磷酸缓冲液，难溶于水、氯仿、苯、醚、煤油	85% 结晶粉；遇碱易分解
乙烯利	溶于水和乙醇，难溶于苯和二氯乙烷；在酸性介质（pH<3.5）中稳定，在碱性介质中分解，很快放出乙烯	40% 水剂
油菜素内酯（BR）	溶于甲醇、丙酮和乙醇等多种有机溶剂	0.01% 乳油，0.2% 可溶性粉，0.04% 水剂

续 表

植物生长调节剂的种类	溶 剂	剂 型
三十烷醇（TRIA）	溶于乙醇、氯仿、二氯甲烷和四氯化碳、不溶于水	乳精，1.4%TA乳剂
ABT生根粉	溶于乙醇、用95%以上工业乙醇溶解后再加水	粉剂、水剂
西维因	溶于甲醇、丙酮和乙醇等多种有机溶剂，遇碱水解失效	5%粉剂，25%和5%可湿性粉剂
脱落酸（ABA）	溶于乙醇、甲醇、丙酮、碳酸氢钠、三氯甲烷和乙酸乙酯，难溶于水、苯和挥发油	生产上很少使用
青鲜素（MH）	溶于冰乙酸，难溶于水，微溶于醇，它的钠、铵、钾盐及有机碱盐类易溶于水	25%钠盐水剂，30%乙醇铵盐水剂
三碘苯甲酸（TIBA）	溶于乙醇、甲醇、丙酮、苯和乙醚	98%粉剂
多效唑（PP$_{333}$）	溶于甲醇、丙酮	25%乳油
矮壮素（CCC）	易溶于水，不溶于苯、乙醚和无水乙醇，遇碱分解	50%水剂
调节膦	制剂为水剂	40%水剂
比久（B$_9$）	溶于温水	85%可溶性粉剂，5%液剂

（三）植物生长调节剂在园艺作物中的应用

1.打破种子休眠，促进萌发

核桃种子用100～200 mg/L GA液浸泡6～12 h，沙藏后16天即可发芽播种；莴笋高温季节播种时，用100 mg/L GA液浸种2～4 h，可提高发芽率；柑橘种子用1000 mg/L GA液浸种24 h，可提高发芽率；马铃薯薯块用0.3～1 mg/L GA液浸泡10～15 min，捞出阴干，在湿沙中催芽或用10～20 mg/L GA液喷施块茎，均能促进薯块发芽。具体信息见表6-5。

表6-5 主要蔬菜、花卉打破休眠用赤霉素的浓度

作物名称	浓度（mg/L）	处理方法
马铃薯	1	浸泡薯块
龙胆	50	浸泡种子
杜鹃（喜光型）	100	浸泡种子
山茶（低温型）	100	浸泡种子
米心树	100	浸泡种子
山毛榉	1	浸泡种子
牡丹	10～100	处理有幼根的种子
麝香百合	100	浸泡鳞茎
蛇鞭菊	100	浸泡根株
菊花	50	喷洒2～3次
桃树、葡萄	1000～4000	喷洒
樟子松、红皮云杉	100	浸泡种子

2. 促进生根

葡萄插条用50 mg/L IBA 液浸基部8h，或用50～100 mg/L NAA 液浸基部8～12 h，或用50～100 mg/L ABT 生根粉1号液浸基部2～3 h，可促进插条生根。月季以2～4年生插条扦插，插前将基部浸泡于500～1500 mg/L NAA 液5～6 min，扦插生根率可达95%以上，繁殖周期可缩短10～20天。见表6-6。

表6-6 吲哚丁酸（萘乙酸）促进生根的使用方法与浓度

植物名称	药剂浓度（mg/L）	处理方法
侧柏	25～100（吲哚丁酸）	浸12 h
	200～400（萘乙酸）	浸12 h

续 表

植物名称	药剂浓度（mg/L）	处理方法
大叶黄杨	50 ~ 100（吲哚丁酸）	浸 3 h
	4000（吲哚丁酸）	快蘸 10 s
倒挂金钟	500 ~ 1000（吲哚丁酸）	浸 24 h
天竺葵	500 ~ 1000（吲哚丁酸）	浸 24 h
瓜叶菊	1000（吲哚丁酸）	浸 24 h
满天星杜鹃	1000（吲哚丁酸）	浸 3 h
	2000（吲哚丁酸）	快蘸 20 s
仙客来	1 ~ 10（萘乙酸）	浸球茎 6 ~ 12 h
龙船花	2500（吲哚丁酸）+2500（萘乙酸）	快蘸 10 s
石竹	2500（吲哚丁酸）+250（萘乙酸）	快蘸 10 s
葡萄	40-60（吲哚丁酸）	浸 4 ~ 12 h
番茄	50（萘乙酸）	浸泡枝条 10 min
	100（吲哚丁酸）	浸泡枝条 10 min
大白菜、甘蓝	2000（吲哚丁酸）	快蘸 10 s
猕猴桃	200 ~ 500（吲哚丁酸或萘乙酸）	浸 12 h
葡萄绿枝	50（萘乙酸）或 100（吲哚丁酸）	浸 8 h
杧果	500 ~ 1000（吲哚丁酸或萘乙酸）	快蘸 30s
水杉、池杉	50（萘乙酸）	浸 18 ~ 24 h
油橄榄	100（吲哚丁酸）	浸 24 h

3. 抑制茎叶和新梢生长，调节营养生长

猕猴桃于 5 月喷 2000 mg/L 多效唑可控制新梢生长；苹果、梨、桃盛花期后 15 ~ 17 天喷 500 ~ 2000 mg/L B_9，每 10 天喷 1 次，共 2 ~ 3 次，可明显减少新梢生长量。近年来，常用的生长延缓剂多效唑（PP_{333}），对抑制枝条徒长非常有效，已在苹果、梨、桃、枣、柑橘、葡萄、板栗、樱桃、李、杏等多种果树上取得满意效果，使用浓度一般为 1000 ~ 2000 mg/L。土施 500 mg/L 矮壮素（CCC）可防止番茄徒长；番茄 2 ~ 4 片真叶期喷 300 mg/L CCC 可防止茎叶徒长，5 ~ 8 片真叶期喷 2 mg/L PP_{333} 可防止徒长；辣椒苗高 6 ~ 7 cm 时，喷 10 ~ 20 mg/LPP_{333} 可防止徒长；豆类蔬菜用 10 ~ 100 mg/L CCC 浸种后，可防止徒长，增加结荚数和产量。

水仙用 50 mg/L PP_{333} 液浸泡球根 48 h，随后水养，可使植株明显矮化，叶片紧凑坚挺，提高观赏价值。月季经修剪后，侧芽往往萌动较慢。若修剪后用 0.25% 6-BA 羊毛脂膏涂抹于枝条切口，即距离侧芽 0.5 cm 左右，可有效促进侧芽萌发，保证正常开花。见表6-7。

表6-7 主要花卉矮壮素使用浓度和方法

花卉名称	浓度（mg/L）	处理方法
竹节海棠	250	定植后 1 周浇灌土壤
一品红、石竹	2000 ~ 3000	定植后 1 ~ 2 周浇灌土壤
天竺葵	2000 ~ 3000	定植后 1 ~ 2 周浇灌土壤
百合	6000 ~ 25000	茎高 6 ~ 7 cm 时浇灌土壤
茶花	3000	茎高 6 ~ 7 cm 时叶面喷洒
木槿	1000	新芽长到 5 ~ 7 cm 时叶面喷洒
杜鹃	1500 ~ 2000	修剪后 3 周浇灌土壤

4.调节花芽形成及开花

（1）诱导或促进雌花形成。

黄瓜幼苗 1 ~ 3 片真叶期叶面喷 100 ~ 200 mg/L 乙烯利，或 1 ~ 3 叶期叶面喷 10 mg/L a-NAA，或 3 ~ 4 叶期叶面喷 500 mg/L IAA 均可诱导或促进雌花形成；南瓜 3 ~ 5 片真叶期叶面喷 150 ~ 300 mg/L 乙烯利可诱导雌花形成。

（2）诱导单性结实，形成无子果实。

在山楂花期喷 50 mg/L GA 可诱导单性结实；葡萄开花前用 200 mg/L GA 浸蘸花蕾，1 周后再蘸花可诱导形成无籽果实。

（3）促进开花。

表6-8　赤霉素促进植物开花的浓度与方法

作物名称	浓度（mg/L）	处理方法
绣球花	10～50	秋天去叶后喷洒植株
紫罗兰	1～100	秋天短日照下叶面喷洒
樱草	10～20	11月上旬喷洒花蕾
山茶花	1 000～2 000	滴花蕾腋部
郁金香	400或200+5-20（6-苄基嘌呤）	株高5～10 cm时，滴入筒状中心
丁香	100	休眠植株，冬季喷3次
天竺葵、石竹	10～100	叶面喷洒（可代替长日照）
大丽花	10～100	叶面喷洒（可代替长日照）
珍珠梅、灯台树	200～400	喷洒茎叶
水杉、柳杉	50～150	叶面喷洒
夏菊	5～50	生长初期每10天喷洒1次，共2次
白芷	20～50	生长初期搜植株30min
鸢尾	3 500	从发芽到开花喷7次
月季	100	展叶期喷施
草莓	10～20	花芽分化前2周
仙客来	1～5	喷洒含花蕾的芽中心
牡丹	1 000	花芽分化后，涂点花芽

5.提高坐果率，防止落果

苹果、梨、山楂盛花期喷25～50 mg/L GA，或桃新梢生长至10～30 cm时喷1000 mg/L多效唑，可提高坐果率。番茄、茄子、辣椒和西瓜花期喷20 mg/L 2，4-D或20～40 mg/L防落素，可提高坐果率，防止落花、落果。

三年生以上盆栽成形山茶花蕾膨大后，用1000 mg/L GA$_3$涂抹充分发育的花蕾基部，每两天用药1次，共处理2～3次，能够诱导出开花较早、花型较大、花期较长的山茶花，提高观赏价值。万寿菊现蕾时用1000 mg/L B_9 喷洒植株中上部的叶片，每7天用药1次，共处理2～3次，可使开花时间延缓l0天左右。10月上旬播种勿忘我种苗，花梗即将抽生前用500 mg/L GA_3 喷洒叶面1次，可提前花期5～7天。

6. 控制抽薹与开花，疏花疏果

芹菜、莴苣处于3～4片真叶时期喷50 mg/L MH，可促进抽薹开花；大白菜花芽分化初期喷0.125%MH，可抑制花芽分化。

苹果盛花期后10～15天喷5～20 mg/L NAA，或盛花期后10～25天喷600～1000 mg/L 西维因，或盛花期后14～20d喷25～150 mg/L 6-BA，可疏花疏果；梨盛花期后1周喷1500 mg/L 西维因，或梨、桃盛花期后1～2周喷20～40 mg/L a-NAA，可疏花疏果。

7. 促进果实成熟

苹果成熟前3～4周喷800～1000 mg/L 乙烯利，或成熟前2周喷1 mg/L A/BA，均可催熟；桃盛花期后70～80天喷400倍乙烯利，可催熟；番茄果实白熟期、着色期和采收前分别喷施乙烯利300～500倍、1000 mg/L 与3000 mg/L，可促进着色提早成熟，在植株上用500～1000 mg/L 乙烯利浸抹果实，可提早成熟5～6天。盆栽金橘（五年生以上）果实即将成熟时，用200 mg/L 乙烯利均匀涂果，可有效促进果实迅速转黄，提高观赏价值。

8. 保鲜

白菜类蔬菜（如白菜、甘蓝、花椰菜等）若在采收前5～7天用25～50 mg/L 2,4-D 钠盐水溶液喷洒植株外叶，可防止储藏期间"脱帮"，减少重量损失。蒜薹采收后立即用40 mg/L GA_3 浸泡基部5 min，可保持新鲜状态。白菜类蔬菜若在采前用10～20 mg/L BA 喷洒植株或采收后用5～10 mg/L BA 浸洗处理，可有效防止失绿变黄，保持新鲜。

水杨酸可用于插花和水果保鲜。

（四）应用植物生长调节剂应注意的问题

1. 药液浓度要适宜

确定药液浓度要从以下三个方面考虑。

（1）化控剂的种类。

虽然有些化控剂的作用相似，在作用相似的化控剂间，其适宜的使用浓度往往有所差别，确定浓度时，必须严格按照使用说明要求的浓度配制药液。

（2）处理的作物类型。

对一些耐药性强的作物，药液浓度可适当高一些；而对一些耐药性弱的作物，药液浓度应适当低一些。

（3）设施内的温度。

对保花、保果化控剂来讲，设施内的温度较高时，药液浓度应适当低一些，设施内的温度偏低时，药液浓度应高一些。而对生长抑制类化控剂来讲，设施内温度偏高时，药液浓度应高一些，设施内温度偏低时，药液浓度应低一些。

2. 使用方法要正确

凡是在低浓度下能够对植株产生药害的化控剂，必须采取点涂的方法，对植株进行局部处理，减少用药量，严禁采取喷雾法。对一些不易产生药害的化控剂，为提高工效，可根据需要，选择喷雾、点涂等方法。

喷药时间最好在晴天傍晚进行，而不要在下雨前或烈日下进行，以免改变药液浓度，降低药效。

3. 用药量要适宜

由于绝大多数化控剂对植株的有效作用部位为植株的生长点或花蕾，所以凡是喷洒化控剂，均要求轻喷植株上部或只喷洒花朵。另外，对2,4-D等不能重复处理的化控剂，应在溶液中加入适量指示剂，如滑石粉、色剂等，以便在植株的已处理部位上留下标记，避免日后重复处理。

4. 化控处理与改善栽培条件要同时进行

环境条件对化控效果的影响很大，应在使用化控剂的同时，相应改善作物的栽培环境。例如，要控制蔬菜徒长，应在使用化控剂的同时，减少浇水量和氮肥用量，并加大通风量；要促进蔬菜开花结果，在使用激素的同时，应提高或降低保护地内温度。

四、植物工厂化生产技术

（一）植物工厂定义

植物工厂指在工厂般的全封闭建筑设施内，利用人工光源实现环境的自动化控制，进行植物高效率、省力化、稳定种植的生产方式。植物工厂是园艺保护设施的最高层次，是一种高投入、高科技、精装备的设施园艺技术，其管理完全实现了机械化和自动化，不受外界条件影响，从而实现周年均衡、优质、高效生产，即园艺植物工厂化生产。植物工厂不能仅限于温室的封闭式人工生态系统，还要扩展到组培苗、穴盘苗、嫁接苗等种苗的工厂化生产及月球、火星等宇宙航天食品的生产。它被称为 21 世纪的未来农业，并引起人们的极大关注。截至 20 世纪 80 年代中期，奥地利、英国、挪威、伊朗、希腊、利比亚、美国和日本等国曾经有近 20 家企业与农户利用植物工厂生产莴苣、番茄、菠菜、药材及牧草等作物。但除了日本，其他国家的植物工厂都没有持续发展起来。日本对植物工厂化生产给予了高度重视，全国设有相应的研究学会，并且有专门生产植物工厂设施的企业和进行商品化生产的农家。

（二）植物工厂化生产的特征

（1）作物生产具有很强的计划性、周年生产的均衡性和产量的稳定性，这主要是由于在植物工厂中植物所要求的养分、水分和其他环境条件都可以在最适合的范围内进行严格的、精确的调控，所以其生长过程可按照人们拟订的计划进行。

（2）叶菜类作物的生育期短、果菜类的始收期提早、收获期延长，产量高，产值也高。

（3）机械化和自动化程度高，省工省力，劳动效率大大提高。

（4）由于周年环境控制的一致性，所以便于实行无农药、无公害生产，并生产出质量完全一致的均一产品。

（5）与现代生物技术紧密结合，可生产出稀有、价高、营养丰富的植物产品。

（6）栽培向立体化方向发展，不占用农用耕地，不受地理及气候条件的限制。

（7）大量使用机械化设备和计算机等监控设备，同时需要耗费大量的能源，建设费用和运行费用均非常昂贵。

（三）植物工厂的类型

根据植物工厂中植物生长所需光照的供给方式不同，可分为人工光源利用型、太阳光能利用型以及太阳光能并用型。

1. 人工光源利用型

厂房采用不透光、隔热性能较好的材料做成，植物生长所需的光源来自高压卤素灯（如高压钠灯）、荧光灯、生物灯等。工厂内的环境几乎不受自然条件的影响，室内的光照、温度、湿度、氧气和二氧化碳浓度等植物生长所需的条件较易控制，植物的生长较为稳定，如美国的叶用莴苣工厂、荷兰的食用菌工厂、日本的芽菜工厂等。目前，在日本等国进行商品性运营的植物工厂，都是利用人工光源完全控制型植物工厂。但由于人工光源的光量较弱，喜光或长季节生长的作物难以栽培。

2. 太阳光能利用型

以太阳光作为光合作用光源的植物工厂，是设施园艺的高级类型。厂房为大型的玻璃温室或连栋的塑料温室，然后在这些温室附设备种环境因子的监测和调控设备，同时棚室内采用营养液栽培或基质栽培。这类植物工厂已经在许多国家开始应用，只是其机械化或自动化程度有所不同。我国在上海、广东、南京、沈阳、北京等地也先后引进了一些这种类型的大型温室，就目前的使用效果来看，还不尽如人意，主要原因是其运行成本太高。自然条件或多或少地影响这类植物工厂，所以作物生产尚不稳定。

3. 太阳光能并用型

利用太阳光和补充人工光源作为光合作用光源的植物工厂，是太阳光能利用型植物工厂的发展型。通常以温室作为栽培场所，以玻璃作为透明覆盖材料，内部采用遮黑幕或泡沫颗粒来调节光照，夜间补充人工光源。为使温度、湿度稳定，温室内安装有自动控制的空调设备，作物生产较稳定。

（四）植物工厂的应用

1. 芽苗菜工厂化生产

将禾谷类（如大麦、小麦、荞麦、薏米等）、豆类（如豌豆、蚕豆、黑豆、黄豆、绿豆、红豆等）和蔬菜（如白菜、萝卜、苜蓿、香椿、蕹菜、莴苣、茼蒿、芫荽等）的种子萌发后短期生长的幼苗（高 10～20 cm）作为食用部位的称为芽苗菜或芽菜。芽菜是经绿化的幼苗，其营养成分比豆芽更丰富，富含维生素 B、维生素 C、维生素 D、维生素 E、类胡萝卜素和多种氨基酸（如亮氨酸、谷氨酸等），同时含有钾、钙、铁等多种矿物质，具有鲜嫩可口、营养丰富、味道鲜美等特点。

中国农业科学院蔬菜花卉研究所根据芽类蔬菜生长发育规律及环境要求，设计了轻工业用厂房，采用多层立体活动栽培架、产品集装架、栽培容器、自动喷淋装置等，自动调控光照、温度和湿度条件，实现了芽类蔬菜高效优质工厂化规模生产，并取得了良好的经济效益。日本的芽菜生产已进入规模化和工厂化生产阶段，如日本的海洋牧场和双层秋千式工厂化芽菜生产系统。

（1）海洋牧场。

1984 年日本静冈县建立了一个以生产萝卜芽为主的海洋牧场，它主要由两部分组成：一是进行种子浸种、播种、催芽和暗室生长；二是暗室生长之后上市前几天绿化生长的绿化室。在这个芽菜工厂中，每隔一周就可以生产出一批萝卜苗。

（2）双层秋千式工厂化芽菜生产系统。

种子经过消毒、浸种催芽 6～12 h 后撒播于泡沫塑料育苗箱中，然后把育苗箱移入吊挂在双层传送带的架子上，传送带在马达的驱动下不停地缓慢运动，当育苗箱处于下层的灌水槽时，有数个喷头喷洒式供应清水或营养液，多余的清水或营养液通过 V 形灌水槽回收至营养液池中。

芽类蔬菜工厂化生产技术流程主要包括种子筛选精洗、消毒、浸种催芽、铺放种子、暗室生长、绿化室生长成苗等过程。其作业程序一般如下：苗盘准备—清洗苗盘—铺基质—撒播种子—种子 2 次清选—铺匀种子—叠盘上架—覆盖保温层—置入催芽室—催芽管理—完成催芽—移入栽培室置于栽培架—栽培管理—整盘活体销售上市。整个生产过程均在相应"车间"进行，销售以商业化、规范化方式进行，具有较高的生产效率和良好的经济效益。

2. 现代化温室工厂化生产

随着温室大型化的发展，荷兰、美国、日本等国家在加强对温室现代化管理研究的同时，已逐步实现了自动控制、综合控制。例如，蔬菜生产工厂一般由控制室、机械室、育苗室、栽培室、产后处理室等部分组成。控制室由计算机系统操作，机械室有动力机械、机器人、备用设备等，育苗室包括自动播种装置、自动发芽装置、自动育苗装置，栽培室有自动定植装置、自动调节株行距装置、人工光照装置或光照调控设备与补充光照设备、温度和湿度调控设备、二氧化碳施肥设备、营养液供应系统、启动采收装置、自动包装设备、传送设备，产后处理室包括箱集作业、预冷机械设备等。现代化温室工厂化生产使园艺植物栽培、收获、产品处理等过程完全实现机械化，并且向轻型、节能、高效方向发展，从而进一步推动园艺植物工厂化生产向更高层次发展。

第二节　无土栽培技术

一、无土栽培技术概述

（一）无土栽培的概念

无土栽培是近几十年发展起来的一种作物栽培新技术。国际无土栽培学会对无土栽培的定义如下：不采用天然土壤而利用基质或营养液进行灌溉栽培的方法（包括基质育苗）。

无土栽培的主要优点如下：一是消除了土壤传染的病虫害，避免了连作障碍；二是提高作物的产量及品质；三是节水节肥；四是降低了劳动强度；五是无土栽培可以在海岛、荒滩、盐渍化土地等地进行生产；六是有机生态型无土栽培达到了无公害园艺产品生产标准。

无土栽培的不足主要表现在以下两点：一是一次性设备投资较大，用电多，肥料费用高；二是对技术水平要求高，营养液的配置、调整与管理都要求具备专门知识的人进行管理。为了克服其固有的缺点，中国农业科学院蔬菜花卉研究所已研究出更适合我国国情的有机生态型无土栽培方法，不仅降低了成本，而且可操作性增强。

（二）无土栽培的分类

无土栽培的类型和方法很多，目前没有统一的分类方法。根据有无基质可分为无基质栽培和基质栽培；根据消耗能源的多少和对生态环境的影响，可分为有机生态型和无机耗能型；根据所用肥料的形态，可分为液肥无土栽培和固态无土栽培。

1. 无基质栽培

无基质栽培包括水培和雾培两种。

水培：定植后营养液直接和根系接触，它的种类很多，我国常用的有营养液膜法、深液流法、浮板毛管法等。

雾培：将作物根系悬挂于容器中，把营养液以雾状喷施在根部的方法。

2. 基质栽培

基质栽培是采用不同的基质来固定作物的根系，并通过基质吸收营养的方法。它又可分为有机基质和无机基质两大类。

有机基质：利用菇渣、树皮、草炭、锯末、稻壳、酒糟及作物秸秆等有机物作为基质，经过充分发酵、消毒，合理配比后再进行无土栽培的方法。

无机基质：利用沙、陶粒、炉渣、风化煤、蛭石、珍珠岩以及岩棉等无机物作为基质进行栽培的方法。岩棉在欧洲各国以及美国使用较多，而在我国生产中常见的有沙、炉渣等，育苗时多采用蛭石与珍珠岩。

在基质栽培中，无机和有机物既可以单独使用，也可相互配合作为基质。多年试验证明，混合基质理化性质好，增产明显，优于单独基质使用。

3. 有机生态型无土栽培

有机生态型无土栽培是指利用有机肥代替营养液，并用清水灌溉，排出液对环境无污染，能生产合格的绿色食品的无土栽培方法。

4. 无机耗能型无土栽培

无机耗能型无土栽培是指全部用化肥配置营养液，营养液循环中耗能多，灌溉排出液污染环境和地下水，生产出的产品中硝酸盐含量高的无土栽培方法。

（三）国内外无土栽培的发展

无土栽培技术目前广泛分布于一百多个国家，它不只限于蔬菜、花卉作物，其范围已扩大到大田作物、果树作物、药用植物、牧草等的育苗和栽培。它不仅是一般农业，还已经成为航天农业技术开发的一个重要领域。

1. 发达国家无土栽培情况

在西方一些经济发达的国家，无土栽培技术已逐渐成熟，并进入普及应用阶段。其主要标志如下：一是面积逐年扩大。1987 年荷兰无土栽培面积约为 23000 hm²，约占温室面积的 26%；到 1993 年末仅岩棉栽培面积就达到 3750 hm²，约占温室面积的 35.7%。二是无土栽培品种增多，单产跃上新高度。例如，无土栽培蔬菜的产量，美国平均每茬番茄产 135000 ~ 225000 kg/hm²，黄瓜产 135000 ~ 225000 kg/hm²，生菜产 30000 ~ 45000 kg/hm²；荷兰平均每茬番茄产 525000 ~ 600000 kg/hm²；英国平均每茬番茄产 390000 kg/hm²；日本平均每茬番茄产 315000 ~ 375000 kg/hm²。三是新技术不断涌现。例如，无土育苗基质由草炭改为岩棉，现在又认为椰子壳纤维育苗效果更好；又如，美国研制的无土栽培生产去气水和磁化水技术，把无土栽培单产提到更高的水平。

2. 我国无土栽培发展近况

我国的无土栽培始于 1941 年，由原浙江农业大学教授陈子元院士与当地的华侨农场在上海发起，后来由于成本高而放弃。20 世纪 70 年代后期，山东农业大学开始进行无土栽培生产并取得成功。改革开放以来，中国农业大学（原北京农业大学）园艺学院、中国农业科学院蔬菜花卉研究所、南京农业大学、上海农业科学院、北京蔬菜研究中心、江苏农业科学院、华南农业大学等许多单位，相继开展了有关无土栽培的研究与开发工作，并加以应用推广，最终取得了一批有价值的研究成果。1985 年我国成立了第一个学术组织——"中国农业工程学会无土栽培学组"，积极推动我国无土栽培技术的发展。1988 年 5 月，中国首次出席在荷兰召开的第七届国际无土栽培学会年会，并在会上发表了论文，引起了很多国家的重视。1994 年，中国在杭州首次召开了国际无土栽培学术会议，其影响很大。20 世纪 90 年代中期，由于国外现代化温室引进和国内节能型日光温室和大棚的迅速发展，我国无土栽培开始步入推广阶段。在我国无土栽培的发展过程中，主要采取以下几种方式。

（1）营养液膜系统（nutrient film technique，NFT）。

作物的根系在栽培槽内直接与营养液接触，营养液深度不到 1 cm，营养液循环利用。南京市蔬菜研究所大力推广这种方法。

（2）深液流法（deep flow technique，DFT）。

作物的根系浸在营养液里，营养液深度一般为 5 ~ 10 cm，温度变化比较平缓。广东省推广面积较大。

（3）浮板毛管水培法（floating capillary hydroponics，FCH）。

在深液流法的基础上，在栽培槽内增加一块厚 2 cm、宽 12 cm 的泡沫塑料浮板，根系可以在浮板上下生长，便于吸收水中的养分和氧气以及在空气中直接吸氧。浙江省农业科学院和南京农业大学在江浙等地大力推广这种系统。

（4）袋培。

用白色聚乙烯袋（规格为 70 cm × 35 cm），内装基质 18 L，用滴灌法浇营养液。曾经在我国南北各地的无土栽培中使用，深圳等地现在仍然继续使用这种方法。

（5）鲁 SC 无土栽培法。

这种方法由山东农业大学首创，栽培槽为 V 字形等边的金属槽，在距离基部 5 cm 处做一个铁丝网，上铺基质，用营养液循环灌溉。这种方法在山东省胜利油田及新疆等地推广使用。

（6）有机生态型无土栽培。

目前主要采用槽式栽培，即用 3 块砖平地叠起，高 15 cm，内径宽 48 cm，长 5 ~ 15 m。依温室的类型而定，底部要用塑料薄膜隔离，以防土壤病虫害入侵。生产过程中全部使用有机肥，以固体肥料施入，灌溉时只使用清水。耗能低，灌溉排出液对环境无污染，因此称为有机生态型无土栽培。这种方法生产成本低，产品质量符合绿色食品要求，受到广大生产者的欢迎。

目前，利用无土栽培进行生产的蔬菜主要有番茄、黄瓜、甜椒、茄子、甜瓜、草莓、生菜、芹菜、菠菜等；花卉主要有康乃馨、金鱼草、山茶花、菊花、仙客来、兰花、荷花、月季、满天星等。就其栽培方法而言，我国北方主要是以基质栽培为主；而南方则以水培为主。中国农业科学院郑光华、蒋卫杰研究的有机生态型无土栽培（基质栽培）法，由于采用清水灌溉，省去了营养液配置等复杂工艺，更容易被生产者接受，所以成为我国无土栽培发展的主要方向。无土栽培在我国农业发展中具有广阔的前景。

二、无土栽培的基质

无土栽培中基质的使用是非常重要的环节。无土栽培基质的种类很多，有无机基质和有机基质，具体生产中应根据当地的资源、价格以及基质的理化特性等因地制宜地进行选择。

（一）常见基质的种类

1.无机基质

（1）岩棉。

目前，在岩棉发达国家无土栽培中被广泛应用，并且岩棉栽培面积在无土栽培中居第一位，应用面积最大的是荷兰。20世纪80年代我国才开始将岩棉应用到无土栽培，由于成本高，发展速度缓慢。岩棉是由辉绿岩、石灰岩和焦炭三种物质按一定比例，在1600℃的高炉中熔化、冷却、黏合压制而成。其优点是经过高热完全消毒，有一定形状，栽培过程中不变形，具有较高的持水量和较低的水分张力，栽培初期pH是微碱性。缺点是岩棉本身的缓冲性能低，对灌溉水要求较高，如果灌溉水中含有毒物质或过量元素，都会对作物造成伤害，在自然界中岩棉不能降解，易造成环境污染。

（2）蛭石。

蛭石是在工厂化育苗及栽培中常见的基质，效果较好。蛭石是由云母类矿物加热到800℃~1100℃时形成的。其优点是体轻，具有较高的阳离子交换量，保水、保肥力较强，使用时不必消毒，pH呈中性或碱性。缺点是长期使用容易破碎，空隙变小，同时通透性降低。

（3）珍珠岩。

在育苗和栽培中，除单独作为基质外，珍珠岩常与草炭、蛭石混合使用。珍珠岩由硅质火山岩燃烧至1200℃膨胀而成，容重为80~180 kg/m³，物理化学性质稳定。优点是易排水，通透性好。使用前应特别注意其氧化钠的含量，如超过5%时，不宜作为园艺基质。

（4）沙。

沙是沙培的基质。在美国亚利桑那州、中东地区以及沙漠地带，都用沙作为无土栽培基质。沙的容重为1500~1800 kg/m³，沙粒直径为0.5~3.0 mm。优点是排水良好，通透性强，价格便宜，来源广泛。缺点是不易保持水分、养分，密度大，更换基质较费工。在实际生产中，禁止采用石灰岩质的沙粒，以免影响应验液的pH，使一部分养分失效。

（5）砾石。

砾石为固体无土栽培基质，颗粒直径通常大于 3 mm。其保水、保肥力较沙低，但通透性优于沙。

（6）炉渣。

炉渣是煤燃烧后的残渣，来源广泛，容重为 700 kg/m³。炉渣的通透性好，不宜单独用作基质，且混合基质中其比例一般不超过60%。使用前要进行过筛，选择适宜的颗粒。

（7）陶粒。

陶粒在蔬菜无土栽培中使用较少，盆栽花卉中使用较多。陶粒是大小均匀的团粒状火烧豆页岩，采用 800℃ 高温烧制而成；内部为蜂窝状的空隙构造，容重为 500 kg/m³，河北省唐山市生产较多。优点是能漂浮在水面，透气性好。

（8）聚苯乙烯珠粒。

聚苯乙烯珠粒即塑料包装材料下脚料。其容重小，不吸水，抗压强度大，是优良的无土栽培下部的排水层材料，所以多用于屋顶绿化以及作物生产底层排水材料。

2. 有机基质

（1）菇渣。

菇渣是食用菌生产后的残留体，容重为 240 kg/m³，将其回收进行再利用，作为无土栽培的基质。因为菇渣易产生杂菌，所以使用前必须消毒。

（2）草炭。

很多国家认为草炭是最好的园艺基质，现代工厂化育苗均采用以草炭为主的混合基质。草炭是苔藓、灰藓、泥炭藓和水生植物等的分解残留物。优点是持水量和阳离子交换量高，具有良好的通气性，能抗快速分解，pH<4，呈酸性，使用中每立方米加入 4 ~ 7 kg 白云石粉，可调节 pH。

（3）锯末。

锯末在加拿大无土栽培中广泛应用，且使用效果良好，锯末为木材加工的副产品。特点是碳氮比高，保水通透性较好，可连续使用 2 ~ 6 茬，每茬使用前应进行消毒。需要注意的是，红木锯末在使用过程中配比不得超过30%，松树锯末要水洗或发酵 3 个月，以减少松节油的含量。

（4）刨花。

刨花与锯末在组成成分上类似，体积较锯末大，通气性良好，碳氮比高，但持水量和阳离子交换量较低。刨花可与其他基质混合使用，比例一般为50%。

（5）树皮。

近年来，随着木材工业的发展，树皮的开发应用已在世界各国受到重视，利用树皮做无土栽培基质已被许多国家采用。树皮的容质接近草炭，与草炭相比，阳离子交换量和持水量比较低，但碳氮比较高（阔叶树皮较针叶树皮碳氮比高），是一种很好的园艺基质。缺点是新鲜树皮的分解速度快。在使用时，松树皮中氯化物不应超过0.25%，锰的含量不得高于200 mg/kg，超过这个标准，不宜作为基质。

（6）秸秆。

农作物的秸秆均是较好的基质材料，如玉米秸秆、葵花秆、小麦秆等粉碎腐熟后可与其他基质混合使用。特点是取材广泛，价格低廉，可对大量废弃秸秆进行再利用。

（7）蔗渣。

蔗渣即甘蔗渣，在南方产甘蔗的地区可采用此种基质。它具有较强的持水量。缺点是碳氮比例高，所以在使用时要额外增加氮，以供植物和微生物活动需要。

（8）稻壳。

稻壳是稻米加工副产品，无土栽培中使用的稻壳首先要炭化。未经水洗的炭化稻壳应经过水或酸调节后使用，这样对作物生长比较安全。使用时应加入适量的氮，以调节其较高的碳氮比，但氮的体积不能超过25%。

（9）沼渣。

沼气池中的废渣也可用作基质。

（二）基质的消毒

大部分基质在使用之前或使用一茬之后，都应该进行消毒，避免病虫害发生。对一些连作障害轻的园艺植物，可在使用两茬之后再消毒。常用的消毒方法有化学药剂消毒、蒸气消毒和太阳能消毒。

（1）蒸气消毒。

在基质用量少且有条件的地方，可将基质装入消毒箱消毒。例如，基质量大，可堆积成 20 cm 高的堆，长度根据条件而定，铺上防水防高温的布，导入蒸气，在 70℃ ~ 90℃下，消毒 1 h 就能杀死病菌，效果良好，使用安全，但成本较高。

（2）太阳能消毒。

太阳能消毒是我国日光温室目前采用的一种安全、廉价的消毒方法，同样适用于无土栽培的基质消毒。方法是，在夏季温室或大棚休闲季节，将基质堆成 20 ~ 25 cm 高，长度视具体情况而定的堆。在堆放基质的同时，用水将基质喷湿，使其含水量超过 80%，然后用塑料薄膜覆盖起来。密闭温室或大棚，暴晒 10 ~ 15 天，消毒效果良好。

如果基质中积累有大量的盐，除了需要做消毒处理外，还应该用水冲洗或浸泡，以消除积盐。

三、营养液的配制与管理

无土栽培的核心，就是用营养液代替天然土壤向作物提供其生长发育所需的水、肥、气、热。无论是固体基质栽培方式还是非固体基质栽培方式都离不开营养液。

（一）营养液的配制

1. 营养液的组成

营养液是将含有各种植物营养元素的化合物溶解于水中配制而成的，其主要原料就是水和含有营养元素的化合物。

（1）水。

无土栽培中对用来配制营养液的水源和水质都有一些具体的要求。

水源：营养液用水除井水外，还可用河水、湖水、雨水、自来水等，无论哪种水源，都不应含有病菌，不能影响营养液的组成和浓度。另外，使用前必须对水质进行调查化验，以确定其可用性。

水质：用来配制营养液的水，硬度以不超过 10° 为宜，pH 为 6.5 ~ 8.5，溶存氧接近饱和，20℃时氧的饱和溶解度为 9.17 mg/L，水中 NaCl 含量要小于 2 mmol/L，即 117 mg/L。此外，水中重金属及其他有害健康的元素不得超过最高容许限，具体标准见表 6-9。

表6-9　重金属及其他有害元素最高容许限

元　素	最高容许限（mg/L）
汞（Hg）	0.005
镉（Cd）	0.01
砷（As）	0.01
硒（Se）	0.01
铅（Pb）	0.05
铬（Cr）	0.05
铜（Cu）	0.10
锌（Zn）	0.20
铁（Fe）	0.50
氟（F）	1.00

（2）营养元素的化合物。

根据化合物纯度的不同，一般可将其分为四类，即化学试剂、医药用化合物、工业用化合物和农业用化合物。其中，化学试剂纯度最高，价格最昂贵。农业用化合物纯度最低，价格最便宜。考虑到无土栽培的成本，配置营养液的大量元素时通常使用价格便宜的农用化肥，微量元素用量较少，使用化学试剂配置见表6-10。这些肥料的共同特点是溶解度高，价格便宜。

表6-10　配置营养液所用肥料及其使用浓度

元素	营养液中的浓度（mg/L）	肥料
硝态氮（NO_3-N）	70 ~ 210	硝酸钾、四水硝酸钙、硝酸铵、硝酸
铵态氮（NH_4-N）	0 ~ 40	磷酸二氢铵、磷酸氢二铵、硝酸铵、硫酸铵
磷（P）	15 ~ 50	磷酸二氢铵、磷酸氢二铵、磷酸二氢钾、磷酸
钾（K）	80 ~ 400	硝酸钾、磷酸二氢钾、磷酸氢二钾、硫酸钾、氯化钾

续 表

元素	营养液中的浓度（mg/L）	肥料
钙（Ga）	40 ~ 160	四水硝酸钙、六水氯化钙
镁（Mg）	10 ~ 50	七水硫酸镁
铁（Fe）	1.0 ~ 5.0	Fe-EDTA（螯合铁）
硼（B）	0.1 ~ 1.0	硼酸
锰（Mn）	0.1 ~ 1.0	Mn-EDTA（螯合锰）、四水硫酸锰、四水氯化锰
锌（Zn）	0.02 ~ 0.20	Zn-EDTA（螯合锌）、七水硫酸锌
铜（Cu）	0.01 ~ 0.10	Cu-EDTA（螯合铜）、五水硫酸铜
钼（Mo）	0.01 ~ 0.10	四水钼酸铵、二水钼酸钠

2. 营养液配制的原则

无土栽培营养液的配制必须遵守以下六项基本原则。

（1）营养液中必须含有作物生长所必需的全部营养元素。现已明确高等植物必需的营养元素有碳、氢、氧、氮、磷、钾、钙、镁、硫、铁、锰、铜、锌、硼、钼、氯（后6种为微量元素）16种，其中碳主要由空气供给，氢与氧由水和空气供给，其余13种由根部吸收。所以，营养液是由含有这13种营养元素的各种化合物组成的。

（2）含有各种营养元素的化合物必须是根系可以吸收的状态。在水中应有良好的溶解性，呈离子状态。通常都是一些无机盐类，也有一些有机螯合物。

（3）营养液中各营养元素的数量应当符合作物生长发育要求，同时比例也应当均衡。

（4）营养液中各营养元素的盐类构成的总盐分浓度及其酸碱反应是适合植物生长要求的。

（5）组成营养液的各种化合物在作物生长过程中，能够在较长时间内保持其有效状态。

（6）组成营养液的各种化合物的总体，在被根吸收过程中造成的生理酸碱反应是比较平稳的。

（二）营养液的管理

营养液的管理主要是指无土栽培中循环使用营养液的管理。管理的主要内容包括浓度管理、酸碱度（pH）管理、培地温度管理、溶存氧管理、供液时间与次数以及营养液更换五项内容。

1. 浓度管理

（1）水分补充。

水分补充应每天进行，一天之内补充多少次、多大量，应视作物长势、每株占液量和耗水快慢而定，以不影响营养液的正常循环流动和作物生长发育为准。一般在贮液池内划上刻度线，定时开关水泵，使水位经常保持在正常水位线范围内。

（2）养分补充。

养分的补充应根据浓度的下降程度而定。浓度的高低通常以总盐分浓度反映，用电导率表达。生产上，一般不必做个别营养元素的测定，也不必做个别营养元素的单独补充，要补充就做全面的补充。营养液浓度的低限（即需要做补充的浓度界限），因所用的营养液配方不同和栽培技术要求不同而灵活制定。一般情况下，总盐分浓度较高的营养液配方，以总盐分浓度降低到不低于1/2个剂量时为补充界限，可以每隔一段时间定期补充；总盐分浓度较低的营养液配方，应使总盐分浓度经常处于1个剂量的水平，要求每天补充。表6-11是几种常见蔬菜营养液浓度管理指标。

表6-11　几种常见蔬菜营养液浓度管理指标

蔬菜种类	营养液浓度（EC）（生长前期）	营养液浓度（EC）（生长后期）
生菜	2.0	2.0 ~ 2.5
油菜	2.0	2.0
菜心	2.0	2.0
芥蓝	2.0 ~ 2.5	2.5 ~ 3.0
番茄	2.0	2.5
黄瓜	2.0	2.5 ~ 3.0

2.酸碱度（pH）管理

在营养液的循环过程中随着作物对养分离子的吸收、盐类的生理反应会使营养液 pH 发生变化（变酸或变碱）。例如，以硝酸钙和硝酸钾为氮、钾源的多呈生理碱性；以硫酸铵、硝酸铵、尿素和硫酸钾为氮、钾源的多呈生理酸性。此时，就应该对营养液的 pH 进行调整。生产上一般采用滴定曲线进行调整，即取定量体积的营养液用已知浓度的稀酸（稀碱）进行滴定。随时测定 pH 变化，计算出酸（碱）用量，之后换算出整个栽培系统应该用的酸（碱）量。调整时应先用水将酸（碱）稀释成 1 ~ 2 mol/L，缓慢加入贮液池中，充分搅匀。所使用的酸一般为硫酸、硝酸，碱一般为氢氧化钠、氢氧化钾。

3.培地温度管理

培地温度就是根圈周围的温度。培地温度与气温一样，是影响作物生育的重要环境因素。培地温度过高或过低都会影响作物根部生长，影响对养分、水分的吸收以及根部氧气的消耗量。所以，无土栽培中的培地温度应维持在最适宜的温度范围内。表 6-12 是常见蔬菜花卉作物无土栽培适宜培地温度范围。

表6-12　常见蔬菜花卉适宜培地温度范围

作　　物	适宜培地温度范围（℃）
番茄	15 ~ 25
茄子	18 ~ 25
辣椒	20 ~ 25
黄瓜	20 ~ 25
网纹甜瓜	18 ~ 25
金合欢	10 ~ 12
郁金香	10 ~ 12
香石竹	12 ~ 15
勿忘我	12 ~ 15
含羞草	12 ~ 15

续　表

作　物	适宜培地温度范围（℃）
仙客来	12 ~ 15
热带花木	25 ~ 30
柑橘	25 ~ 30
生菜	15 ~ 20
菠菜	18 ~ 23
葱	18 ~ 22
鸭儿芹	15 ~ 20
草莓	18 ~ 21
菊花	15 ~ 18
风信子	15 ~ 18
水仙	15 ~ 18
唐菖蒲	15 ~ 18
百合	15 ~ 18
秋海棠	20 ~ 25
蔷薇	20 ~ 25
非洲菊	20 ~ 25

培地温度周年维持在适宜温度范围比较困难，低温通常不低于12℃ ~ 14℃，高温不超过28℃ ~ 30℃，低于或高于这一温度界限时，蔬菜或花卉会生长停滞或出现其他异常现象。

4. 溶存氧管理

生长在营养液中的作物根系，呼吸作用所需要的氧主要依靠溶存于营养液中的氧，供给充足的氧溶存氧是栽培成功的关键因素之一。一般情况下，对多数非水生作物而言，溶存氧的浓度要求保持在饱和溶解度的50%以上，即在15℃ ~ 18℃范围内，营养液含氧量在 4 ~ 5 mg/L 即可。

溶存氧仅依靠自然扩散供给，远远满足不了作物呼吸消耗。目前，生产上普遍采用的人工增氧措施是营养液循环流动增氧。

5.供液时间与次数

无土栽培的供液有连续供液和间歇供液两种形式，可采取人工供液、机械供液、自动供液等方法。总的原则是既要保证作物根系的正常生长发育，又节省用工、节省投资。这就要求因地制宜地灵活掌握以下几点：一般情况下，对于有固体基质的无土栽培形式，最好采取间歇供液方式，每天2~4次即可。供液时间主要集中在白天进行，夜间不供或少供；晴天供应多些，阴雨天少些；温度高、光照强多些，而温度低、光照弱则少些。

6.营养液更换

小规模的无土栽培，贮液池容积小，每池营养液使用周期较短，一般随用随配。如果需求量大，应重新配制。当发现营养液中出现藻类或存在有毒物质发生污染时，需要及时更换。

四、有机生态型无土栽培

有机生态型无土栽培是指采用基质代替天然土壤，采用有机固态肥料和直接清水灌溉取代传统营养液灌溉作物的一种无土栽培技术，由中国农业科学院蔬菜花卉研究所研究开发成功。有机生态型无土栽培技术除具有一般无土栽培的特点外，还具有如下特点。

（一）用固态有机肥取代传统的营养液

有机生态型无土栽培是将各种有机肥的固体形态直接混施于基质中，作为供应栽培作物所需营养的基础，在作物的整个生长期中，可隔几天分若干次将固态肥直接追施于基质表面上，以保持养分的供应浓度。

（二）操作管理简单

有机生态型无土栽培在基质中施用有机肥，不仅各种营养元素齐全，而且微量元素也可满足需要。因此，在管理上主要着重考虑氮、磷、钾三要素的供应总量及其平衡状况，大大简化了营养液的管理过程。

（三）大幅度降低无土栽培设施系统的一次性投资

由于有机生态型无土栽培不使用营养液，从而可全部取消配制营养液所需的设备、测试系统、定时器、循环泵等。

（四）大量节省生产费用

有机生态型无土栽培主要施用消毒后的有机肥，与使用营养液相比，其肥料成本降低 60% ~ 80%，从而大大节省了无土栽培的生产成本。

（五）对环境无污染

有机生态型无土栽培系统排出液中硝酸盐的含量只有 1 ~ 4 mg/L，对环境无污染，而岩棉栽培系统排出液中硝酸盐含量高达 212 mg/L，对地下水污染严重。

（六）产品品质优良无害

从栽培基质到所施用的肥料均以有机物质为主，所用有机肥经过一定加工处理后，在其分解和释放养分过程中，不会出现过多的有害无机盐，使用的少量无机化肥，不含硝态氮肥，没有亚硝酸盐危害，从而可使产品安全无害。

有机生态型无土栽培设施与一般基质栽培相同，只是更简化。

第三节　无公害生产技术

无公害生产技术是指在生态环境质量符合无公害栽培要求的地块上安排园艺植物生产，并且在生产过程中不使用任何有害的化学合成物质，完全按照无公害园艺产品的生产规程进行栽培管理的技术。

一、绿色食品分级与检测标准

（一）绿色食品分级

根据中国绿色食品发展中心的规定，绿色食品通常被分为"AA"级和"A"级两个级别。

"AA"级绿色食品：指在生态环境质量符合规定标准的产地，生产过程中不使用任何有害化学合成物质，按特定的生产操作规程生产、加工，产品质量及包装经检测，符合特定标准，并经专门机构认定，许可使用"AA"级绿色食品标志的产品。

"A"级绿色食品指在生态环境符合规定标准的产地，生产过程中允许限量使用限定化学合成物质，其余条件与"AA"级绿色食品相同的产品。

"AA"级绿色食品除产地环境条件符合规定外，生产过程中还不允许使用化学肥料和化学合成的农药、激素等。因此，"AA"级绿色食品与国际上的有机食品是一致的。

"A"级绿色食品在生产过程中，允许限量使用限定的化学合成物质，是指可以用磷、钾化肥，但禁止使用硝酸盐化肥，一些毒性不大、残效期短的化学合成的农药可以使用。这是目前的国内标准，将来会过渡到以生产"AA"级绿色食品为主，与国际接轨。

（二）产品检测标准

绿色食品的检测内容主要包括农药残留、硝酸盐含量、工业"三废"中的有害物质含量、病原微生物含量等。

1.农药检测标准

国际上通用的农药检测标准是联合国粮农组织和世界卫生组织（FAO/WHO）1983年在荷兰通过的允许农药残留量的世界统一标准，见表6-13。

表6-13 绿色食品（蔬菜）中农药最大残留量标准

农药名称	允许残留量（mg/kg）
多菌灵	黄瓜 0.5，番茄 5.0
甲基托布津	黄瓜 0.5，番茄 5.0，芸豆 2.0
杀螟松	番茄 0.2
马拉硫磷	番茄 3.0，茄子 0.5，甘蓝 8.0，菠菜 8.0
敌敌畏	新鲜蔬菜、番茄 0.5
乐果	番茄、辣椒 1.0，其他蔬菜 2.0
敌菌丹	黄瓜 2.0，番茄 5.0，茄子 5.0，马铃薯 0.5
克菌丹	黄瓜 10.0，辣椒 10.0，番茄 15.0，菠菜 20.0
灭菌丹	黄瓜 2.0，番茄 5.0
敌百虫	辣椒 1.0，番茄 0.1，甘蓝 0.1

续　表

农药名称	允许残留量（mg/kg）
除虫菊类	蔬菜 0.1
滴滴涕	根茎蔬菜 1.0，其他蔬菜 7.0
五氯硝基苯	番茄 0.1，甘蓝 0.2，马铃薯 0.2
西维因	黄瓜 3.0，叶菜类 10.0，番茄、茄子 5.0

2. 硝酸盐检测

标准硝酸盐在人体内容易还原成亚硝酸盐，并进一步与肠胃中的胺类物质合成极强的致癌物质——亚硝胺，导致胃癌、食道癌的发生。蔬菜产品中硝酸盐安全限量标准见表 6-14。

表6-14　蔬菜硝酸盐安全限量标准

蔬　菜	叶菜类		根茎类	花菜类	瓜果类	
	保护地	露地				
硝酸盐含量（mg/kg）	<3000	<1200	<1200	<400	<200	<100
建议	熟吃	熟吃	熟吃，不宜生吃	熟吃，不宜生吃	熟吃	生吃

3. 有害元素检测标准

有害元素检测标准执行的是我国食品卫生规定标准。蔬菜中重金属等有害物质允许含量规定见表 6-15。

表6-15　蔬菜中有害元素限量标准（mg/kg）

有害元素	汞（Hg）	镉（Cd）	铅（Pb）	砷（As）	铜（Cu）	锌（Zn）	硒（Se）	氟（F）
允许指标	≤ 0.01	≤ 0.05	≤ 0.2	≤ 0.05	≤ 10	≤ 20	≤ 0.1	≤ 1.0

二、无公害园艺产品生产的主要措施

（一）选择环境质量符合标准的生产基地

无公害园艺产品产地必须具备良好的气、水、土条件，产地环境应符合《大气环境质量标准（GB3092-82）》（一级标准）以及《农田灌溉水质标准（GB5084-92）》，土壤的综合污染指数应≤ 1.0。

（二）综合防治病虫害

1. 农业防治

（1）选择抗病品种。针对当地生产中的主要病虫害，选择抗病、耐病的优良品种，利用品种的自身抗性抵御病虫危害。

（2）培育无病虫壮苗。用壮苗和无病虫苗进行生产。

（3）嫁接栽培。对黄瓜、甜瓜、番茄、辣椒、茄子等土壤传播病虫害发生较严重的蔬菜进行嫁接换根，防止病虫害发生。

（4）控制生态环境。一是创造有利于作物生长发育的环境，保持植株较强的生长势，增强抗性；二是控制环境中的温度、水分、光照等因素，创造不利于病虫害发生和蔓延的条件。

2. 生物防治

利用有益生物（包括生物制剂）防治病虫害。

（1）利用天敌防治害虫。

（2）以菌治虫。利用能引起昆虫患病的病原微生物来防治有害昆虫。

（3）弱病毒的利用。利用病毒的弱株系对强株系的干扰作用来防治植物病毒病。

3. 物理防治

（1）种子热力消毒。播种前，对种子采用干热消毒、温汤消毒等，利用高温杀死种子表面和内部的病菌。

（2）灯光诱杀。利用某些害虫的趋光性诱杀害虫。

4. 化学防治

进行化学防治病虫害时，应注意以下几点。

（1）选择限定的农药品种。严禁在蔬菜、果树上使用高毒、高残留农药。

（2）适时防治。根据植物病虫害的发生规律，在关键时期、关键部位施药，减少用药量。

（3）选择合适药剂类型。应选用对栽培环境无污染或污染小的药剂类型，减少污染和维持较好的生态环境。

（4）合理用药。掌握合理的施药技术，避免无效用药或者产生抗药性。

（三）合理施肥

1.重施有机肥

有机肥不会导致蔬菜硝酸盐污染，并且产品耐贮存，品质好。有机肥应经无害化处理（即高温堆沤腐熟），杀死病菌、虫卵后方能施用。

2.不施硝态氮肥

硝酸铵、硝酸钙、硝酸钾及含硝态氮的复合化肥，容易使蔬菜体内积累硝酸盐，不允许施用。

3.冬春菜少施氮肥

冬春菜因光照弱、温度低，容易积累硝酸盐，应不施或少施氮肥。

4.氮肥深施盖土

氮肥深施后，硝化作用缓慢，土壤中的硝态氮浓度低，可减少蔬菜体内的硝酸盐积累。

5.早施氮肥

早施氮肥有利于降低产品中的硝酸盐积累量，一般产品器官形成期严禁使用氮肥。

6.叶菜类严禁叶面施用氮肥

叶面喷施氮肥后，氮直接与空气接触，铵离子易变成硝酸根离子被叶片吸收，使叶片中的硝酸盐积累量增多，因此严禁叶面施用氮肥。

第四节　有机生产技术

一、有机园艺施肥技术

施肥的目的一是提高土壤肥力，保持土壤生产力的可持续性（见土壤培肥部分）；二是及时补充植物正常生长发育所需的营养元素，植物生长发育需要各种各样的营养元素，营养不足或不平衡均会影响正常生长，适当施肥可以解决这个问题。

（一）施肥原则

有机园艺施肥主要是有机肥和矿物肥料的使用，这些肥料一般养分释放缓慢，肥效时间长。不同来源的肥料其有效成分差别较大，施肥时在肥料种类、施肥量和施肥时间上要充分考虑这一因素。就有机肥而言，其肥效表现与其有机质在土壤中的分解、矿化释出的养分要素及有效养分释放速率有密切关系。有效养分的释放速率受碳氮比影响，碳氮比较低，有机质分解较快，养分含量及释放速率均较高。施肥时还要根据作物本身的营养吸收和利用规律，有针对性地选用不同的有机肥进行配方施肥、营养诊断施肥等，同时要遵循前重后轻、重视底肥的原则，并且为保证土壤肥力不断提高，要在满足作物养分需求的同时尽量多施一些，做到用地养地相结合。

1. 施肥量

施肥量的确定要依据作物种类和品种特性以及环境因素。生长旺盛、产量高的作物或品种需肥量（尤其对富氮有机肥的需要量）多于生长缓慢、产量较低的种类和品种；晚熟品种需肥量大于早熟品种。阳光充足时，光合产物的生产潜力增加，需要供给多量的富氮有机肥予以配合。相反，阴天多，光线不足，氮素需要量减少，多施富氮有机肥易导致徒长减产。光线不足时，作物对钾元素营养需求较高，需要供给较多富钾肥料，如草木灰、钾矿粉。水分不足而限制作物干物积累时，肥料的需要量也应减少。高温季节土壤有机质中的氮素释放较快，根的吸收率亦高，富氮有机肥的用量就应降低。例如，春夏种植的甘薯、大豆等的氮肥用量均较秋季作物减少，大量施用富氮有机肥易引起徒长，产量降低。温度低时，吸收受阻最严重的元素为磷，这时需要多施一些富磷肥料，如磷矿粉、禽粪等。土壤中某种元素的供给量低，则供给该种元素的肥料需要量就高，施用效果亦大，反之则小。土壤排水不良或土壤紧密而通气不良时，钾的吸收最易受抑制，故需要多施富钾肥料。

确定施肥量还要考虑栽培管理因素。病虫害较重及杂草大量滋生时，氮素被竞争，需要多施富氮有机肥。一般密度提高时，肥料需要量亦随之提高，但密度高到某一程度以上时，肥料需要量不再增加，甚至应减少。以稻草等材料覆盖于土壤上，对保持水分及改善土壤物理性等有很大效果，并且稻草在分解中会释放各种元素，其中以钾元素最多。因此，有稻草等秸秆覆盖的作物对钾肥的供给量可减少，但因生长旺盛，其氮肥需要量可以增加。免耕土壤的土壤有机质分解较少，氮素损失较多，需要增加富氮有机肥的施用量。土壤长期保持浸水状态，硝化作用旺盛，氮素损失较大，富氮有机肥需要量增加。

2. 施肥方法

施肥的效应亦因施肥位置及时期不同而有很大的差异，因各种养分在土壤中的动态及作物营养的功能有所不同，故各种作物所需不同元素的施肥方法（施肥位置、时期）亦有所不同。氮、钾元素在土壤中的流动及扩散快，富含氮钾的有机肥应分期施用，其基肥用量在砂质土壤应小于黏质土壤，施肥位置应较后者远离根系，同时追肥次数应增加。磷素不易移动，磷肥应以全量或多量作为基肥施用，因磷肥施在土壤表面不易被根部吸收，应以条施方式施入适当位置。

3. 肥料种类的选择

不同种类肥料所含肥料要素的形态不同，在土壤中的移动及对作物的营养生理功能亦有所不同，虽然有机生产用的多是有机肥，但肥料之间也有很大差异。有的富含氮素，如来源于动物废弃物的有机肥；有的富含磷素，如禽粪；有的富含钾素，如来源于植物的堆肥等；还有的肥效快，如人畜粪尿和其他液体有机肥等，可以根据需要选择。以垃圾堆制的有机肥，可能含有较多的重金属，选择时要慎用。

（二）果树施肥要求和技术

1. 果树施肥要求

果树作为一类多年生的木本植物，在其生长周期当中，养分吸收和利用有其独特的一面。

春季是树体进行萌芽和花芽继续进行分化的阶段，这个时期到春梢旺长期，树体对养分的吸收特别大，也是相当关键的时期。但研究表明，因为春初地上部气温较地温高，地上部开始萌芽时，地下部的根系还没有活动，尚不能吸收养分，此时施肥并不能立即对树体所需的养分有所补充。

因此，树体所利用的养分，主要是头一年秋天树体内贮藏的养分，这些树体贮藏的养分主要是秋季果实采后至落叶前，叶片和枝条内剩余养分回流或采收前后施用的基肥被树体吸收后存在树体根系当中的。自春梢旺长期至果实采收期，树体内的养分一方面用于树体本身的生长发育，进行光合作用，花芽分化，另一方面又为果实生长提供必要的物质基础。因此，这个时期的施肥应以速效肥为主，但施肥的类型、数量和方法有特定的要求。果实在采收以后，养分处于回流阶段，树体内的多种养分开始贮藏在地上部树干和地下部根系当中，以备第二年春天利用。在冬季到来，地温降低以前，根系还能进行养分的吸收、同化。因此，此时期对果树根系施肥是非常必要的，也是补充全年的营养贮备，为第二年树体生长和产量形成打好基础的重要措施。

传统的施肥方式往往是为了得到更高的果品产量。在果品的生产过程当中，人们注重在果实生长发育阶段大量施用化肥，提高单果重量，而并不注重对果实内在品质和采后果园的管理以及有机肥的使用，结果因为花芽分化时营养不足，花芽量不足，或者因为化肥施用量过大，引起枝叶徒长，花芽养分被竞争，从而出现坐果率低的现象；或者因为在夏季化肥施用量过大，树体枝叶茂密，遮荫现象严重，使果实着色不良；抑或果实个虽大，但因营养不均匀，风味下降等，果实的外观品质、内在品质和果实的耐贮性等品质下降以及一些生理病害的发生加重，这与有机生产要求背道而驰。有机果品不仅要求果实的外观品质和内在品质，而且要求其果实中不应该含有化学合成成分，采果后的生理病害轻，耐贮运，货架寿命长等。因此，应改进传统的果园施肥方法，不用化肥，多施有机肥，前重后轻，重视底肥，根据果树树体营养吸收规律，结合有机果品生产要求进行施肥。

2. 早施多施基肥

有机生产要考虑到树体生长与改良土壤的双重需要，有机肥的施用量应掌握在 1000g 果 2000 ~ 3000g 肥的标准。所以一个每 667m² 产 1500kg 左右的中产果园，有机肥的用量不可少于 3000kg。施基肥最适宜时期是秋季（落叶前 1 个月），其次是落叶至封冻前以及春季解冻至发芽前。秋季施基肥能有充足的时间腐熟，并使断根愈合发出新根，因此时正是根的生长高峰期，根的吸收力较强，吸收后可以提高树体的贮藏营养水平，并可促进花芽的发育充实。树体较高的营养贮备和早春土壤中养分的及时供应，可以满足春季发芽展叶、开花坐果和新梢生长的需要。而在落叶后和春季施基肥，肥效发挥作用的时间晚，对果树早春生长发育的作用很小，等肥料被大量吸收利用时，往往已经到了新梢的旺长期。所以，采收后应当马上灌水，使土壤湿润后施下以蔗渣、稻壳、锯木屑、泥炭、猪粪、牛粪、羊粪、油粕类（黄豆粕、花生粕、芝麻粕、菜籽粕、棉籽粕、蓖麻粕等）、米糠、蛤壳粉、磷矿粉、骨粉、血粉、海草粉及少量炭化稻壳、木炭屑、浮石或麦饭石、虾蟹壳粉和有益微生物等混合堆积发酵制成的有机肥，另外酌量使用石灰及其他钙镁材料做基肥，然后喷射溶磷菌。

基肥的使用应根据基肥的性质和土壤条件，采用不同的施用方法。像厩肥、堆肥、沤肥等有机肥料，可以进行全园撒施，将肥料均匀地撒施于树冠内外的行间，然后结合耕地，将肥料翻入土中。此法肥料施用量大，且比较利于改善果园土壤，改良环境。多数情况下是将各类有机肥和施作底肥的磷、钾肥一同埋入树冠下的土壤当中，具体施用的方法有放射沟状施、环状沟施、条状沟施等。这种施肥方法，肥效比较集中，肥效也比较高，应注意施用时应与上一年施肥的位置错开。

山区干旱又无水浇条件的果园，因施用基肥后不能立即灌水，所以基肥也可在雨季趁墒施用。但有机肥一定是充分腐熟的精肥，施肥速度要快，并注意不伤粗根。在有机肥源不足时，一方面，可将秸秆杂草等作为补充与有机肥混合使用，另一方面，有限的有机肥还是要遵循保证局部、保证根系集中分布层的原则，采用集中穴施，以充分发挥有机肥的肥效。集中穴施，就是从树冠边缘向里挖深 50 cm，直径 30 ~ 40 cm 左右的穴，然后将有机肥与土以 1∶3 的比例或再加一些秸秆混匀，填入穴中再浇水。另外，磷钾肥及锌肥、铁肥等最好与有机肥混合施用，以提高其利用率。

沼液是含有水溶性及多种养分的速效肥料。长期使用沼液肥可促进土壤团粒结构的形成，使土壤疏松，增强土壤保水保肥能力，改善土壤理化性状，提高土温，使土地有机质、全氮、全磷及有效磷等养分均有不同限度的提高。将沼液肥用作果树基肥时，需在 11 月上旬将发酵好的沼气肥料直接与秸秆土混合，分层埋入树冠外围的滴水线附近的施肥沟，不要让肥料过多接触根系，以免肥害伤根。落叶果树沼气肥用量一般每株 4 ~ 8 kg，常绿果树每株 4 ~ 6 kg。沼渣也是很好的基肥，除提供养分外，还有明显的培肥改土效果，宜深施，最好集中施用，如穴施、沟施，然后覆盖 10 cm 左右厚的土，以减少速效养分挥发。

3. 合理追肥

（1）不同有机肥的追施。

氮是果树生长与结果的基础，在一定限度内增施富氮肥料可以明显地改善叶片的光合性能，增进树势和产量，但超过限度易引起枝叶旺长，难以成花，果实品质下降。富氮有机肥主要来自动物残体的堆腐物和人畜粪尿，尽管为有机氮肥也易流失。氮肥的适宜用量应根据土壤的肥沃程度、保肥能力及树体类型综合考虑确定，一般成年树和进入结果期的树比幼龄树多施，密植园比稀植园多施，瘠薄地多施。山地沙地保肥能力差，应少施勤施，以水中养分能渗到根系的集中分布层为宜。雨季后可少量追施氮肥以弥补淋溶损失。盐碱度较高的土壤，当 pH 达 7.5 以上时，土壤中有效磷含量普遍较低，果树因缺磷常有枝细芽秕不易成花的现象，这类土壤应追施富磷有机肥（土施或根外追肥）。

沼液肥作追肥使用时，一般在果树每次抽梢前 10 天，用 60% 的沼液肥，每株施 2 kg；果树新梢抽生 15 天，每株施 3 kg；各种果树都在采果前 8 ~ 15 天施入 80% 的沼液肥，每株 2 ~ 3 kg，也可在果树生长期间每15 天施沼液肥一次，10 月中下旬结束施肥。以上施肥都必须在果树树冠外围挖土 10 ~ 15 cm 深，混土施入。高温期间选阴凉天气施肥，以免对果树产生肥害。沼渣是一种优质有机肥，平均含腐殖酸 11% 左右，氮、磷、钾速效养分含量也较高，其肥效优于沤制有机肥。可当作基肥或追肥施用，一般每 667 m² 用量 1200 ~ 1600 kg。沼渣用作追肥，应深施覆土，深施6 ~ 10 cm 时效果最好。

（2）因树追肥。

果树根系吸收养分后，养分分配受营养中心的限制，即养分优先运往代谢最活跃的部位，进一步促进这个部位的生长发育。例如，新梢旺长时追肥，肥料多进入新梢旺长部位，而且进一步促进旺长，而梢叶停长后，旺长部位的中心优势减弱或消失，追肥的养分进入各器官的差异减少，分配比较均衡，对树冠的弱势部位（如短枝）辅养作用就相对大些，有利于芽的分化。所以，树体长势不同，花果量不同，施肥的目的也就不同，因而施肥的时期也不应相同。施肥必须与植株类型相结合，生长较弱的树，包括"小老树"，应当着重在新梢正在生长时供应养分，最好在萌芽前、新梢的初长期分次追肥，追肥结合灌水，促进新梢生长，使弱枝转强。生长旺而花少或徒长不结果的树，为了缓和枝叶过旺生长，促进短枝分化芽，应当避开旺长期，而在新梢停长后追肥。其中，应以秋梢停长期（8月末9月初）为主，春梢停长期（6月上、中旬）为辅。春梢停长期，追施富氮有机肥时，注意用水不能过大，以免过早过旺地生长。施肥种类上也应因树制宜。实践证明，氮肥助枝叶生长作用明显，弱枝复壮应多用些高氮有机肥；磷钾肥有缓和过旺生长的作用，对徒长不结果树宜增加磷钾肥的用量，适当减少氮肥用量。施肥方法主要为穴施法（在树冠下挖穴施肥）和沟施法（包括条状沟和环状沟）。

（3）根外施肥。

果树根外追肥是将肥料直接喷施在树体地上部枝叶上，可以弥补根系吸收的不足或作为应急措施。根外喷肥不受新根数量多少和土壤理化特性等因素的干扰，直接进入枝叶中，有利于更快地改变树体营养状况，而且根外追肥后，养分的分配不受生长中心的限制，分配均衡，有利于树势的缓和及弱势部位的促壮。但根外喷肥不能代替根际追肥，二者各具特点，应互为补充。根外追肥所用肥料主要是液体有机肥、沼液和草木灰、海藻、禽粪等的浸体液。沼液肥作为果树叶面喷肥适用浓度为20%，一般隔10 ~ 15天喷一次。

根外喷肥后10 ~ 15天，叶片对肥料元素的反应最明显，以后逐渐降低，至第25 ~ 30天消失，因此如果想在某个关键时期发挥作用，就在此期内隔15天一次连续喷施。秋季采收后到落叶前和早春萌芽前是根外追喷肥的两个重要时期。特别是大年树、早期落叶树，因秋季和第二年早春新根数量少，土壤追肥的吸收量受限，所以秋季用尿素喷叶枝干，可以弥补贮藏营养和早春根系吸收的不足，对春季一系列生长发育都非常有利，花器官发育好，坐果率高，短枝粗壮。

（三）蔬菜施肥要求和技术

1.蔬菜的肥料吸收特点

（1）蔬菜喜肥，需要大肥大水。蔬菜对养分吸收量比稻谷类作物大得多，与小麦相比，蔬菜吸氮高40%，吸磷高20%，吸钾高1.92倍，吸钙高

4.3倍。加上蔬菜产量高，周年茬口多，要求较肥沃的土壤，缺肥对蔬菜产量和质量的影响要比一般大田作物及果树大得多。

（2）蔬菜根系吸肥能力强。

（3）蔬菜属于喜硝态氮肥作物，对硝态氮吸收快，蔬菜体内也易累积硝酸盐。

（4）蔬菜根系呼吸需氧量高。土壤通气状况的好坏对根系形态和吸收功能影响大。

（5）多数蔬菜吸钾量大。在茄果类、瓜类、根菜类、结球叶菜类等蔬菜吸收的矿质元素中，钾素营养占第一位。

（6）蔬菜喜钙，吸硼量高于其他作物，还会富集土壤中的重金属元素，因此含有大量重金属盐的城镇垃圾，不能用作菜田肥料。

2. 蔬菜施肥技术

温度、水分和光照会影响施肥效果。温度高时，作物生长旺盛，需肥也多，而且有利于肥料的分解和转化，所以在温度适宜的生长季节可以多施肥料，而低温季节则少施或不施。当土壤中有适宜的水分时，有利于微生物活动和物质分解；干旱条件下施肥效力不大；降雨过多时，不仅会造成养分淋失，而且会由于土壤通气不良导致反硝化作用还原形成亚硝态氮，造成亚硝酸积累，只有在水分适宜时才可多施肥。光照充足，有利于光合作用和无机盐营养的进行，还可提高温度，促进植物生长，在这种情况下，要求供应较多肥料。蔬菜因栽培方式不同，施肥量的差异也非常悬殊。

蔬菜施肥总原则是以有机肥为主，重在基肥，合理追肥，要因菜、因地、因肥、因时并根据环境条件和栽培方式合理施肥。

（1）基肥。

播种前或定植前要施足基肥，基肥施用量应占供给作物总施肥量的70%以上。其中，植物残体肥或土杂肥等有机肥和矿质磷肥、草木灰全数用作基肥，其他肥料可部分用作基肥。蔬菜生育中最需要磷肥的时期是在生育的初期，如果苗期磷肥不足，即使后期补追大量的磷肥，产量还是会降低，所以磷肥一般全数用作基肥。一次性钾肥施用量过多，会影响钙、镁等养分吸收，容易引起生理缺钙、镁元素的缺素症，所以钾肥要一部分当作基肥用，另留一部分当作追肥用。基肥宜在园地翻犁前全面撒施肥料，也可以条施为主进行施用，即在菜畦中央挖深沟，向沟里施有机质肥料，然后覆盖土壤、整畦。

（2）追肥。

追肥指蔬菜播种后或定植后追加补充的肥料。前期和中期主要追施缓效肥料，可追施充分腐熟的人的粪尿，同时可用有机液肥或沼液辅以叶面追肥2～3次，后期适当追施沼液。禁止施用有害城市垃圾和污泥，收获阶段不能用粪水肥追肥。有机氮素肥如人的粪尿，用作追肥仅在蔬菜作物生长初期使用。追肥还应根据不同蔬菜、不同生长时期，适时适量地分期追施，以满足蔬菜各个生长时期的需要。

短期绿叶菜类，在基肥充足的基础上，全茬只要浇水直到采收，可以不必追肥。如果在栽培过程发现叶色退绿缺肥，即需要追肥。不过最后一次追肥，必须在蔬菜采收之前8天以上追施。长期菜在初定植的苗期，经常追施富氮有机肥，促苗健壮。蔬菜产品形成初期为追肥重点，注意按不同蔬菜种类要求配合施用氮、磷、钾。蔬菜产品将要采收前少追肥或不追肥。

根菜类、葱蒜类的洋葱和薯芋类，重点追肥在根或茎开始膨大的时期。白菜类、甘蓝类、芥菜类等长期绿叶菜，追肥重点在结球初期或花球出现初期（花椰菜）。瓜类、茄果类、豆类，追肥重点在第一朵雌花结果（荚）牢靠后。

追肥的施用方法有两种方式。一是浇施，把人畜粪肥渗水后浇施。种植密度大的短期绿叶菜类，全园浇施。种植密度小的长期菜类，可用条施、环施、穴施，注意肥料尽量不要施在菜叶上；二是干施，生长期长的蔬菜，在其追肥重点时期，可在菜畦的株行间挖小洞穴，将高效速效有机肥施入后，在洞穴上覆盖土壤。注意每次追肥挖的小洞穴要错开，如第二次在行间。追肥要注意与其他农事活动配套，一般菜田先行中耕、除草、培土后，再施肥，次日灌水。施肥时还要考虑土壤特性，黏重土壤对肥料吸附力强，肥料的移动较砂土慢，故流失少、肥害亦少，施肥量可比砂土多些；但在砂质土中肥料移动快，流失多、肥伤亦多，在砂质土中应少量多次施用。

（3）饼肥施用要点。

饼肥是很好的有机肥，也是蔬菜生产中常用的一类肥料，可当作基肥施用，也可与其他有机肥混合施用，但为发挥好肥效，施用中必须把握以下施肥要点。

施用时间应适时。无论用作基肥还是用作追肥，都要适时施用。基肥施用过早，在幼苗前期生长尚未发挥作用时已失去肥效；施用过晚，对幼苗后期生长继续发挥作用，引起徒长，延迟瓜类蔬菜坐瓜，降低坐瓜率。正确施用应在定植前 10 天左右施入穴内。追肥施用过早，容易造成植株徒长；追肥施用过晚，会造成早衰和减产。

需粉碎及发酵。饼肥在压榨过程中形成硬块，需粉碎成小颗粒才能施用均匀，并尽快被土壤微生物分解。由于饼肥在被分解过程中能产生大量的热，可使附近的温度剧烈升高。所以，在当作追肥施用时，一定要经过发酵分解后再追肥，以免发生"烧根"。

用量要恰当。饼肥是一种价格较高的细肥，为了尽量做到经济合理地施用，用量一定要恰当。把饼肥用作基肥，每公顷用量一般不超过 600 ~ 750 kg；用作追肥的用量一般不超过 900 ~ 1125 kg。

深浅远近要适宜。饼肥的施用深度应稍深一些，基肥为 25 cm 左右，追肥为 15 cm 左右，追肥时不可距根太近或太远。

施用后不可马上浇水。追施饼肥后不可立即浇水，以免造成植株徒长。通常在追施饼肥后 2 ~ 3 天再浇水为宜。如果在追施饼肥后两天以内遇到降雨时，应在雨后及时中耕划锄。

二、有机园艺控制技术

（一）农业防治

1.农业防治的基本措施

（1）选用抗病虫的种、品种，培育壮苗，选用无毒苗，栽种抗性植株。

抗性强的植株不容易感染病虫害，可少施药或不施药，有利于减少农药污染。应根据本地区病虫害的发展情况，选用适宜本地区栽培的抗病品种，并注意合理搭配和更新，做到良种配良法，为有机生产打下良好基础。例如，欧洲葡萄品种容易受根瘤蚜侵害，而用北美葡萄做砧木，则有抗根瘤蚜的作用；在梨火疫病发生比较严重的地区，种植中国梨比西洋梨好得多。金帅、新乔纳金、津轻、王林、新红星苹果抗轮纹病，富士苹果易感轮纹病，元帅系易得斑点落叶病，金帅、富士、王林、国光中等感病，红玉、祝光很少发病，金帅易受桃小食心虫危害，富士、国光较轻，在发病比较重的地区，要优先选择抗性品种，这是最经济、最符合有机生产要求的有效措施。

植物病毒对寄主的危害，素有"植物癌症"之称，防治上十分困难。多数抗病品种可以抵抗病毒复制和扩散，有些蔬菜可以抗传毒介体，如甜瓜、番茄、马铃薯、甜菜等蔬菜的抗蚜品种，由于蚜虫不喜欢这些品种，传毒概率大大降低。加强苗期苗床的管理对预防和控制病毒病的发生十分重要，因为苗床上的病株可能成为大田发病的重要毒源。因此，要尽力保证幼苗不生病或少生病，可采取提前喷施生物性保护制剂等措施。银灰色对蚜虫有忌避作用，也可以利用银灰色塑膜驱走苗床上的蚜虫，如防治大白菜孤丁病（病毒病）可以在苗床上架起银灰色塑膜网眼育苗，以驱走蚜虫。

（2）深翻土地和改良土壤。

害虫与土壤质地有密切的关系。砂质土壤易发生粉介壳虫、葡萄根瘤蚜害；潮湿的土地易发生蝼蛄、蟋蟀害；而较松土地易发生夜盗虫、蛴螬害。由于大多数害虫在生长和发育过程中多少与土壤有关，因此深翻土地和改良土壤不仅利于作物的生长，能够提高作物的产量，同时在害虫防治上亦深具功能。

蝼蛄在土壤中取食、生长和繁殖，整个生活过程都与土壤有关；叩头虫幼虫离开了土壤就不能生存；金龟子、球菜夜蛾、潜蝇、一些象鼻虫的幼虫也都在土壤中生活和为害。有的害虫世代生活于土下，如葡萄根瘤蚜，每代均有部分若虫落地入土危害葡萄根部。更有很多害虫，如斜纹夜盗、果实蝇、瓜实蝇、下红天蛾等，它们虽然经常取食植物的地上部分，但是却都在土壤中化蛹，包括蝗虫、蟋蟀和扁蜗牛等，从初孵化的幼虫开始就常生活于土外，取食植物的地上部分，但是它们的卵却都产在土壤中。

以土壤作为生栖环境的害虫，土壤条件如温度、湿度、土壤含水量、热容量、土壤结构、pH等的改变，都会影响它们的生长、繁殖力及为害情况。特别是那些决定性因子的改变，均显著地影响昆虫的寿命长短、发育快慢和繁殖速度，因而也就显著地影响害虫的发生量及为害程度。例如，土壤含水量低于3%时，不利于瓜绳蛹的发育及生存，如果土壤中含水量达30%，瓜蝇蛹则不能羽化。

为防治病虫草害，土壤管理可从下面几点着手。

第一，改变土壤环境的生态条件，可抑制害虫的发育与繁殖。

第二，将原来在地下的害虫翻至土壤表面，由于光、温度、湿度等物理因子的变化和鸟类、青蛙、天敌昆虫等生物的捕食，它们会大量死亡。蜗牛产卵于地下，在其产卵期进行中耕，将卵块暴露于地面经由阳光的暴晒，石灰质的卵壳很容易爆裂；余卵块虽未被翻至地面，但常因土壤疏松，遭受外界干燥空气影响也难于存活。

第三，利用深耕，将害虫翻入土层深处，使它们不能由土壤中羽化出来。

第四，把植物的地上部翻入土中，使为害植物地上部的害虫，因失去寄主而大量死亡，尤其是杂草的清除，更具意义。

第五，深翻晒垡，可利用阳光消毒。如深耕 40 cm，能够破坏病菌的生存环境，同时借助自然条件，如高温、太阳紫外线等，杀死一部分土传病菌。

第六，深耕时，土壤中的一部分害虫遭到农机具伤害而死亡；同时土壤中害虫的巢穴和蛹室在深耕时受到破坏，亦增加其死亡。

第七，深翻整地，施足腐熟基肥。深翻可促进病残株、落叶在土下腐烂，并将地下病菌、害虫翻到地表，不利于其越冬，减少病源、虫源。尤其冬季树盘周围翻土，可以冻死越冬的病虫，如山楂叶螨、二斑叶螨，枣尺蠖、桃小食心虫等。

（3）合理间作、品种搭配和轮栽或倒茬。

往往在同一地区连续栽培同样作物越久，害虫发生就越严重，若采用轮作方式，可减少害虫的发生。如烟草与水稻轮作可减轻病虫害，针叶林与阔叶林树种轮作亦可减轻病虫害，木瓜、玉米混种，可减少蚜虫传播轮点病，稻菜的轮作使田间长时间的浸水，可从根本上抑制金龟子幼虫的发生。大量的研究表明，水旱轮作能有效抑制杂草的发生和简化杂草群落的结构，减少菜田杂草的为害。

对于桃等忌地现象比较突出的树种或品种，避免重茬地；根据间作物的植物学特性，把互不传染病虫害的进行合理间作。例如，大葱的根圈能产生抗菌微生物，对病菌能起到抑制作用，从而防止多种病害，间作大葱能有效地阻止病源菌的繁殖，使土壤中已有病菌的密度下降，从而达到土壤消毒的目的。间作黑麦草、野百合、万寿菊能够抑制线虫为害。

大白菜和卷心菜最易感染一种细菌性软腐病，但如果和大蒜实行套种，就能防止软腐病的发生。因为大蒜中的大蒜素有强烈的杀菌作用，大蒜的挥发气味还能赶跑麦蚜及棉花上的许多害虫，从这种生态关系看，大白菜、卷心菜、小麦、棉花等作物与大蒜组成复合套种，既可提高产量和经济效益，又能生物防治病虫害，减轻环境污染。洋葱也具有杀菌能力，可以杀死小麦黑穗病病菌和豌豆黑斑病病菌以及马铃薯晚疫病病菌，所以小麦、豌豆、马铃薯与洋葱组合成立体复合种植，可使小麦黑穗病、豌豆黑斑病、马铃薯晚疫病大大减轻。韭菜的驱虫杀菌作用可使甘蓝根腐病受到抑制、菜青虫减少。线麻在幼苗生长期有一种特殊的味道，当有翅蚜虫飞向大田产卵时，嗅到这种麻味就会很快离开。因此，作物田中带种一些线麻可避免蚜虫对大田作物的为害。豆角与黄瓜间作不仅能防治黄瓜霜霉病，还能延长黄瓜结果期。鼠害猖獗是人类头痛的问题，在大田中带种些蓖麻可使鼠害大减，采集蓖麻绿果实堵塞鼠洞口亦可驱鼠。

植物病毒的寄主较多，野生的、栽培的都有。例如，黄瓜花叶病毒可以在田间多种杂草上越冬，以后再由蚜虫传到番茄、青椒等蔬菜上；白菜孤丁病毒的寄主有许多十字花科杂草和蔬菜，如甘蓝、萝卜等，因此铲除田间地头杂草就成为减少毒源的重要措施之一。同时，对白菜田的耕作制度也要注意，前茬不能是甘蓝、萝卜，否则病害发生重，还要注意白菜不要与甘蓝、萝卜邻作。

（4）合理施肥。

肥料种类及用量，往往影响害虫的发生。氮肥过多，作物趋于柔嫩，害虫易为害。例如，水稻氮肥过多，褐飞虱发生较严重，其他作物亦如此；厩肥堆积过多，常引致蝇、蚊、叩头虫幼虫、金龟子幼虫等土栖昆虫的栖息繁殖。再如，苹果全爪螨和二斑叶螨繁殖能力随叶片中氮素含量增加而增长；树皮钾含量与果树抗腐烂病的能力正相关等。

氮肥过度施用，常使植物组织含大量氮化合物，且碳氮比降低，使二化螟生育良好，生存率增高，体重增加，成虫产卵数也增加，因此多氮栽培往往造成二化螟大发生。多氮栽培也会使纵卷叶虫、褐飞虱及浮尘子类的发生较严重。而硅酸肥料的施用，可缓和多氮栽培的为害，增强抗螟性，使二化螟与浮尘子的为害减轻，但稻苞虫的发生却较严重。甘蓝施用氮、钾肥，桃蚜产虫数量和产虫速度会增加。

有机生产应当注意勿施用过量氮肥，以免引起枝叶徒长，诱发病虫，应提倡配方施肥和施用有机肥，多施磷钾肥。还要充分利用肥料的抑虫杀菌效果，如鸡粪、棉籽饼能够抑制线虫发生；10 kg 水加兔粪 1 kg 在桶内或瓦缸内密封沤制 15 ~ 20 天，浇淋于根部，能防治地老虎；10 kg 草木灰加水 50 kg，浸泡 24 h，滤液可防治蚜虫；沼液、沼渣有治疗根腐病的作用。多施有机肥、平衡施肥能提高植株抗病性，增强土壤的通透性，改善土壤微生物群落，降低腐生菌基数，提高有益微生物的生存数量，并保证根系发育健壮。

（5）合理密植与修剪，改善通风透光条件。

病虫害常常在郁闭条件下疫情更严重，如蚜虫发生，煤霉病等，及时修剪，增强树冠内通风透光能力，能够抑制病虫的发生。

一定耕种面积内种植适当的株数，则通风、日照正常，生育条件良好，农作物因而生长健壮，其抗虫性可以提高，虫害损失率也能够相对地降低。但过度稀植，不但不能充分利用土地，还因行间株间空隙大，杂草丛生，表土蒸发量大，容易导致植株干枯；株数不足，产量也大受限制。过度密植，会为某些害虫提供良好的发育与繁殖条件，主要是田间小气候相对湿度高及光照的不足，如在水稻田过度密植可以诱致飞虱类、叶蝉类、粟夜盗等的大量发生，而且过度密植后，提早封行，田间防治工作不易操作，倒伏后，就更为严重。但密植是一种有效的杂草防治措施，它可在一定程度上降低杂草发生量，抑制杂草的生长。培育壮苗促进菜苗早封行，可提高蔬菜的竞争力，抑制杂草的生长。

蚜虫、银叶粉虱、螺旋粉虱、介壳虫及杧果叶蝉等害虫喜栖息于日照不足、密植或繁盛不通风的作物上取食或产卵，因此日照充足、通风良好能有效控制害虫的发生。

（6）改变种植时期与收获期。

为避免害虫的为害，将作物的播种期、移植期、收获期做适当调整，如日本曾为回避二化螟的为害，将水稻播种期延迟 10 ~ 15 天，此时可逃避第一代二化螟，其幼虫亦因之饿死而不能为害。

（7）彻底清园，清残枝，减少潜藏的病原体。

田间杂草应时常刈除以减少害虫寄生机会，收获后作物残部须加清除，以消灭内部害虫。例如，田间葡萄残株集中焚烧以烧死木蠹蛾幼虫；烧毁稻草，可杀死稻蒿内越冬的水稻害虫；在葡萄收获后，清理果园，勿使落叶覆盖地面，避其腐化，以避免成虫在其上产卵；可可椰子犀角金龟卵产于枯死的树干、堆肥或腐殖土壤中，幼虫即以腐殖质为食，所以清除朽木、堆肥及其他腐殖质堆积物，可达防治目的；杨桃受果实蛀蛾为害，可将受害落果清除，以减少果实蛀蛾为害。

秋季或早春清扫落叶，集中销毁，能消灭许多叶斑病菌及越冬的潜叶蛾类。若苹果园金纹细蛾发生严重，且落叶中寄生蜂蛹越冬虫量大，要注意保护利用现有枝干。结合修剪手段，剪除病虫枝（蔓）干、病芽、病蒂和根蘖，摘除病虫果、叶并销毁；如果虫蛀较深而该枝又必须保留，可用竹签或钢丝捅进蛀孔，将虫掏出或刺死。剪除病虫枝可有效防治白粉病、枝枯病、葡萄白腐病、天牛、食心虫、卷叶虫、苹果棉蚜、苹果瘤蚜、潜叶蛾、介壳虫等。此外，及时清除并烧毁死树、死枝和病虫植株残体，及时拣除落在地面上的病虫果并销毁，勿在果园久放，可以减少病虫传播与为害。

（8）刮树皮和刮涂伤口。

危害果树的各种害虫的卵、蛹、幼虫、成虫及各种病菌孢子，大都隐居在果树的粗翘皮裂缝里休眠越冬，而病虫越冬基数与来年危害程度相关，需要刮除枝、蔓、干上的粗皮、翘皮和病疤，铲除腐烂病、轮纹病、干腐病等枝干病害的菌源。对果树施以刮皮术，还能促进老树更新生长。

刮皮时间宜在入冬后至第二年早春2月间进行，不宜过早、过晚，以防树体遭受冻害及失去除虫治病的作用。一般来说，幼龄树要轻刮，老龄树可重刮。操作时动作要轻巧，防止刮伤嫩皮及木质部，以免影响树势。一般以彻底刮去粗皮，不伤及青颜色的活皮为限。刮皮后，皮层要收集起来集中烧毁或深埋。刮皮后最好再喷一次倍量式波尔多液，然后对树干用净白剂（可按生石灰10 kg、食盐2 kg、硫黄粉1 kg、植物油0.1 kg及水20 kg的比例配成）刷白。

虫伤或机械创伤等伤口，是易感染病菌和害虫最爱栖息的地方，应先刮净腐皮朽木，用快刃小刀削平伤口后，涂上5度石硫合剂或波尔多液消毒，大伤口还要涂保护剂，以促进伤口早日愈合。刮下的残物要清扫干净，集中烧毁。

（9）合理灌水。

许多病菌疫情严重发生的主要条件是湿度得到满足，如灰霉病、疫病、霜霉病等，往往湿度越大病害越重。所以，果园浇水忌大水漫灌，以免造成园内湿度过大，诱发许多叶部和根部病害发生，同时保护了果园内的蜘蛛和一些捕食性天敌昆虫（如步甲等），宜尽量采用滴灌、穴灌等节水措施。利用滴灌技术、覆地膜技术可以有效地控制空气湿度，有效地防止病情。对于多种蔬菜和草莓等须采用高畦栽培，结合覆膜，实行膜下沟灌控制湿度，推行膜下微灌，小水勤浇。此外，大雨后要及时排水，以免影响果树正常生长和降低果树的抗病虫能力。

2. 农业防治中的忌避作物

利用作物与作物之间的关系，种植忌避作物以减少病虫害的发生。据观察，玉米、马铃薯、毛豆、大蒜等与多种作物间作、混作，可以减少农药使用；青葱与青椒间作，因葱的根中含有与病虫害相生相克物质，可帮助青椒抵抗病虫害，若将青葱植于青椒四周，使其根部纠缠在一起，效果会更好；茄科和韭菜、瓜类与青葱间的忌避效果也很好；欧洲薄荷的薄荷油可驱蚂蚁和蚊子；旱金莲花种于球茎甘蓝附近可驱其蚜虫；细香葱种于苹果根附近可防疮痂病，亦可防苹果棉蚜，但禾本科草根会分泌抑制苹果树根的生长；苹果树易引起马铃薯患疫病，接近成熟的苹果会散发微量的乙烯气体而抑制周围树木生长，但会促进周围植物的开花成熟；燕麦根的分泌物会抑制杏树的生育；菜园豆类与胡萝卜及花椰菜混植时生长更好，豆类与火焰菜两者会互助，豆类亦会助胡瓜及甘蓝生长；适当密度的韭菜及芹菜与豆类是很好的组合，一般的豆类会因洋葱、大蒜及分葱而生育不良；菜豆可防马铃薯的甲虫等，将绿豆与马铃薯隔畦栽植，虫害发生较少。

忌避作物的栽培实例。

（1）葱、韭菜与西瓜的混植栽培。西瓜与甜瓜的栽培会因连作障碍严重枯死，而与葱、韭菜混植则生育良好，根面丝状菌减少，根褐变度降低，病害减轻。其栽培法为葱播种后移植于盆侧，瓜苗则移植于盆中央，并于适期定植于田间。

（2）葱、韭菜混植防治病菌。葱、韭菜等葱属（包括大蒜、分葱等）均含有多量硫化合物，这些化合物具有强烈的异臭有抗菌作用。葱、韭菜根的位置要与混植作物根的位置相同，通过葱、韭菜等的寄生菌核菌的拮抗作用来抑制病害菌的繁殖。番茄根较深，适宜混植韭菜，定植时番茄的根需置于韭菜的根上，畦上部位亦需种植韭菜以防立枯病等。根浅而广的作物，如香瓜、西瓜、番瓜等也较适宜与葱混作。草莓与葱、韭菜混植时，草莓的母株即以 1 株伴种 1 支葱，已伸长的蔓茎的伴种 2 支葱；菠菜等撒播者与葱、韭菜混植，每隔 30 cm 纵横各种 1 支葱苗为宜。

（3）与香草类混作。多数香草对其附近的植物有良好的影响，大部分蔬菜都能领受到香草类的香味；将香草种植于蔬菜周围，还会对纹白蝶等害虫有忌避效用。与香草类混作栽培时，只要将少数的香草种植于菜园的周围或畦端，即可使其芬芳香味释放到空气中。荨麻对香味释放有刺激作用，有些香草因附近种有荨麻，其香味或臭味会增强。种植于荨麻边的薄荷，其精油量会增加约 2 倍。蓍草会促使香草的香味提高。香草与混植的作物比单独栽培的更坚挺和密实。作物在非常贫弱的石砾地，如间作百里香、芸香、牛膝草、鼠尾草、欧洲草薄荷及青蒿等香草时，可在短期间内呈非常密生的状态。

（二）物理防治

物理防治法范围很广，任何以器械、温度、湿度、颜色、音波、光线、微波、超音波、外加隔离、特殊图案等因素来防除虫害、鸟害、兽害的方式皆属于物理防治。

1. 隔绝、驱避

（1）病区隔离，工具消毒防止污染。

以"预防为主"加强检疫，严格控制从外区域调运种苗和有机肥料，及时预防危险性病、虫、草等新的有害生物的传入和扩散，将病、虫、草"拒之国门之外"。同时，园艺工具要经常消毒，防止通过工具传染病虫害。

（2）喷用防病膜。

高脂膜主要原料是植物（椰子），属植物源无毒性产品。其成品为白色"奶油"状水乳液，有芳香气味，易溶于水。喷洒在植物或其他固体上（土壤、果实等），可形成肉眼看不见的分子膜层。其薄膜层允许氧气和二氧化碳透过，而水分子却不易透过。膜层遇水时，可自动扩展，维持连续的膜层。高脂膜本身虽不具杀菌、杀虫的作用，但膜层通过物理效应有驱避害虫、抑卵孵化、防治裂果、抵御风害、预防空气污染（果锈）、防治小型害虫（蚜、螨、蓟马等）、增加产量、改善品质等十多种功效。

此外，利用高岭土的纳米颗粒制成的微粒膜喷在叶片或果实表面能有效地抑制害虫和日灼。

（3）采用防虫网覆盖技术，设网阻虫。

防虫网是以优质聚乙烯为原料，经拉丝织造而成，形似窗纱，具有抗拉强度大、抗热、耐水、耐腐蚀、无毒、无味等优点，其防虫原理是人工构建隔离屏障，将害虫拒之网外，达到防虫保菜的目的。另外，防虫网的反射、折射光对害虫还有一定的驱避作用。在夏秋季蔬菜害虫旺发阶段，应用防虫网全程覆盖，能有效地隔离小菜蛾、斜纹夜蛾、甜菜夜蛾、菜青虫、黄曲条跳甲、猿叶甲、蚜虫等多种蔬菜害虫，减少农药使用量。防虫网覆盖前需清理田间杂草，清除枯枝残叶，在播种或移栽前用药剂进行土壤处理，尽可能地减少地下害虫的发生，切断害虫的传播途径。整个生长期要将防虫网四周压实封严，防止害虫潜入产卵，繁殖为害。大棚及小拱棚栽种蔬菜还要注意菜叶不要紧贴防虫网，以免网外害虫取食产卵于菜叶。同时，必须随时检查清除害虫在网上产的卵，以免辨化后潜入网内为害。

覆盖方式可采用顶部为大棚防雨膜，裙边用防虫网，防虫网以选用22目左右的银灰色防虫网为宜；或者将防虫网直接覆盖在棚架上，四周压实；也可于夏秋高温季节，蔬菜播种后立即将防虫网全面覆盖在畦面上，这不仅可以防虫，还起到遮光、降温、保湿、防暴雨冲刷的作用。

（4）非农药遮断法。

在树枝上局部涂上凡士林油或黄油等阻碍物，以防止枝干上的若虫向果实部位迁移的方法，是非农药遮断法。此法能100%防止冬季藏于树干上的梨瘤蚜往果穗上迁移繁殖，所以可避免梨果被害。如果此法能与其他防治方法（如温汤处理、套袋、清除园间废弃物与枯枝等）结合使用，防治效果将更好。同时，于植株基部涂抹石灰、木焦油、撒草木灰，亦有防治效果。另外，也可于田区周围挖掘明沟并灌水，以防止移动性高的有害生物（如蜗牛、尺蠖、黏虫等）入侵。

（5）果实套袋。

瓜果套袋是一项重要的生产新技术，它可防止多种病虫害，减少用药次数。套袋大多用于高经济作物，如葫芦科的洋香瓜、甜瓜、苦瓜、丝瓜及果树中的苹果、梨、桃、杨桃、枣、番石榴、柚子、木瓜、释迦及菠萝等。瓜实蝇产卵于瓜类幼果内，因此必须于谢花后即行套袋；东方果实蝇则喜产卵于成熟的果实内，因此在果实6、7分熟时套袋，可防瓜实蝇、果实蝇、蓟马、蚜虫、介壳虫、黏虫、毒蛾及鸟类等的危害。

用于套袋的纸袋应当透气、有韧性，抗淋洗、不易破碎，来自天然材料，符合有机认证要求。果实套袋专用袋种类按纸层分有单层袋、双层袋，按用途分有促进着色袋、防锈袋，选择合适纸袋要从当地条件、袋的结构质量、套袋目的等多方面综合考虑。评价纸袋的好坏，应以生产要求为目的，主要看其遮光、保湿性能，然后看其防病虫、抗风雨的性能。纸袋选择一定要选择全木浆纸，耐水性强，能抗日晒雨淋且不易破碎变形的纸袋效果才好。

对于苹果来说，套袋适期一般掌握在谢花后 40 天左右（生理落果后）进行，约在 5 月底至 6 月上中旬，按早、中、晚熟品种顺序套袋，金帅等品种为防治果锈，应提早在谢花后 10 ~ 15 天进行。套袋时间要避开中午高温，以上午 8 ~ 11 时和下午 2 ~ 5 时套袋为好。塑膜袋透光，不影响坐果和果实发育，可用于套早、中熟品种和早套树冠内部和下部的果，套得越早，增产越明显。套袋时要按先上部、后下部，先内膛、后外围的顺序进行。如果全树部分果套袋，应选树冠中部的果和下垂果套袋，而树冠外围果因光照强，易日灼要少套。套袋果应是果形端正、萼端紧闭而突出的大果，这样商品价值才高。套袋时要先将纸袋撑开（或吹开），使袋充分膨胀，底层通风口张开，使果实悬于纸袋中间，但不能接触纸袋。随后用纸袋一侧的金属丝扎紧袋口，以防病菌、害虫、雨水、药液进入袋内，引起烂果、果锈和脱落。套袋要注意：一定要将果实套在袋的中间；封口要严，防止雨水和害虫进入袋内；用撕成条的湿玉米穗包皮绑扎塑膜袋简易可行，效果好；套袋期间若天旱、地干，一定要浇水后再套袋，以免发生日灼果。

适期摘袋是提高套袋质量的技术关键。摘袋时间要根据品种和气候条件来确定。例如，红色品种新红星、新乔纳金苹果等一般于采收前 15 ~ 20 天摘袋，而在温差大或比较凉爽的地区，应于采收前 10 ~ 15 天摘袋。摘袋最好选择在阴天或多云天气，晴天摘袋要在温差较小的时候摘袋，以防止日灼。亦可采取上午摘树冠东面和北面的袋，下午摘南面和西面的袋。双层袋应先摘除外袋，如果实较大，要先将背光面的袋撕开通风，隔 1 ~ 2 天再摘除外袋。内袋要经 3 ~ 5 个晴天（阴雨天除外）后才能摘除。单层袋要先将背面撕开通风，3 ~ 4 天后再全部摘除。若连续阴雨天气，摘除内袋时间可适当推迟，以防止果皮再形成叶绿素。对于非红色果实如梨可带袋采收。套袋果比无袋果采收期应推迟 7 ~ 10 天。

2.人工灭虫

喷水冲刷红蜘蛛：人工刮除或刮刷枝干上的蚧虫、树裂缝中越冬的苹果棉蚜、红蜘蛛、梨木虱等小型害虫，或用铁丝刺杀，人工摘取害虫卵块、捕捉幼虫集中销毁等。

硬纸圈 / 胶圈 / 胶瓶：可用厕纸筒、胶瓶或自行用硬卡纸、胶片制造，套着幼苗直至植株长大，纸圈一半埋在泥里，一半留在泥面。这方法能预防泥里的昆虫在茎与泥土接壤的地方咬断幼苗。

树环：用来对付只会爬而不会飞的害虫和蜗牛。剪一条阔 300 cm，足够绕树一圈半的布条绕树干包实，用绳在中间扎好，将绳上半截布条反下，令虫不能爬越，在树环上涂上黏胶，每星期检查一次，并清理黏着的昆虫遗体。

3.高温灭虫杀菌

（1）晒种、温汤浸种。

育苗播种或浸种催芽前，将种子晒 2 ~ 3 天，可利用阳光杀灭附在种子上的病菌；种子用 55℃温水浸种 10 ~ 15 min，能起到消毒杀菌的作用；用 10% 的盐水浸种 10 min，可将混入种子里的菌核病残体及病菌漂出和杀灭，然后用清水冲洗种子，可防菌核病，用此法也可防治种线虫病。

（2）设施栽培进行高温闷棚或烤棚。

夏季将大棚覆盖后密闭选晴天闷晒增温，可达 60℃ ~ 70℃，高温闷棚 5 ~ 7 天杀灭和抑制多种病虫害。夏季午后 2 h 左右高温闷棚，可控制黄瓜霜霉病蔓延。

（3）提高地温。

夏季耕后灌足水，盖上塑料薄膜进行高温消毒，可使土层 10 cm 处最高温度达 70℃，能够杀死大量病菌。土壤埋设电热线、施肥发酵升温等也可以杀灭土壤中的多种病虫害。

（4）土壤蒸汽消毒。

土壤蒸汽消毒优点在于不会有农药残留及环境污染的问题，待土壤温度降低后就可以进行种植，可争取时效。土壤经 60℃ ~ 80℃蒸汽消毒处理 30 min 后，热量可水平及垂直地渗透到 20 cm，温度在土壤中的分布非常均匀。蒸汽消毒后，植物病原真菌、细菌及线虫均被消灭，绝大部分的病毒被钝化，残存的微生物多为具有产生抗生素潜力的细菌及放线菌。原先的土壤微生物群落平衡被打破后，3天即开始恢复，8天就能恢复到先前未处理的状况。

蒸汽消毒温度及时间以60℃~80℃和30 min最为适宜，温度太高反而会对土壤环境造成不良的结果，蒸汽高温（100℃）将造成土壤产生化学反应，导致土壤养分移动及有机质分解，锰及氮所受的影响最大。锰元素在土壤蒸汽消毒后，能氧化锰的细菌被高温杀死，交换性锰含量会因高温而大量增加，容易对玫瑰、康乃馨、胡瓜、香瓜及番茄等造成毒害。土壤中的硝态氮及氨态氮本可被植物吸收利用，但100℃高温下，会杀死可进行硝化作用的细菌族群，造成土壤硝态氮含量降低，亚硝态氮及氨的含量增加，使作物无法获得足够的氮素，而土壤中氨的累积，会使番茄、芹菜及万寿菊等敏感作物受害。为避免这类问题的发生，蒸汽消毒的温度最好维持在60℃~80℃。

土壤进行蒸汽消毒前，必须考虑土壤湿度、土壤质地与土壤温度等因素，原则上通气性良好的土壤消毒的效果最好，而土壤水分含量维持在30%~40%时，消毒的效果较持久。在作物采收后，先松土、清除植体残株后进行消毒，对病虫害防治的效果较好。蒸汽消毒过程中，蒸汽会凝结成水，增加土壤含水量，土壤含水量太高时，吸附凝结水的能力降低，消毒的效果相对降低。

蒸汽消毒适用于栽植高经济价值作物的农田土或介质的消毒处理、有机栽培的农田土或介质的消毒处理和栽培介质的回收再利用。

4.利用特异光线

用白炽灯、黑光灯、高压汞灯等灯光诱杀有趋光性的农作物害虫的方法已有较长的历史，如使用黑光灯可以诱杀多种害虫，高压汞灯诱杀蝼蛄、地老虎；紫外线能够杀死多种病菌。近年开发的频振式杀虫灯利用害虫恐惧较强的光、波、色、味的特性，将光波设在特定的范围内，近距离用光，远距离用波，加以色和味引诱成虫扑灯，灯外配以频振高压电网触杀，使害虫落袋，达到降低田间落卵量，压缩虫基数的目的。频振式杀虫灯对多种蔬菜害虫有很好的诱杀效果，涉及17科30多种，诱杀到的蔬菜害虫主要有斜纹夜蛾、甜菜夜蛾、银纹夜蛾、猿叶甲、黄曲条跳甲、象甲、金龟子、飞虱等，对天敌也有一定的杀伤力，如草蛉、瓢虫、隐翅虫、寄生蜂等，但诱杀到的天敌数量较少，显著低于高压汞灯、黑光灯，不足以影响昆虫的整个生态平衡。目前,使用较普遍的是佳多 PS-Ⅱ型普通灯,一般每 0.04 km² 菜田设置 1 盏杀虫灯,以单灯辐射半径 120 m 来计算控制面积,将杀虫灯吊挂在固定物体上,高度应高于农作物,以 1.3 ~ 1.5 m 为宜(按虫口的对地距离)。

5. 利用颜色进行防治

可使用黄板、蓝板或白板诱杀害虫;使用银灰膜或银灰拉网、挂条驱避害虫;使用镀铝聚酯反光幕可以增温、降湿、防止病害发生;使用多功能膜可以防病、抑虫、除草。

(1)色胶板诱杀技术。

利用害虫特殊的光谱反应原理和光色生态规律,用色胶板诱虫,从作物苗期和定植开始使用,可以有效控制害虫发展,在害虫可能暴发的时间持续不间断地使用,及时监测田间害虫数量变动。色胶板作为一种非化学防治措施,能诱杀大量成虫,可避免或减少使用杀虫剂,对环境安全,有利于害虫的天敌生长。目前,广泛应用的有黄色黏胶板和蓝色黏胶板,将黄板或蓝板涂上机油(或凡士林等),置于高出植株 30 cm 处,黄板诱杀蚜虫、白粉虱、斑潜蝇、瓜实蝇和果实蝇等小害虫,蓝板诱集棕榈蓟马。据研究,不同周长的黄板对白粉虱和斑潜蝇的诱集量是有影响的,一般集中在黏胶板的边缘,板的中间较少,同样面积,将黏胶板做成长条状,诱虫效果比方形更好。

(2)黄色水盆。

原理与黄色黏板相同,在水盆内加少许肥皂,被吸引的昆虫会被浸死。

(3)反光纸。

将反光纸悬于田间,风吹过时即会发出闪光,可驱吓雀鸟或某些昆虫。

6. 机械刺激

通过鼓风、喷水等进行抗逆锻炼,诱导作物抗性。对于红蜘蛛等害虫,可以用强力水柱喷射,但小心不要折断植株;也可在大雨时将盆栽拿出户外,能直接杀死或伤害害虫,或将它们敲落植株。这方法适合对付身体软而易受破坏或一经敲落不易再爬上植株的害虫。

(三)生态控制

生态控制也称生态调控,是害虫防治的一个新策略,即在农田或果园生态系统的整体上，以生态学的原理为指导，充分利用作物、有害生物（病、虫、草、鼠）和有益生物（天敌和拮抗菌）之间的相互依存、相互制约关系，采取生态学的手段，创造有利于天敌或有益微生物增殖和不利害虫或病原微生物生存的环境条件，以园艺植物为主体，以果园或菜园环境为基础，尽可能地发挥园艺植物和有益生物的自然控制作用，将有害生物控制在经济为害水平以下，从而优化菜园或果园生态系统的结构和功能。在生态控制中，特别重视作物自身抗性、栽培防治（也称农业防治）和生物防治等调控技术的灵活运用。

果园作为一个生态系统，果树生长周期长，生态环境相对稳定，因此节肢动物物种组成十分丰富，生物群落结构中的食物链和食物网关系复杂，天敌和害虫之间的相互依存和相互制约关系十分明显。比如，果园内害虫的天敌就十分丰富，常常几十种到上百种，对害虫的自然控制能力（即调节害虫种群密度的能力）很强。此外，果园内外也存在害虫及天敌和病原物的相互转移现象，使果园生物组成更加丰富，从而导致果园有害生物管理的复杂化，或加剧有害生物的为害，或利于有害生物的控制。只有充分认识并利用果园内外生物之间的相互关系，才能在果园实施病虫害的生态控制，从而减少有毒化学物质的使用，达到果品无公害生产的目的。

1. 破坏病虫最适生态环境

许多病虫害发生为害严重，除与本身的生物学特性有关外，环境条件的诱导或适合也是重要的原因。因此，通过控制病虫的环境条件和破坏其适应的环境，来降低害虫的虫源基数或病菌的侵染来源，同样可以达到控制病虫害的目的，从而避免化学药剂的使用。许多果树病原微生物或害虫的为害与越冬场所隐蔽，如苹果棉蚜在苹果芽缝、树皮裂缝和土壤中为害与越冬；葡萄根瘤蚜也在土中为害根部并越冬；许多天牛（桑天牛、桃红颈天牛）则躲在枝干内为害；各种食心虫一旦进入果实则难以防治；卷叶蛾则躲在卷叶中为害；山楂叶螨、二斑叶螨、梨木虱常躲在翘皮下、树皮裂缝中或树盘下土壤中越冬；许多病原物潜伏于枝干皮下或落叶中等。这些隐蔽的生活环境，为害虫和病原物提供了安全的避难所，由于药剂防治不利，很容易成为新的虫源和侵染来源；果园由于管理不善，园内或树冠内通风透光条件差、湿度大，常引起多种叶斑病、霜霉病、轮纹病等病害；枝梢的徒长易招致蚜虫、卷叶蛾、梨木虱等害虫；果园内积水常引起许多根朽病。因此，必须通过一些栽培防治辅以必要的人工防治，才能破坏适宜病虫发展的生态环境，进而有效地控制病虫为害。

2. 创造天敌和拮抗菌的最适生存环境

天敌和拮抗菌是果园生态系统中的有益生物群落，是果树害虫和病原微生物的重要自然控制因素。因此，通过许多栽培管理及人工措施来强化这些自然控制因素来控制有害生物，不但节省防治成本，而且减少了有毒化学物质的使用，提高了果品的质量。

（1）创造拮抗菌的最适生存环境。

拮抗菌是果园中的有益微生物菌群，广泛存在于果树的叶面、果面、树皮（茎面）、根面、根际、花器等处。这些有益菌类大多是腐生菌、非病原微生物和低致病菌系，有的对果树病原菌有较强的拮抗作用（包括寄生作用、拮抗作用和竞争作用）或对植株的抗病性的诱发作用，因而限制了病害的发展。在土壤中，重要的拮抗菌如放线菌或链霉菌（如 5406 抗生菌）、芽孢杆菌（如枯草芽孢杆菌）、荧光假单孢杆菌、放射农杆菌（如 K84）、木霉菌（如哈茨木霉、绿木霉）等常常对果树根病有较好的控制作用，其中许多拮抗菌已开发出商品制剂并用于根病和地上部病害的防治。叶部的拮抗微生物可以直接或间接地影响叶面或其他部位的病害，或与叶面病原物进行营养的竞争，或产生抗生素来抑制病生物。但微生物菌群的自然平衡很难打破，由于大量施用杀菌剂或土壤理化性质及根系分泌物的影响，拮抗菌不能完全控制果树病害，还必须通过必要措施增加拮抗菌的数量以加强其控害能力。

（2）创造天敌的最适生态环境。

果园生态系统中，害虫天敌种类丰富，许多天敌发生数量大，控害能力强。但有时由于气象条件（如冬季严寒）和果园农事操作（如频繁使用杀虫剂）的影响，天敌种类数量较低，甚至造成天敌"真空"，致使自然控制作用丧失，造成次要害虫上升为主要害虫或害虫的再猖獗。因此，创造天敌良好的生存和繁衍环境，保护和恢复天敌的控害能力，是实施无公害防治的基础。

由于果树种类多，不同果树发生的害虫及天敌也各有其特点。即使同一果园，因果树种类和品种栽培的多样性，相应的害虫及天敌也呈现多样性。这就为天敌的保护和利用带来了困难。因此，必须在弄清果树害虫及天敌的生物学特性、发生规律和杀虫剂特性的基础上，才能实施恰当的保护措施。

①保护越冬的天敌昆虫。

许多天敌由于耐寒性差，在严冬或春季寒流来临时，死亡率较高。因此，为了保证来年有较高的天敌虫源基数，需采取一些直接保护措施。第一，在山区果园，许多取食蚜虫的瓢虫，如异色瓢虫、七星瓢虫等，常在山洞、山缝隙等处越冬，冬季来临时，死亡率较高。因此，可把它们人工收集起来，置于暖处或地窖内安全越冬，待来年春暖后释放于果园内。第二，在秋末天敌发生量大的果园，可在树干基部绑草绳、草把或布条，吸引树上的许多天敌（如塔六点蓟马、小花蝽、捕食螨、食螨瓢虫、蜘蛛等）于其中安全越冬。待来年天气转暖后，解开放走其中天敌，并消灭其中害虫。第三，果园刮树皮防治枝干病害，应改冬季刮为春季开花前刮。此时，在枝干皮下、裂缝中越冬的天敌已出蛰活动或羽化。如果在早春刮树皮时，仍要注意保护天敌，可将刮下的树皮收集起来，置于保护器具中，待天气转暖后放出天敌后再将树皮烧毁。第四，秋末可在果园挖坑堆草供蜘蛛、步甲等天敌栖息越冬。在南方橘园可以种冬作物（如苕子），让蜘蛛等安全越冬。

②保护虫果、虫枝、虫叶中的天敌昆虫。

许多食心虫为害的虫果内（幼虫尚未脱果者，如桃小食心虫、梨大食心虫、梨小食心虫、桃蛀螟等）、虫梢（如梨小食心虫为害的枝梢）、卷叶（如苹小卷叶蛾，顶梢卷叶蛾）和潜叶内（如金纹细蛾），常常有多种寄生蜂能寄生在这些害虫身上。田间人工防治时，应将这些虫果、虫枝、虫叶收集保存于大养虫笼内，待天敌羽化后放入果园。在生态环境较简单的果园，可设置人工鸟巢，招引和保护鸟类进园捕食害虫。

③增加果园生态系统中的植被多样化。

增加果园中的植被多样化，一方面，增加了天敌的食料，从而增加天敌的种类和数量，尤其当天敌食料暂时缺乏时更为重要。另一方面，为天敌提供了必要的生存环境。目前，这已成为果园管理中的一项重要措施。

④人工助迁天敌。

果园周围的路边或其他场所的杂草，如小飞蓬、艾蒿等植物上因蚜虫发生量大，招引了大量天敌，如多种瓢虫、草蛉、小花蝽等，可采集起来，置于一定容器内，然后释放于果园，控制果树蚜虫等害虫。此外，若有的果园缺乏某种天敌，特别是一些专一性天敌，也可从已发生天敌的果园或其他树木上转移至果园内，如捕食介壳虫的多种瓢虫类。

⑤引进微生物治虫。

果园生态环境较稳定，温湿度适宜，有利于病原微生物的繁殖和流行。根据这一情况，可从害虫的病尸上分离苏云金杆菌菌株和各种病毒，再释放到果园中，能很好地抑制再感染和流行。从外地引进的白僵菌、虫草菌、苏云金杆菌、增产菌、茶尺蠖核型多角体病毒等也能在果园内很好地建立种群并扩散。

第七章　园艺疗法

园艺与人类生活密不可分，利用与绿色植物相关的农业操作、园艺操作进行人类身心疾病的治疗与康复活动具有悠久的历史。这种活动即为原始的园艺疗法。随着城市化进程的发展以及人们生活方式的转变，人口老龄化、亚健康、心理不健康等社会问题越来越严重。园艺疗法因其功效综合、无副作用的优点，逐渐成为解决这些社会问题最有效的方法之一。

第一节　园艺疗法的概念与发展

一、园艺疗法的概念

园艺疗法是一种以园艺作为媒介的疗法。关于园艺疗法的具体概念，目前并没有准确一致的说法。以下介绍几种具有代表性的定义。

（一）欧美国家对园艺疗法的定义

英国园艺疗法协会：园艺疗法是以园艺为手段，改善人身心状态的活动，其特征在于它几乎能够适应所有的障碍者，能够对应人们面临的所有问题。虽然园艺疗法也培育植物，但并不是以得到园艺的效果和植物的生长等为目标，而是通过实施园艺疗法，在身体、社会、精神或者经济等方面达到更好、更理想的状态。

美国园艺疗法协会：园艺疗法是对有必要在其身体以及精神方面进行改善的人们，利用植物栽培和园艺操作活动，从社会、教育、心理以及身体诸方面进行调整更新的一种有效的方法。园艺疗法的治疗对象包括残疾人、高龄老人、精神病患者、智力低能者、滥用药物者、罪犯以及社会的弱势群体等。

（二）日本对园艺疗法的定义

日本园艺福利普及协会：园艺疗法是通过植物以及与植物有关的各种活动（园艺、花园制作），改善身心状态，促进身体健康的疗法。

日本园艺疗法研修会：在福利、医疗、康复、教育等方面，作为援助和治疗技术之一，灵活运用园艺活动产生的效果和优点即为园艺疗法。

综上所述，可以对园艺疗法做出如下定义：园艺疗法是指通过植物、植物的生长环境以及与植物相关的各种活动，维持和恢复人们身体与精神机能，提高生活质量的有效方法。

二、园艺疗法的形成与发展

（一）园艺活动在作业疗法中的应用

早在古埃及时期，人们就认识到了农耕等作业活动有益身心健康，作业疗法开始萌芽。17—18世纪，欧洲、美国的一部分医院和救护院等采用农耕和园艺等操作活动来提高治疗效果，该种治疗方法主要应用于精神不安定和神经系统患者特别是精神障碍患者和精神薄弱者的治疗。到了18世纪后半期和19世纪，随着道德疗法的兴起，园艺作业活动开始应用于心理疾病患者和智障者的治疗。

英国是利用园艺操作活动进行治疗最早的国家之一。英国的莱纳多·麦加认识到整理庭园有益健康。他曾说道："有时间的话，就到庭园里挖挖坑、坐一坐、除除草吧。除此之外，再也没有比这更有效的保持健康的方法了。"蒂克（1732—1822年）于1816年为精神病患者建立了救护所，在该救护所中给予他们行动自由，并安排他们劳作。19世纪初，苏格兰的格里高利博士（Gregory）列举了让患者在农场中劳动对精神病治疗产生的良好效果，其也以精神病患者的康复效果良好而闻名。

美国从18世纪就开始对精神病患者采取农业耕作、园艺操作的治疗方法，从而促进了园艺疗法的形成。20世纪初期，很多健康设施被引入了园艺活动，作为治疗的处方之一。1918年，纽约州布卢明代尔医院的女性作业疗法师部已增加园艺疗法师这一职位。1919年成立的明尼格医院认可植物的治愈效果，在患者的治疗项目中加入了散步活动和园艺操作。

在美国独立、法国发生革命、自由民权思想开始扩散的时代，作业疗法是道德疗法实践的重要手段之一。使用作为精神病患者物理性解放与人的日常生活中的作业活动，是近代精神医学的开始。所使用的作业活动可以是裁缝、编织、家务、农耕、园艺、读书、绘画、球技、音乐、散步等人们日常生活中所有的活动内容。当时尚无"作业疗法"（Occupational Therapy）这一名词，使用这些作业活动的疗法被称为"WorkTherapy, Ergotherapy"。

园艺真正作为"园艺疗法"而被积极利用，是在"Horttherapy"（1945）、"Horticultural Therapy"（1948）这两个词语出现之后，而"园艺疗法"的确立是在 1949 年美国制订了园艺疗法项目后开始的。

（二）园艺疗法的尝试

20 世纪 20—40 年代，关于作业疗法的书籍中大部分都以某种形式介绍了园艺操作。到了 20 世纪 40 年代，花园疗法（Garden Therapy）作为不同类型的疗法在美国开始引起人们的关注。

20 世纪 40 年代中期，为了看护退伍军人而建立的医院引进了作业疗法师和具有花木栽培技术的园艺俱乐部的志愿者。参与医院的园林绿化设计的 RheaMcCandliss 于 1946 年为患者建立了园艺培训班。RheaMcCandliss 于 1949 年受位于堪萨斯州托贝卡的州立医院内的 K.Menninger 博士的邀请，开设了园艺项目，一直工作到 1953 年。RheaMcCandliss 作为园艺疗法师于 1958 年加入了 Menninger 财团，在之后的 13 年里，一直致力于为患者开发项目。在这期间，她收到了很多关于如何使用治疗用植物的咨询。于是，她从 1968 年开始调查和研究是否应扩大在医院内使用植物的项目、需要什么样的专家，并明确了熟练的园艺疗法师以及对该领域有兴趣的人们需要进行信息交换这一观点。

另一位先锋者是精神科社会工作者（社会福利人士）及作业疗法师 Alice Burlingame。1950 年，她开发了作为疗法的园艺所使用的工具，并进行了演示，发表了论文。尤其是 1950 年，她与密歇根州立大学的 Donald Watson 成立了首个园艺疗法相关的研究会，探寻在各个医院中工作的志愿者进行园艺活动的精神意义。她还与作业疗法师 Eleanor Mc Curdy（来自于密歇根州立庞蒂克医院）共同制定了首个被称为园艺疗法的项目。

另外，志愿者以及美国庭园疗法协会会员，开展了植物、花卉、园林等各种各样的园艺疗法项目，尽量让退伍军人参与其中，从而使园艺疗法产生了突飞猛进的发展。

1955 年，密歇根州立大学首次在此领域授予学士学位；1959 年，纽约大学医学中心的康复医学研究所为了给脑血管疾病、工伤事故、骨髓损害的后遗症患者治疗，专门开设了进行园艺疗法的温室。此设施现在称为康复机构，并于 1991 年春，新设立了 370 m² 的室外治疗花园。

1960 年，Burlingame 与 Watson 合著了该领域内的首本教科书《借助于园艺的疗法》。

园艺疗法为需要身心治疗的患者开创了治疗新局面。

（三）园艺疗法的确立

从 20 世纪 60 年代开始，越来越多的大学开始设立园艺疗法讲座。1971 年，堪萨斯州立大学研究生院的 20 位教授聚集在马里兰州 Upper Marlboro 酒店，组成美国园艺治疗康复协会，园艺疗法迎来了其成长期。1972 年，此组织会员人数达到 335 人，并且迅速扩展到美国的其他 40 个州以及加拿大、英国等地。他们确立了治疗的资格认证审核方法，有自己的出版社，每年举行年会，事业蓬勃发展。

1978 年，英国园艺疗法协会诞生，欧洲终于取得了园艺疗法的市民权。此协会以振兴"治疗康复、职业培训、患者休闲的园艺、农业、花园"为目标，活动范围涉及整个欧洲以及第三世界国家。其工作是在医院、康复中心组织和召开学习会、研究会；给有意召开学习会、研究会的团体进行相关指导；进行调查研究活动；与对园艺疗法感兴趣的个人和团体进行交流活动等。另外，从 1979 年开始，其出版内部杂志《生长点》，给社会各界提供相关信息。

除了精神病患者之外，视觉障碍者、运动障碍者、老年人、囚犯、吸毒病人等也开始加入被治疗的行列，园艺疗法治疗对象的范围正在逐步扩大。

在法国，有多个劳动扶助中心，对精神薄弱者复归社会的职业培训中采用园艺疗法。

现在，在康复计划中采用园艺疗法的世界机构主要有以下 4 个：① 美国康复医学研究所；② 美国伯克康复中心；③ 加拿大汉密尔顿圣彼得医院；④ 英国纳菲尔德玛丽马尔伯勒社团中心。

（四）中国园艺疗法的发展

中华文化辉煌灿烂，博大精深，其中包括与园艺疗法相关的园艺文化与技术、中医中药理论与临床经验以及一些独特的健身方法，它们为我国园艺疗法的形成与发展奠定了基础。

1. 园艺疗法的思想早已根植于中国传统文化之中

中国文人自古崇尚自然，并以传统花木作为人格寄托，其中尤以魏晋南北朝为代表。例如，王羲之建兰亭于会稽山，周围是"崇山、峻岭、茂林、修竹"胜境；陶渊明喜居田园，留下了"采菊东篱下，悠然见南山"的佳句；出土于南京西善桥的砖刻壁画"竹林七贤"，表现了文人陶醉于竹林树下的景象。闲居于田园山野，寄情于花草树木，无疑有益身心健康，但由于这种隐逸风习的对象多为文人雅士，多注重环境的文化氛围，与现在的以广大民众为对象、以医治身心疾病为目的的园艺疗法有所不同，我们不妨称之为中国古典式的"园艺疗法"，它对具有中国特色的园艺疗法学科体系的建立不无借鉴作用。

2. 中医中药为中国式园艺疗法的形成奠定了基础

中医中药，在世界上独树一帜，中医五行说对园艺疗法中植物的应用与中国式园艺疗法园的设计提供了根据。中草药的性能主要有性、味、归经、升降、浮沉等。

对于中草药的疗效，我们可以举例如下：牡丹、芍药、蒲公英、金银花、连翘、黄杨、十大功劳、小檗、鸭跖草等都是凉药，具有清热作用；紫苏、麻黄、辛夷、柽柳、生姜等为热药，可以祛寒；桔梗、枇杷叶、千日红、胡颓子、杏仁、紫菀、杜鹃花叶等有归经、肺经症状时可用之；藿香、佩兰、豆蔻、山楂等都是治脾、胃两经的药物。另外，有些植物散发出的气味也能治疗某些症状，如桦树、柞树、稠李散发的气味可杀死白喉、肺结核、霍乱和多种炎症的球菌以及流感病毒；文竹、铃兰、木樨草、玫瑰、紫罗兰等花的气味能杀灭结核、肺炎球菌、葡萄球菌；香叶天竺葵可治疗失眠症。现已查明，有 15 种中草药的香味对治疗心血管病、气喘、高血压、肝硬化、神经衰弱等有显著疗效。如果能把这些运用到园艺疗法中来，既是对中医价值的提升，又是对具有中国特色的园艺疗法的完善。

3.灿烂的观赏文化为园艺疗法提供了物质条件

世界上有两个公认的观赏文化中心，一个是源于西亚、以欧洲为代表的西洋文化中心；另一个则是以中国为代表的东洋文化中心。东洋文化中心源于我国，流传于朝鲜半岛、日本列岛以及东南亚各国。东亚各国的观赏园艺学即是在中国传统园艺文化与技术基础上建立起来的。

中国有丰富的观赏园艺植物资源，尤以牡丹、梅花等十大传统名花为代表；有精湛的观赏园艺技术，如花木选种育种技术与促成法、春化法、嫁接法等栽培技术；有数量众多的古典观赏园艺著作，尤以宋代陈沂《全芳备祖》，明代王路的《花史左编》、周文华的《汝南圃史》、王象晋的《群芳谱》，清代汪灏的《广群芳谱》、陈淏子的《花镜》等为代表；拥有精深的园艺鉴赏文化，其中的花木栽培文化、花木的人格化以及花食文化最有望成为具有中国特色的园艺疗法。

4.发展中的园艺疗法

虽然园艺疗法在国外发展已趋成熟并深入人心，但是在我国，园艺疗法的提出以及科学研究却是近十年的事。在20世纪90年代，就已经有园艺疗法相关的文章发表，但基本上为介绍园艺疗法的科普性文章。直到2000年，李树华在《中国园林》发表了《尽早建立具有中国特色的园艺疗法科学体系》一文，第一次全面深入地阐述了园艺疗法的概念、发展历程及功效，结合实例介绍了园艺疗法的实施，并提出了在中国实施园艺疗法的思路。之后，园艺疗法才开始作为一门科学在园林、医疗等领域展开研究，并有了实质性进展。

园艺疗法作为新兴的医疗方法，是一门交叉学科。正因为如此，也对设计者提出了更高的要求。设计人员除了具备观赏园艺等基础知识，还应了解园艺疗法固有程序，研究国际相关成功案例，并在此基础上，通过与医学、心理学等多行业人员合作，确保项目具备应有的功能。与自然融为一体是重要原则，如在参与区设置操作台、露天讲台等设施时，四周要确保通风，并搭建屋顶为人们遮阳避雨，在确保活动顺利开展的同时，让人们最大限度地接触自然。此外，配备特殊工具以便残障人士使用，提供烧烤炉方便烹饪，进行无障碍设计、盲文提示等细节也是需要注意的内容。

第二节　园艺疗法的理论基础

一、植物对人的五感刺激

（一）人的五感刺激

1. 人类的感知

园艺疗法在一定限度上可以说是通过人的视觉、嗅觉、味觉、听觉和触觉而感知事物及其他物质的特征或者性质的一种科学方法。

从这个定义中，我们可以看到以下两点。第一，感觉包括所有感官的活动，对某个事物的感官反应是多种感官反应结果的综合。例如，去感觉一种花卉的颜色，不用考虑它的气味，但实际的结果是，人们对花卉颜色的反应一定会受到其气味的影响。第二，感觉是建立在几种理论综合的基础之上的，这些理论包括实验的、社会的、心理的、生理的和统计学上的内容。感觉受感官刺激的先天生理的敏感性、过去的经历以及人们对事物的熟悉程度的影响。

人对事物的感觉有以下特点。① 个体间的感觉存在着一定的差异。不同的个体之间存在不一致性，如有人感觉器官比较灵敏，而有人则相对迟钝。② 同一个体存在着不稳定性。同一个人在一天的不同情况下也会不一样，如有人早上感觉灵敏，而有人下午灵敏，当然感觉是否灵敏和一个人一天当中的心情也有关。③ 感觉容易受到干扰。这种干扰主要来自于周围的环境，如所有的人都坐在一起，如果大部分人都说该花有香味，那么即便有几个人并没有真正嗅到香味，他们也会同意大多数人的观点，认为该花有香味，在这种情况下，他们就丧失了独立判断的能力。④ 感觉受经历的影响较大。过去的经历以及对某些香味的熟悉程度影响其感觉，如让一组人来描述某种香味，如果其中含有某种热带水果香味，对于南方人来说，他会很容易识别，而对于从未接触过该水果的评价者来说，可能很难识别。

2. 人类感知的途径

通常，人们认为获得某种刺激而出现反应的过程是瞬间完成的，但实际上，这个过程的完成至少需要 4 个步骤：刺激—感觉—接受—反应。这是客观事物通过感官的摄入，经过神经系统在人的大脑中形成的综合反映。人类的感官获取客观事物的顺序为外观—气味—均匀性—质地—风味。

但是，在获取客观事物的过程中，这些因素间都有重叠，即我们得到的是瞬间产生的许多感官因素的综合体。

（1）外观。

颜色，是外观的主要方面，是一种既涉及物理又涉及心理因素的现象，是通过视觉系统在蓝色、绿色、黄色和红色等波长获取的印象。对于外观来说，颜色的均匀性也是很重要的，与之相对应的是不均匀，如成块、成团，有的地方深、有的地方浅等。

大小和形状，是指所看到事物的长度、厚度、宽度、颗粒大小、几何形状等。大小和形状从一定意义上也可以说明事物的优劣。

（2）气味（香气、香味）。

气味的感知是需要用鼻子来嗅的。当一种物质的挥发性成分进入鼻腔并被嗅觉系统捕获时，我们就感觉到了气味。在感官当中，我们涉及的所有事物的气味，通常叫作香气，也可以叫作香味。食物的香气是通过口中的嗅觉系统感知到的。

在一定温度下，从柔软、多孔、湿度大的表面逸出的挥发性成分要比从坚硬、平滑、干燥表面逸出的多。气味分子必须通过气体的运输，这种气体可以是空气、水蒸气或工业气体，被感知的气味的强度决定进入接受者嗅觉接受体系中的该气体的比例。

（3）风味。

风味是对口腔中的可溶性物质进行化学感应而获得的印象。其中，气体是由口腔中的可溶性物质逸出的挥发性成分引起的通过鼻腔获得的嗅觉感受；味道是由口腔中可溶性物质引起的通过咀嚼获得的感受。化学感觉因素是可溶性物质刺激口腔和鼻腔黏膜内的神经末端（涩、辣、凉、金属味道等）而产生的反应。

（二）植物对人的五感刺激

植物能提供不同的感官刺激，包括视觉、听觉、味觉、触觉及嗅觉等。植物的色、形对视觉，香味对嗅觉，可食用植物对味觉，植物的花、茎、叶的质感对触觉都有刺激作用。另外，自然界的虫鸣、鸟语、水声、风吹以及雨打叶片声也对听觉有刺激作用。卧病在床的患者或者长久闭户不出的人，到室外去沐浴自然空气，接受日光明暗给予视觉的刺激，感受冷暖对皮肤的刺激，这可称为自然疗法，也是广义的园艺疗法的内容之一。白天进行园艺活动，接受日光浴，晚上疲劳后上床休息，有利于养成正常的生活习惯，保持体内生物钟的正常运转，这对失眠症患者有一定的疗效。

1. 视觉刺激

不同颜色可提供不同的视觉效果。暖色如红色、橙色、黄色等较为鲜艳夺目，使人心跳加快、精神亢奋，给人以热烈、辉煌、兴奋和温暖的感觉；冷色如青色、蓝色、紫色等较为深沉，则使人感到清爽、娴雅、肃穆、宁静和放松；白色花卉令人感到神圣纯洁和宁静，具有消暑的作用。

利用园艺植物的颜色可以进行治疗。试验证明，浅蓝色的鲜花对高烧病人具有良好的镇静作用；紫色的鲜花可使孕妇心情愉悦；红色的鲜花能增进病人的食欲及增强听力；赭色的鲜花对低血压患者大有裨益；绿色的花叶能吸收阳光中的紫外线，减少对眼睛的刺激，因此对眼睛有保护作用，同时还可以增强视力。长期用眼和用脑的劳动者若经常面对一丛绿色的盆景，翠嫩欲滴，沁人心肺，有利于消除心身疲劳。具体见表7-1。

表7-1　颜色对人的生理作用分析

颜　色	代表的意义	心理反应	最佳照射时间	可治愈的疾病
红	生命力、活力、爱以及热情	增加心跳，刺激呼吸，促进活动	5～10min，不可超过10min	治疗贫血症、高血压、中暑（躁郁症和沮丧者不宜）
橙	乐观、喜乐、舒解	刺激并促进舞蹈、运动及愉快的感觉	5～15min	忧郁、癫痫、肾脏、胆结石
黄	满足、权力	促进超然、神经质以及呼吸浅薄适合成熟的心智状态	15min	神经质、糖尿病、麻风病

续 表

颜 色	代表的意义	心理反应	最佳照射时间	可治愈的疾病
绿	成长、自然、和谐、和平	有益于消化，保持身体平衡，对好动者及压抑者能起到镇静的作用，对疲劳及情绪低落者也有一定的缓解作用	10~25min	癌症、流行性感冒、溃疡、头痛
蓝	血压降低、精神饱满、心情松弛	冷却、放松、松一口气及睡觉的感觉	10min	青光眼、多种眼睛问题、气喘、小儿抽筋
紫	内在的、自信的、帝王的宁静	镇定身体、平衡心智	5~25min	阿兹海默症、坐骨神经痛、肿瘤、风湿病、脑炎

花园内的摆设和园景设计能提供不同的视觉效果，带来田园气息。植物方面，混合栽种时花和多年生花卉，可保持庭园色彩缤纷，令人赏心悦目；时花可随季节而更换，为花园在不同季节换上新装。除了地面和平面摆放，也可透过吊篮或挂饰，提供全方位的视觉效果。不同颜色和形态的枝叶，也能提供不同的视觉效果。除了植物、花卉，花园也吸引各类昆虫。观赏蝴蝶和蜜蜂在花间飞舞，能提供视觉刺激的治疗效果。

2. 听觉刺激

落叶随风发出的瑟瑟声，长长青草摇曳的沙沙声，小鸟的叫声，花园内的风声，均能制造出不同的听觉效果，产生听觉刺激，让人感受大自然的美妙。树木、篱笆、灌木丛可以阻隔一些噪声，提供宁静松弛的空间。可安装风铃或雨铃，增加听觉刺激效果。此外，室外可加设池塘瀑布，室内可加设小型水池，因为潺潺的流水声也拥有治疗效果，令人心境松弛平和。

3. 味觉刺激

庭园内开辟一角作味觉花园，栽种水果、蔬菜、香草。食用成熟的生果，如木瓜、梨、枇杷等较易栽种的生果；收割成熟的瓜菜，可一起烹调和享用；采摘食用香草，加入食谱或冲泡花茶，均能产生味觉治疗效果。庭园也可栽种一些花卉，既可作为保健食品摆上筵席和家庭饭桌，又可全花入药，或提取花粉花蜜。参与者可采摘亲自栽种的蔬果，与友人分享栽种的成果，提升栽种者的成功感和满足感；也可回忆往事，互相倾诉。味觉花园所占空间不大，很多蔬果可以盆栽，但需充足阳光照射。另外，尽量避免使用农药，以免参与者触摸后产生意外。

4. 触觉刺激

让参加者触摸不同质地的植物，达到感官刺激效果。植物不同部位可提供不同感官刺激，如树皮、树叶、花朵、果实、种子等。另外，不同植物质地不同，如平滑、粗糙、绒毛、坚实、薄脆、肉质等。肉质植物有虎尾兰、芦荟等；绒面植物有银叶菊、绒叶光明花、紫绒等；质地薄脆的植物有禾秆菊等。室内观叶植物也拥有不同质地，如千母叶的毛茸茸薄脆之感、佛珠平滑肉质之感，能提供不同的触觉刺激。选择触觉刺激植物时，要留意植物是否有刺。当触摸含羞草时，它会紧合，这能提供很好的触觉刺激，但它茎上长满刺，工作人员需加倍留意，以免服务对象被刺伤。另外，要避免选择有毒植物，以免误食产生意外。

5. 嗅觉刺激

花卉所散发的各种袭人香气，可通过鼻道嗅觉神经直达大脑中枢，能够改善大脑功能、激发愉悦感，对疾病康复和预防疾病有一定作用。花香的分子颗粒经现代科学证实，既有杀菌效能，又可净化环境。据测试，经常置身于优美、芬芳、静谧的花木丛中，可使人的皮肤温度降低 $1℃ \sim 2℃$，脉搏平均每分钟减少 $4 \sim 8$ 次，呼吸慢而均匀，血流减缓，心脏负担减轻，使人的嗅觉、听觉和思维活动的灵敏度增强。

不同种类的植物可散发出不同的香气，其中所含的不同挥发性芳香分子与人们的嗅觉细胞接触后，会产生不同的化学反应，对人们情绪的影响也不同，可对不同疾病发挥疗效。使人心旷神怡的香草有薰衣草，令人松弛的有香味天竺葵，使人平和的有鼠尾草。

芳香疗法是指取植物芳香精油中的芳香分子作用于人体的另一类疗法。其主要的作用机制是心理反应加上芳香分子的交互作用产生疗效。研究指出，某些香气分子会集中在某些特定器官中，如传到右脑中的嗅神经系统，主要掌管情绪、直觉反应、记忆及创造力，并影响脑下垂体，刺激神经系统及荷尔蒙系统，进而影响人的心跳、消化及情绪。

春季盛开的丁香花所散发的香味中，含有丁香油酚等化学物质，净化空气能力较强，杀菌能力比苯酚强 5 倍以上；可镇痛镇静，对牙痛病人有镇静、止痛的效果。洁白的茉莉花开在夏季，其花香具有理气、解郁、避秽等作用；另外，头晕目眩、感冒引起的头痛、鼻塞及暑热头晕者，常闻此香，可减轻症状。茉莉花和米兰的香气还可驱蚊，防治疾病等。秋季傲霜怒放的菊花所含有的挥发性芳香物质，有清热祛风、平肝明目之效。桂花的香气有解郁、避秽之功效，有助于治疗狂躁性精神病；薰衣草的香气可舒缓头痛、失眠的情况，对治疗心律过速有效；天竺葵可减缓焦虑及疲劳的状态等；米兰花香能使哮喘病人感到心情舒适。具体见表 7-2。

表7-2　庭园可选用的芳香植物

植物＼疾病	紫苏	桦树	香石竹	香柏	洋茉莉	鼠尾草	柏树	尤加利	天竺葵	葡萄柚	茉莉花	圆柏	月桂	薰衣草	柠檬	香薄荷	柑橘	薄荷	松树	玫瑰	迷迭香
哮喘	√				√	√		√						√	√		√	√	√		√
花粉病					√			√										√	√		
高血压					√	√								√	√				√		
低血压				√			√	√	√						√			√	√		√
循环系统疾病	√	√				√		√					√		√		√				√
流行性感冒	√					√	√							√	√			√			√
脑充血	√										√										
关节炎		√		√	√								√						√		√
肌肉酸痛	√				√			√	√										√		√
疲劳	√					√									√				√		
焦虑	√								√					√						√	
头痛	√				√			√						√				√			√
失眠				√	√	√			√		√			√							

续　表

疾病＼植物	紫苏	桦树	香石竹	香柏	洋茉莉	鼠尾草	柏树	尤加利	天竺葵	葡萄柚	茉莉花	圆柏	月桂	薰衣草	柠檬	香薄荷	柑橘	薄荷	松树	玫瑰	迷迭香
轻微沮丧	√		√		√	√			√	√	√	√		√	√	√	√		√		
悲伤									√					√	√					√	
消化系统障碍					√									√	√	√	√	√			

注：标√的表示对该病有效果。

花香还能唤起人们美好的记忆和联想。当人们闻到桂花的香气时，能勾起思乡之情；玫瑰花香味会使人联想到鲜花、阳光和春风；夜来香的芬芳则使人产生漫步幽径或月夜花丛中的遐想。

香味植物可根据其香味浓度而分类。一些可以远距离闻其香味，一些需要近距离接触，一些则晚间才发出香味，也有一些要轻揉叶子散发香味。

依据服务对象的需要、植物的香味浓度和感官效果，栽种一些合适的嗅觉刺激植物。

充满香味的花园能令人驻足欣赏，产生轻松平和的感觉。抚摸、嗅闻一些散发香气的植物，可刺激嗅觉。剪草时所散发的青草味，也令人精神一振。采摘成熟的瓜果时，散发的新鲜果菜味，令人心旷神怡。

但是需要注意有些香气会盖过其他香味，因此同一科（如芸香科）的植物互相混植是一个好方法，还应注意土壤和气候是否适合。

二、心理康复与植物的关系

园艺植物的魅力超过了人的想象，任何人都经历过植物所带来的心理康复的效果。下面将从医学角度，通过园艺疗法对人大脑产生的作用，阐述心理康复与植物的关系。

（一）五官刺激是园艺疗法的基础

近年来，随着脑神经科学的快速发展，关于"脑与心理"的关系也出现了一些新的见解。当人受到外界刺激时会产生某种印象，此时所反应的直观的心理作用就是感性。而视觉、听觉等五官感觉就是外界刺激的感应器。

园艺疗法项目中，植物和园艺活动带给人的刺激，打开了作为感觉刺激窗口的视觉、听觉、嗅觉、味觉、触觉的受容器大门。传达这些感觉的信息几乎同时并行，然后上升，进入控制各个感觉的大脑皮质的感觉区。在那里，另外的神经细胞（神经单位）的突触（神经细胞之间为了取得信息传达物质，互相延伸突起而形成的神经系统中典型的结合形态）与多个感觉皮质联系，信息被并行处理并统一起来，从而让大脑认识当时的外界环境。

另外，包括五官感觉、内脏感觉等在内的人的所有感觉接受神经信号的海马、扁桃体、侧头叶、壳核、尾状核对保持记忆和回忆事情有重要作用。海马保持有意识的记忆，而扁桃体保存无意识的记忆，即包括扁桃体在内的大脑边缘器官作为情绪的中枢，是非常重要的场所。被脑梁隔开的左侧部分叫作"大脑皮质"，它具有掌管各种感觉的感觉区。边缘系中有与社会性交流相关的"扁桃体"（恐怖记忆）及"海马"（长期记忆）。

感性包括以下内容：① 因外界刺激而产生感觉和知觉的感觉器官的感受性；② 被感觉唤醒和支配的体验。包含伴随感觉而产生的感情、冲动、欲望；③ 应该被理性控制的感觉欲望。因此，园艺疗法中使用的植物不仅具有视觉上的美感，还能刺激人所具有的所有感觉。

（二）植物对神经系统的效果

1. 对感觉神经系统的作用

（1）视觉。

园艺疗法的特征是作为生物的植物刺激人们的五官感觉，唤起人们的记忆，让人感觉实实在在地活着。黄色的万寿菊和红色的美人蕉所产生的鲜明对比，直接刺激人的视觉，给人带来强烈的视觉冲击。这种暖色系的花对弱视和白内障等有视觉障碍的人来说很容易观赏。视觉刺激是一岁前的婴儿最关注的事情。

来自眼球的视觉信息在交叉的神经通路中进入左右脑，信息在两侧的脑中传递。

（2）听觉。

禾本科草本植物及竹类植物会打开人的听觉。芒草及细竹叶因风吹产生摩擦后，能够产生声响，摇动的植物让人们感觉到声音。有的医院在集中治疗室的窗户外建一个小庭园，其中悬挂一个能够招引这些植物和野鸟的诱饵箱，目的就是让患者受到此类听觉刺激。可以在枕头边通过简单的听觉反射判断人的意识水平。临床上经常会出现虽然意识水平很低，但听觉还有反应的情况，如果患者能够听到生命体征监护仪的无机质声音和对面植物的沙沙声，就能让人看到恢复的希望。

声音信息从内耳进入脑部深处，左耳接受的声音信息大部分进入右脑，右耳接受的声音刺激则进入左脑。左右脑在声音信息处理方面的作用不同。

（3）平衡感觉。

在庭园里浇水和在室内进行植物移植等活动，有利于改善由于内耳障碍引起在躯干体位维持方面出现的平衡问题。

（4）嗅觉与味觉。

嗅觉刺激由鼻腔中露出的嗅球传导至扁桃体，其线路是耐神经中物理长度最短的。有扁桃体和海马的大脑边缘系在丰富人的感情、促进社交方面发挥着重要作用。从情绪方面来看，嗅觉是最直接的感觉，它通过迅速的判断对感性产生影响。而直观对记忆的保持和回忆也有很大影响。

对于嗅觉和味觉的治疗，在园艺疗法项目中，除了可以使用水仙、百合、薰衣草、月季等释放香味的植物，还可以使用大蒜、葱、韭菜、洋葱等有刺激气味的植物。其中，香草的效果最为明显。菠萝草、永久花、有苹果香味的德国柑橘等的香味，能让人想起食物，而熟透的番茄对改善记忆障碍和语言障碍症状有较大作用。因此，将这些植物用于语言疗法项目时，对交流障碍者的治疗将有一定效果。

气味会直接作用于大脑边缘系，它的刺激直接连接情绪中枢，即扁桃体及前头叶等。因此，闻植物的气味，容易唤起感情方面的记忆。

（5）触觉。

触觉是很重要的感觉。在视觉、听觉方面的信息泛滥的现代社会，需要重新认识触觉的重要性。除视觉、听觉之外的其他感觉正是认识真实的最适合的感觉。它对记忆和感性有很深影响，会刺激大脑皮质的直觉区和运动区。可以通过触觉感知认识立体感以及材料的性质。

小孩见到东西就要摸一下或含在嘴里，因为他想要融入自然。而大人已经习惯通过眺望来享受自然，缺少用肌肤直接感觉的机会。除了触摸植物，人们还需要用皮肤感受阳光和空气。

翻整土地有将高涨的感情"接地"、缓解压力的作用。温度、硬度、形态、颜色变化、气味等的刺激向上传达，直至中枢，将信息传导至大脑皮质的感觉区，然后成为手的活动。这样，抽象感情变成具体意志，传导至土中。手和陶艺及面包的材料之间的反应也是同样的。

触摸庭园中的水对刺激五官感觉及大脑的高等机能有重要作用。1998年，英国切尔西花展的示范花园中设置了一个水流，该水流面向老年人的庭园。为老年痴呆症患者设计的庭园里设置有把手，使人能够按照一定的速度，沿着水的流向，在自然环境中徘徊。另外，还考虑了落差与流水量，将落水声音调整到最小，确保落水声音不会催生尿意。感觉神经与植物的关系见表7-3。

表7-3　感觉神经与植物

种　类	感觉器官	刺激的种类	刺激的质量（时间与空间的知觉）	适合的植物
视觉	视网膜	电气性（可视光线）	尺寸、颜色、动作、明暗对比、抽象温度、空间	三色堇、一串红、万寿菊、美人蕉、常青藤类及所有宿根草等
听觉	耳蜗	电气性（声波）	音调（高低、速度）、音色	地被竹、禾本科观赏草类等
平衡感觉	前庭器官（三半规管）	电气性、物理性	重力、位置、平衡、相对性认识	灌木、松柏类等
嗅觉	鼻黏膜（嗅球）	化学性	芳香、刺激气味、瞬间、空间	药草类、月季等芳香植物
味觉	舌头	化学性	甜、酸、苦、咸味随时间的变化	药草类、食用植物
触觉	皮肤	物理性、电气性（不可视光——紫外线）	压力、振动、温度、痛觉、形态	银芽柳、荷兰芹、绵毛水苏、红尾铁苋、多肉植物与灌木类等

2. 对运动神经系统的作用

园艺疗法和大脑皮质的运动区、产生多巴胺的部位中有名的大脑基底核、小脑等与感觉系统之间的信息处理密切相关。

考虑到防止因肌肉不活动产生的肌肉萎缩和关节固缩，维持协调运动，改善纤巧运动（手指的纤细作业）障碍等，除了重症身心残疾、外伤、脑血管问题、帕金森病、脊髓小脑变性症、肌肉萎缩性侧索硬化症、多发性硬化症等变形疾病也可以考虑使用园艺疗法。园艺疗法作为将精神护理与康复过程中的设计心理学理论结合起来的综合疗法，其使用范围正在扩大。

设计心理学理论认为信息存在于人周围的环境中，并分别提供多样化的价值。因此，设计心理学指的并不是主观感知到的东西所构成的事物的物理性质，而是环境本身的性质。

3. 对自律神经系统的作用

感觉刺激的信息传导至掌管自律神经系统和感情的大脑里，然后进行综合性判断，最终信息到达运动神经系统的远处。自律神经系统中交感神经与副交感神经互相补充，控制心脏、血管、胃等的平滑肌以及内分泌腺的运动，调整体内环境的恒常性（自动动态平衡）。将外部环境的变化与内部环境的要求统一起来，维持睡眠、呼吸、体温、血压、食欲等生命活动。

例如，纽约大学医疗中心启动了一个心肌梗死等缺血性心脏病患者的康复项目。它是包括健康管理、身体与精神康复、职业训练等在内，以回归社会为目的的综合性项目，对控制血压、脉搏等循环系统的能量消耗有一定作用。

自律神经系统由感觉和运动系统两个要素构成，它与情绪有密切关系。使用植物和园艺活动进行的园艺疗法项目会给自律神经系统带来温和的作用。自己感觉自身体内环境的变化，对疾病预防的自我控制有一定作用。

（三）植物对精神方面的效果

感情与各种神经系统的刺激有即时关系，尤其与自律神经系统的功能密切相关，因此在实验室内观察植物与人的感情关系的试验设计多使用自律神经系统的身体反应测量装置。

关于花、绿色对视觉和情绪的影响，堪萨斯大学园艺系的 E.H.Kim 和 R.H.Mattson 做了一个有趣的试验。先让 150 名大学生分别观看 10 min 的冲击性图像，诱发其产生压力。恢复 5 min 后，将试验对象分为随意观看开红花的天竺葵、观看未开花的天竺葵和什么也不看的 3 组，然后用心理学生理学观察法进行观察。测量了脑波（波与快速波）、皮肤传导率、手指皮肤温度，并使用 Zucherman Inventory of Personal Reaction 评价自我感觉。

结果发现，对于因刺激而处于高度压力状态下的女学生来说，看到开红花的天竺葵后，压力明显缓解，且与其他两组相比非常明显。而男学生没有明显反应。

因此，视觉方面感受性越强的人，越容易感受到植物对压力的缓解作用，而且开花的植物比没有开花的植物，作用更大。

另外，在老年人护理方面，以家庭里需要照顾的老人和承担照顾责任的家庭为对象而展开的项目，也利用了园艺疗法对压力的缓和作用，符合护理人员的需求，因而备受关注。

（四）植物对智力和心灵的效果

概括地说，植物和园艺活动带给人的益处就在于，身处植物的环境中劳作后，身体和心灵都得到了满足。与身体残疾的人或老年人一起从事园艺劳作后，能从更多方面感受到更多益处，如身体性、情绪性、心理性、社会性和智力性等方面。

1. 切身感受自己的可能性

培育植物的体验不仅对有运动麻痹、记忆障碍、高度脑功能残疾、精神残疾、身心残疾以及人际关系障碍的人，还对老年人及健全人有切实感受。另外，失忆者通过培育植物也有所改善。从这个意义上来说，植物让任何人都能感觉到自己身上有可发挥的潜能，让人产生自信感。这种效果无疑在临终关怀中发挥了重要作用，使人希望在剩余的有限时间内提高自己的生活质量。

2. 培育智力与上进心

庭园作业通过对感情及情绪产生作用，具有培育智力与上进心的效果。对自己没有自信的人可以通过描绘自己的样子，触发自尊心，恢复自豪工作的感觉。这样就形成了自我欣赏。

园艺劳作能减轻工作压力。通过观察每天都在发生变化并逐渐成长的植物，能让人体会到学习园艺知识和技术的乐趣。确立目标、制定计划、进行挑战的创新与努力，使自我能力开发变得更有趣。

3. 恢复人际关系

植物和园艺在社会性方面也有一定的效果。以植物和园艺为话题，可以使原本冷淡的人际关系变得温暖，保持良好的友人关系。对于近年来逐渐增多的有交流障碍的人来说，这是再次构筑人际关系的契机。

这种作用不仅对成人，对孩子也具有同样的效果。所有的感觉信息会使感情变得丰富。这是因为感觉信息与有扁桃体和海马的大脑边缘系统有关，连成了紧密的通道。从小时候开始经历的各种感情，对于社会性交流来说非常重要。

三、植物栽培对身体机能恢复的作用

正如婴儿需要喝奶长大一样，园艺劳作中也含有大量使人健康和维持健康的奶（MILK），其中包含了四大健康因子，如果取其首位字母，则可以用"MILK"表示。① M（movement）活动要素，活动身体的结构和能量因子；② I（intention）意志作用要素，激发心理作用的因子；③ L（life）生命要素，植物自身的生命力带给人力量的因子；④ K（keeping）持续和保持要素，使行为和动作持续下去的因子。

例如，看到路旁有朵盛开的花，轻轻靠近它，摘下来闻其味，然后放入空的饮料瓶中带回家，装扮自己的房间。这里面，首先看到美丽的花，心中兴奋（intention），然后靠近它，手动摘下来（movement），不由自主地闻了它的气味（intention），又想到这么小的花如果没有了水会枯萎，于是马上将空瓶装满水，把花插入其中（life），回家后装扮自己的房间。正是因为这一系列行为（keeping），人才能在房间里观赏路边的花。无意识中，便喝下了 MILK（因子），身体变得更加健康。

以下详细分析四大健康因子 MILK 的 10 种成分，见表7–3。

表7-3　四大健康因子中所包含的10种成分

movement 的成分
1. 使用身体（全身、上肢、手、下肢的运动、肌肉力量、关节活动区、协调性等） 2. 使用感觉（眼、耳、鼻、舌、皮肤的作用，触觉、视觉、听觉、平衡感、冷热感、味觉、嗅觉等）
intention 的成分 3. 集中注意力（不考虑其他任何事情） 4. 使用（记忆）智慧（经验） 5. 使用理解力（大脑）
life 的成分 6. 对生命的关注，对生活的感动 7. 担心的事情（关心事）增加

keeping 的成分
8. 带来适度疲劳（形成体力和心肺机能）
9. 有效使用时间（使生活有节奏）
10. 开始与人交流

　　10 种成分按顺序可以归纳为注意力、记忆力、理解力、运动能力、感觉、体力、完成目的的行为能力、精神与心理能力、社交能力、想要活下去的力量。需要强调的是，这些成分在任何一种园艺劳作中都存在。但是，因劳作者的姿势、注意力（意识）、健康状态等的不同，这 10 种成分存在的程度也不同。也就是说，是否意识到植物栽培活动中所包含的四大健康因子——MILK 使效果有很大差异。

　　这些健康因子与各成分之间的相互关系如图 7-1 所示，它表示了人体内部的四大健康因子与成分之间的相互关系。园艺活动所产生的效果不是各成分单独作用的结果，而是所有要素（身体、精神心理、社会要素）互相作用后，才会对健康产生影响。

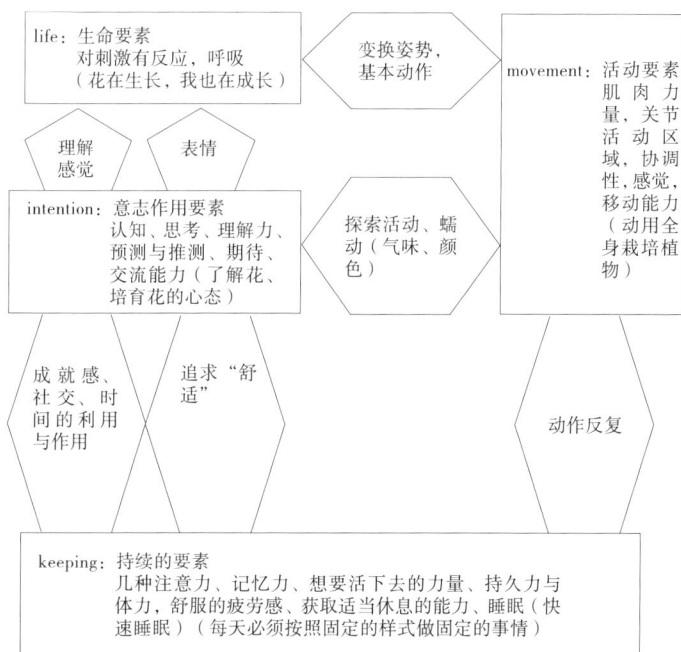

图 7-1　园艺疗法中各健康因子的相互关系

第三节　园艺疗法的特征与功效

一、园艺疗法的特征

现在流行各种各样的疗法，园艺疗法与这些疗法有着本质的不同，即园艺疗法具有独特的特征。

（一）与植物的生长有着密切关系

以植物为媒介的花疗法使用的是花这种有生命的物体，是将使用花进行造型的快乐及花的香味、颜色等带给人身心上的效果用于治疗，与是否栽培没有关系。如果包含栽培的话，这就是园艺领域内的活动，以该活动为媒介时，就属于园艺疗法的范畴。

香草疗法与花疗法相似。它是将植物的香味功效用于疗法中，与栽培没有关系。如果包含栽培的话，这种活动就是园艺活动；如果作为疗法的媒介，则成为园艺疗法的范畴。

此外，利用植物进行插花、制作标本，使用花制作工艺品，为植物染色、造园等，虽然不被称为疗法，但都可作为自我表现法之一来使用。因此，它与陶艺、工艺等相同，也能作为艺术疗法的一种。在艺术疗法中使用的植物疗法，主要是使用植物来表达心情，从而放松治疗对象的心灵，帮助其治疗、康复。

但是，园艺疗法中作为媒介使用的园艺，主要是培育植物的活动。根据植物自身的遗传特性，在与植物生长建立关系的同时，根据时间、场所、需要对植物进行管理。该生长过程和对产物的品尝，可以作为疗法来使用。

因此，以培育植物这种生物的过程中的所有行为及其延伸线上的加工、利用、五官感觉上的品位为媒介，是园艺疗法所特有的特点，是其他疗法所没有的。

（二）感觉体验和动作体验的相互作用

园艺活动中与植物建立关系的方法有两种：通过五官感受进行的感觉体验和与植物积极建立关系的动作体验。

在园艺活动中，人们用五官感觉感受所栽培（培育）的植物下一步该怎么办，然后思考对策，采取措施。这些感觉体验和动作体验的反馈是在生长期间进行的，如图 7-2 所示。

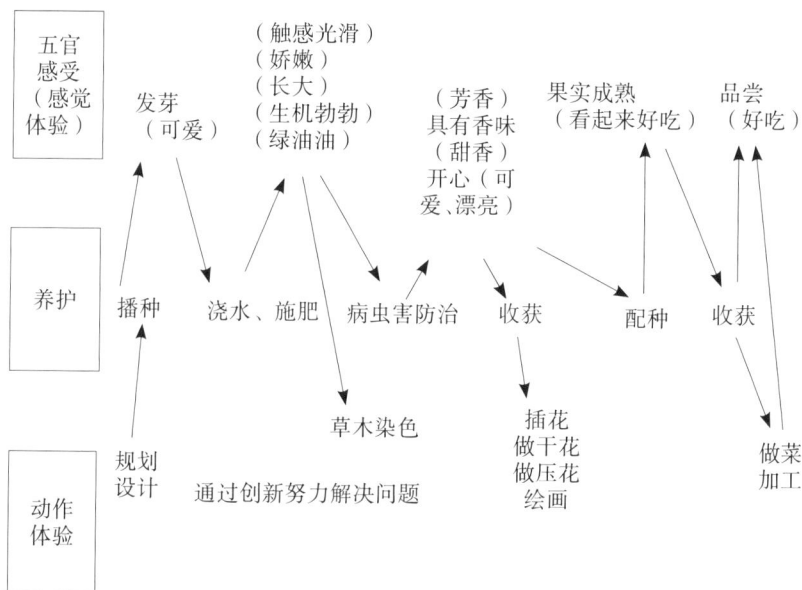

图 7-2 园艺活动中感觉体验和动作体验的相互作用

与植物建立的关系，无论是感觉上的、动作上的，还是相互的，都可作为疗法来使用。也就是说，将与植物的关系作为疗法来使用，这一点与花疗法、香草疗法、药草疗法都是共通的。

尽管如此，园艺疗法的特点之一是以栽培植物为媒介的感觉体验与动作体验的反馈，即将园艺活动作为疗法来使用。而只使用植物作为感觉体验，或者作为动作体验从而植物建立关系，不属于园艺疗法。因此，花疗法、香草疗法等，在疗法的过程中如果是与材料的生产有关，则可以包含在园艺疗法中，从广义上，它是植物疗法的一种。

（三）兼具各种疗法的特点

根据对象、手法等不同，疗法具有不同的分类方法。这些分类方法具有能够表示其特点的名称，在身体、心理或身心方面给人们带来各种治疗效果。

从各个不同的角度都能对疗法进行分类，但最简明易懂的是分为以治愈、恢复和发展身体机能为重点的身体疗法群和重视精神方面的治愈、改善、发展的精神疗法群。

身体疗法群的代表是理学疗法。各种康复设施中都能看到使用装置进行身体机能恢复和训练的例子。

精神疗法群分为直接进入治疗对象内心的心理疗法、通过行为进行的行为疗法、通过艺术活动表现心里烦恼并解放内心束缚的艺术疗法等，一般统称为精神疗法。

环境疗法被认为兼具身体性疗法与心理性疗法的特点，它通过移地疗法、高山疗法、气候疗法等物理或心理环境的调整治愈身心疾病，改善身心健康。

园艺疗法兼具多个疗法的特性，这是它与其他疗法的显著区别。

为了恢复身体机能而进行的康复作业、作为训练法之一而使用的园艺作业都是明显的身体疗法，也是理学疗法。

通过实践该作业可以恢复自信心或产生自信心，通过共同作业产生社会性等精神方面的改善及恢复，很明显为精神疗法。而精神薄弱者设施、精神病院、监狱内等场所使用的园艺也具有很强的精神疗法的特点。

在征求治疗对象意见的基础上，让他们实际参与园艺操作，自我表现，即体现行动疗法，也是作业疗法。

将自己种出的材料烹调出来并进行品尝，或者做干花、插花、草木染布时，体现其艺术疗法。制作盆景艺术品的园艺活动很明显是艺术疗法，而营造庭园也具有该疗法的特点。

考虑到治疗对象活动的园艺场所是充满花草树木的舒适场所，所栽培的植物装扮了美丽的花坛和美丽的公园，可以给心理带来快感，得到很好的治愈效果，使生活更加愉快，因此也属于环境疗法范畴。

因此，园艺疗法具有身体疗法和精神疗法两种功效，从作业疗法、艺术疗法、环境疗法角度都可以使用，具有多方面的要素，这是园艺疗法的特征之一。这种兼具多种疗法效果的特点成为园艺疗法适用于广泛治疗对象的主要原因。

（四）效果缓慢（非即时性）

一般来说，园艺疗法的效果不是即时性的。在开始园艺治疗的最初阶段，很多人不知道什么活动有什么效果。但是，经过一段时间再观察，会发现确实能够改善症状。因此，可以认为缓慢且不明显的效果对自觉进行各种活动的健康人是不明显的，但对具有某种缺陷、不能自觉进行各种活动的人却比较明显。在园艺疗法实施过程中，同时进行了多种其他的处理和疗法，难于断定这些效果是园艺单独的效果，还是相互作用产生的综合效果。到现在为止还没有发现明显的负面效果。

国外正在尝试园艺疗法的医生指出，必须尽快明确园艺疗法对患者的负面影响。这是对患者症状负全部责任的医生理所当然应有的发言，同时是对外行人（医疗专业人士之外的人）胡乱进行园艺疗法所产生的负面影响提出的问题（如何负责）。

以前曾针对这个疑问，讨论了很多对具有某种障碍或症状的人进行园艺时的注意事项，但还没有直接的负面影响报告。这些注意事项包括很好地把握治疗对象的性格和状态，选择对其精神没有负面影响的植物和方法，避免使用能够引起过敏和中毒的植物，避免在危险的场所进行活动，努力思考如何轻松进行作业，考虑作业过程中患者状态的急剧变化，然后采取对策等。

二、园艺疗法的功效

（一）园艺疗法功效模式

1.Relf 模式

Rdlf 早在 1973 年提出了园艺治疗益处范畴的模式，如图 7-3 所示。该模式的优点是对园艺治疗所能产生的益处进行了结构性的列举，认为园艺治疗可以为情绪、社会、身体以及智力带来益处，同时对这些大分支进行了细化。对情绪的益处表现为可以带来自尊和认可感；对社会的益处体现在治疗对象可以通过分享共同的兴趣，促进彼此的交流；通过精细动作协调以及锻炼对身体产生益处；通过园艺治疗获得知识和技能，从而促进智力的发展。其缺点是没有对带来益处的各个方面的相互关系进行阐述，如在情绪上产生的益处如何影响身体，在社会方面产生的益处与情绪存在哪些相互关联等。

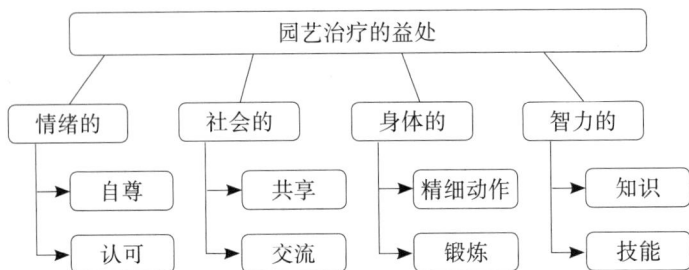

图 7-3　Relf 提出的园艺治疗益处模式图

2. 高江洲（Takaesu）模式

高江洲是日本精神病学家，在冲绳建立了泉医院，主要对精神病患者进行康复治疗。他在分析 Relf 提出的园艺治疗益处模式图的基础上，于1998 年对该模式重新进行了结构性的列举，如图 7-4 所示。在该模式图中，他将园艺治疗产生的益处分为情绪、社会、身体以及智力方面，并采用双箭头的方式表示了这些方面之间的相互作用。同时，他将其他表述性或创造性的疗法分为非言语和言语两大类，其中非言语类疗法包括舞蹈治疗和动作治疗；言语类疗法包括戏剧治疗、音乐治疗、艺术治疗。在园艺治疗中可以将这些治疗方法整合进去。高江洲在模式图中对精神病人产生的有益反应进行了阐述，如消除忧惧、产生共鸣、转移情绪、吸引注意力、培养观察力和洞察力等。

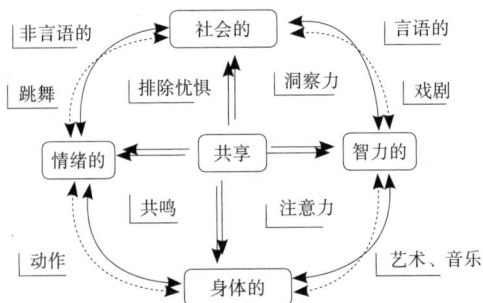

图 7-4　1998 年经高江洲修改后的园艺治疗益处模式图

3.Relf 改进模式

2004 年，Relf 在对 1973 年简单模式图的潜在性以及园艺治疗体现出的益处之间关系的进一步探索和理解的基础上，对该模式图进行了改进，如图 7-5 所示。这个模式体现出了对植物在以生命为核心、为个人带来精神稳定意义的哲学上扮演的关键作用的深入思考。该模式的另一些变化体现在术语的使用上，用心理取代了情绪，认知取代了智力，并在意义上进行了相应的改变。

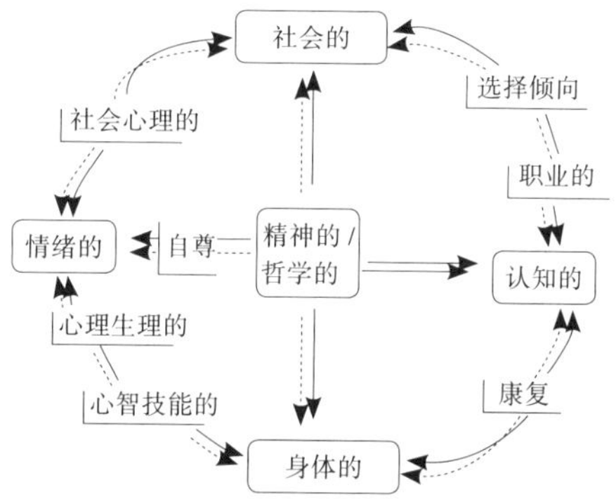

图 7-5　Relf 改进的园艺治疗益处模式图

可以看出，该模式应用于治疗和非治疗背景。在园艺治疗中通过培养治疗对象独立完成园艺操作，进行创造性发明以及灵活应用技巧，提高心智技能，获得心理和生理上的改善，获得自尊，对治疗对象的心理产生有益的反应，促进身体健康；在园艺操作中获得的知识、技能也有益于身体康复，并带来职业机会，对社会产生积极影响；在园艺活动中通过帮助治疗对象建立人与人、人与群体之间的关系，使个体获得社会的尊重和认可，促进个体的心理健康，从而有利于人与人以及人与群体之间关系的建立。事实上，该模式不仅是园艺的益处，还是许多其他活动的益处。这样一个广阔的结构应用于每个客户群体时还应细化，以便于不同治疗目标的设定。

该模式的优点是类似于顾客创造的一张反应相似图，提供了潜在的覆盖信息，反映了对人与自然互作潜能（治疗潜能）的强洞察力。该模式的缺点是它是一个二维图，若将许多关键互作表示在其上，会产生混乱的线条和交叉，如对获得新技能和知识的心理认识反应就无法恰当地连接。然而，随着研究人员使用计算机创造三维模式技能的提高，这个缺陷可以消除，这样就可获得一个较全面的新模式。

4.园艺治疗动态模式

1981 年，Relf 出版了园艺治疗动态模式图，如图 7-6 所示。"互作"代表园艺活动为各种形式的社会交流提供了一个最佳平台，"反应"代表了人对周围植物与生俱来的回应，"作用"代表了通过活的植物栽培和养护行为对治疗对象的影响，体现在创造、责任、工作机会、专心等上。其中，创造这一方面是松尾英辅（Matsuo）在 1995 年对"园艺带来生命平衡，使人可以像一个完整的人那样生活"这一模式图进行系统化时加入到"作用"这一范畴内的，从而扩大了"作用"的范畴。

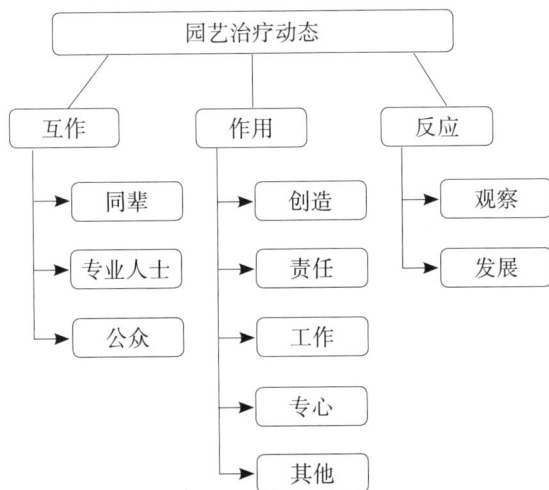

图 7-6　园艺治疗动态模式图

Relf 根据前人以及自身的经验，观察以及参考文献研究，提出了采用多种不同方式养护植物有益于顾客的有效行为概念。在 RW 理论中养护活的植物是园艺治疗程序和机理的唯一要素，应当全面理解和应用。Relf 将园艺治疗动态中的反应、互作、作用三者之间的关系用图的形式进行了阐述，如图 7-7 所示，作用和互作包含在反应中，人与自然环境要素如环境、植物等接触，都会产生反应。目前，环境心理学家和其他研究者正试图对这些反应进行阐述，如人对周围自然环境和特定植物的视觉效果和其他效果产生的反应。其中，相当部分的反应是发生在互作或社会背景中的。就植物影响人们社交而言，有两个因素可能会影响到研究，即与植物的被动互作（没有养护植物的责任）和积极互作（有养护责任）。"作用"成为园艺治疗发生的焦点，定义所有的"作用"就会推导出对自然的"反应"。养护植物和承担养护的责任可能会涉及与他人的互作，如治疗师。

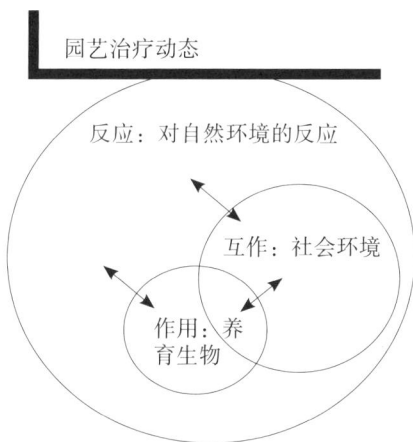

图 7-7　阐述 3 个方面关系的园艺治疗动态模式图

（二）园艺疗法的功效

1. 广义的功效

园艺疗法的广义功效包括园艺的功效，表现在食用、经济、环境、身体、心理、精神、技能、社会以及教育各方面，这些功效不是单独产生的，而是相互作用的。

（1）食用性功效。

园艺产物除了有利健康，还可以作为营养源、药用、观赏品等。作为食物的蔬菜和水果的价值不仅在副食品和能量源方面，还可作为功能性食品。

园艺操作过程中，自家种植的农产品，即使不能完全不施用农药，但自己可以知道施用了何种农药和施用量，可以放心食用，不会产生精神压力。

此外，自家栽培多为随摘随吃，并且从自家栽培地采摘回来的蔬菜、水果是新鲜的，要比市场上出售的不新鲜的营养成分高。

（2）经济性功效。

种植蔬菜、花木、果树、药草可以获取一定的经济收益。此外，栽培管理这些植物需要活动身体，过上有规律的生活，这对健康是十分有益的，在一定程度上节约了医疗费。

在荷兰，部分公园绿地被划分为市民农园，市民在缴纳了一定的使用费后可以租赁该类农园。市民用自己的双手将其中一部分建设得比原来的公园还漂亮，而另一部分成为普通市民喜爱的散步游憩区。这为政府节省了部分的管理开支。

周边有公园或绿地的景观房其价位更高，有更好的市场。

（3）环境性功效。

植物可以使人们居住环境更加舒适，具体表现为以下几方面：改善温度和湿度条件，降低噪声，遮光，防火，涵养水源、防止水土流失，防风，净化空气和水，等等。

（4）健康性功效。

农耕作业和园艺操作有利于身体健康，这远在古埃及时期就被人们所了解，之后又作为治疗法和健康法普及到全世界。

在日本，精神科医生都知道，翻土是最好的治疗方法。内科医生也知道园艺操作在人们身体健康方面的效果。

在进行园艺活动时大汗淋漓，会让人心情舒畅，带给人适度的疲劳感和爽快感。在园艺中活动身体，不仅对精神和心理健康有益，对身体健康也十分有利。

一边进行园艺劳动，一边活动身体和大脑，除了可以康复身体，还能维持老年人的健康，延缓衰老，防止痴呆等。

日本园艺疗法研究学者山根宽于1999年总结了园艺操作活动具有以下感觉运动机能：① 自身内外产生的各种感觉刺激，从感觉受容器正确地传导至中枢；② 将各种感觉刺激信息与过去所积累的信息进行对比和辨别；③ 感受到的东西作为具有具体意思的内容被把握；④ 判断如何处理所把握的对象或现象；⑤ 计划处理所需的运动；⑥ 中枢（大脑）将命令传达到效果器官（肌肉）；⑦ 根据指令处理这些对象或现象。

（5）心理性功效。

有植物或艺术品的空间，能够缓和治疗和疗养生活中的紧张，去除病痛的不安，带来适度的刺激，提高人的自然治愈力。

另外，它不仅可以提高病人的自然治愈力，还能够缓解工作人员的疲劳和紧张，提高工作效率。人经常会有这样的经历：看花草时，紧张和不安会缓解，心情得到放松。这些都是通过五官与植物等建立联系时，无意识中产生的本能欲望的满足。

园艺所具有的康复效果，从1950年开始就在美国被实践性运用和研究。通过60年来的实践和研究，人们逐渐弄清了园艺带给个人的很多心理和生理效果。可以从下面两方面进行总结。

① 通过五官感觉获得的功效。近藤三雄（1978）进行了如下总结：由植物所具有的生命感中得到的快感；对于花、草坪、树林等的色彩和形态的审美感情；由树木等打造的氛围而引起的情绪表达；花或果实的芳香带来的心情平静；通过对花草树木的热爱信仰、宗教崇拜，带给人的平静和敬畏之情；眼睛疲劳等视觉性疲劳的减轻和放心感；想在有植物的环境中跳跃、活动身体的欲望、跃动感和心情的高涨；接近植物时的喜悦、兴奋、释放感、清醒和惊讶等；树木随四季变化的样子带给人的各种心理情感。

这方面的研究成果作为公园、城市景观、身边的室内环境建设的依据，主要运用于造园、绿地规划、城市规划、环境心理学等领域。

② 种植和护理植物、在与植物建立关系的过程中获得的效果。在栽培和护理植物后，人会产生各种疑问和好奇心。为此，需要更加密切观察，然后渐渐开始关心周围的事情。在这些活动中，不仅可以与人交流，获得信息，还能学习新的技术，达到熟练的程度，并增强好奇心，使观察力更加敏锐。在思考、选择和决定植物种类、放置场所等过程中，可以培养思考力、判断力、决断力、计划性。重复这些活动后，还能培养人的创造性。

（6）精神性功效。

与植物积极建立关系，也能促进精神发育。例如，所护理的植物可以让人产生对生物的热爱和自己作为护理人的责任感，增强其意识。另外，从播种到发芽，从发芽到开花、结果以及从小苗到盆栽的形状变化，也满足了我们的梦想。

"对于自知所剩时日不多的老年人，比起正在做着某件事的现在来说，这个植物明天会变成什么样子更加重要"。通过专心致志照顾植物，可以使患者忘记身心的疼痛和烦恼。这是一种心情转换和心情娱乐的好方法。当自己护理的植物开花、结果了，自己也会体会到满足感和成就感，从而产生自信，提高自我评价。

与植物积极地建立关系，与上述的通过五官感觉感受到的关系互相作用，让人感觉到自己种出的蔬菜有商店里买来的蔬菜所没有的特别味道，自己亲手护理和培育出的花比花店里买来的花更漂亮，更有魅力。这样的前进意识能在大脑内产生革命，增强自身所具备的治愈力和增进健康的力量。

（7）技能性功效。

当前，由于环境绿化事业备受重视，园艺事业发展迅速，社会需要大量掌握园艺知识与技能的人员。通过对患者，特别是对犯人和工读学校学生实施园艺疗法，传授园艺知识和操作技能。当他们重新回归社会时，一部分会选择园艺、绿化作为自己的职业，就职于园林绿化与园艺生产部门。此外，在接受园艺疗法时，还要进行与园艺相关的测量、计算、观察、判断、制定计划、实施与评价等基础方面的职业训练，这也为从事其他职业打下基础。

（8）社会性功效。

通过共同劳动护理花坛、公园、路旁的树木等，人们可以认识更多的朋友，增加家庭和社区居民之间的交流。共同劳动还能培养责任心和合作精神。

通过园艺活动及其产物，人们可以找到交流的场所和机会，通过以下形式感觉到生活价值：① 通过共同经历共享产物；② 创造和维持舒适的居住环境，形成健全的区域社会；③ 教导孩子们和第一次实施的人如何栽培。这样就能够创造出生机勃勃的和谐社区环境。

（9）教育性功效。

园艺一直用于教育，如在日本中小学校中作为情操教育的手段使用；再加上动物饲养，可以让学生对生物的生命力及奇异性感到惊讶，对花的美丽产生感动。另外，还作为生物教育等的基地而受到重视。学习植物的种类，观察其生长，了解茎、叶、花、果实的形态，这些活动可以为人们解释生命现象。

最近，园艺作为环境教育和感性教育的一个环节的做法备受关注。中小学校的校内美化活动也加入了情操教育，将环境教育作为目标。除了日本的农业教育学会，美国的人与植物协会也作为环境教育的媒介而备受关注。从感性教育的立场上看，电视和电脑的普及使人们接触信息的机会增多，人们可以用疑似体验了解事物。作为统一不知道实物、没有实际体验，即知识与体验游离的人格分裂状态的媒介之一，人们都提出使用园艺来了解事物。

但是，园艺（广义上除了农耕，还包括饲养家畜）活动在教育方面的最大特点是培养人类生活不可少的"培育（培养）"思想，这也是以前被人们所轻视的（松尾英辅，1982；1986）。培育（培养）思想只能通过与生物的接触来学习和教育，因此园艺的作用是非常大的。这一点也许是与其他教育的根本不同点。日本园艺疗法研究学者松尾英辅将包含园艺在内的农耕所具有的教育方面的作用称为"农艺教育"（1982）。

2. 狭义的功效

开展园艺疗法的目的多种多样，如促使参加者的身体康复、精神病治疗等的治疗目的；职业训练、学校等的教育目的；高龄者和残疾人的娱乐目的以及参加者与其他工作人员的交流、设施管理方与其他部门工作人员加深理解等目的。但是，一般开展的园艺疗法多以治疗为主要目的。园艺疗法的治疗目可以归纳为以下4种：① 进行职业训练，属于康复范畴，目标是提高就业能力；② 治疗疾病，属于辅助医疗范畴，目标是由疾病或伤残康复；③ 提高社会价值，有利于适应社会；④ 提高生活品质，属于福利范畴，目标是提高生活福利。

（1）进行职业训练。

职业训练是重新或开始被社会接受，学习一技之长的训练。园艺疗法属于一种作业疗法，技术性较强，通过对各种功能障碍患者进行劳动技能训练，使其具有一定的工作就业技能。职业训练的目的是通过训练园艺疗法的认知功能、社交功能等来实现的。

适宜进行职业训练的人群有残疾人、智障者、特殊教育学校的学生、工读学校的学生、社会庇护机构（即各种收容所，包括疗养院、教养院、育幼院）中的人群以及监狱中的服刑人员。

① 残疾人：对于残疾人，园艺治疗重点训练获日常生活技能。通过园艺疗法过程中的劳作或作业可帮助其恢复动作功能、提高职业技能、增强社会适应能力，起到治疗和康复的作用。

② 智障者：园艺疗法对于发育残疾、智力迟钝和颅脑损伤等类型的智

障者的智力提高具有一定的效果。园艺课程可以教导智障者一些较正确的概念，而非仅一项行为，如换盆的意义、播种的意义等。

③ 精神病患者（心理病患）：园艺治疗的目的之一是改善患者的生活自理能力、社会适应能力，使病人具有一定的就业技能，为重新回归社会做好准备。园艺疗法可调动病人潜在的精神活动能力与社会劳动技能，唤起病人的生活兴趣，矫正生活懒散、不讲卫生、不懂礼貌和孤僻等不良行为，使他们在衣食、自我照料、参加社交活动等方面得到改善。园艺疗法的社交功能可以对精神病人起作用。例如，在美国宾夕法尼亚州，心理治疗师 Mary Myers 组织了一个园艺小组，成员都是恢复期的精神病患者。她带着组员购花，参加园艺爱好者的种子交换会，帮助组员和陌生人交谈，学习如何与人交往。

（2）进行疾病治疗。

园艺活动对人的身体、情感和精神有很大好处。脑电波测定实验表明，当人凝视植物时，脑前叶和脑左叶部位射线减少，而脑后叶的射线增加。也就是说，只需看看植物就能得到很好的治疗效果。

园艺疗法是轻度体力劳动和轻度脑力劳动相结合的康复方法。其主要通过调整中枢神经系统与抑制过程的失常，减轻精神压力和忧郁，降低血压，促进血液循环以及保护关节等，促进疾病向好的方面转变。在这里主要着重恢复或维持未得病前的正常功能，即从疾病中恢复过来。病人通过自己亲自动手栽种花卉，观察花卉的生长过程，使病人领悟到成长的艰辛和生命的价值；以花的芳香陶冶情操；以创造性制作艺术盆景造型过程来培养病人的动手能力和发挥各自的想象能力，尽可能地调动思维活动，使病人置于一种美感或忘我境地，最后达到以物寓事，寄托理想和希望，提高自信心，从而达到辅助治疗和康复的目的。

园艺疗法治疗疾病的目的是通过体能方面的功能、情绪方面的功能、创意方面的功能、精神方面的功能等实现的。

① 体能方面的功能。其体现在参加者播种、替植物换盆、浇水、修剪枝叶的过程中，不时举手、伸展、蹲下等动作，可训练手脚大小肌肉，而且能够训练平衡力和手眼协调。漫步花园及一些简单园艺活动，能提供锻炼体能的机会，对一些平时疏于运动的参与者十分有用。园艺治疗活动能提供感官刺激，包括视觉、听觉、味觉、触觉、嗅觉，对老年痴呆症患者尤其有效。

② 情绪方面的功能。依据美国园艺治疗协会一项调查结果，在 4000 多名被访者中，六成被访者认为园艺能提供平和与宁静的感觉。另外，美国一项历时 8 年的调查指出，可以观望窗景外树木的病人情绪得以改善，抱怨减少，甚至止痛剂用量也减少。园艺治疗也会应用于改善参与者的情绪。即使不能亲手参与园艺，而只是观赏青绿的树木、五彩缤纷的花卉，这也能使人情绪松弛、血压降低、肌肉放松、心境平和。

③ 创意方面的功能。许多园艺活动包含创意元素，它能刺激及发挥参与者的创意潜能。例如，花卉及盆景摆设、花艺手工艺等。参与者各自发挥艺术创意，每件制成品都是独一无二，无可比较的，这能给予参与者满足感和成功感。

④ 精神方面的功能。春天万物滋生、秋天落叶收成，园艺能让参与者欣赏和接触大自然的美丽和变化，认识花开花落皆有时。这能促进参与者正确积极地对待人生起落。园艺活动一方面给人以成就感，帮助人达到心理的平衡，另一方面可提高社会价值。因此，园艺治疗的对象，最好是群体而非个人，让参与者有和别人接触和沟通的机会，且知道如何与人相处是最大的目标。

（3）提高社会价值。

园艺活动一方面给人以成就感，帮助人达到心理的平衡，另一方面可提高社会价值。园艺治疗的对象主要有以下几类。

① 老人。现代社会人口老龄化比较普遍。对于退休后无休闲娱乐或亲人无法经常陪伴的老人来说，在生活中往往存在担心自己丧失价值的精神压力或缺乏精神寄托等问题，逐渐丧失生存的动力或乐趣。植物可以提供依靠以降低寂寞感；而园艺活动包含创造生命、繁衍后代、提供照顾别人（植物）的能力的过程，可使他们重获自信心、价值与成就感。参加园艺活动，老人不仅可以享受亲手栽培管理的乐趣，还可以以花木园艺为话题，促进交流。园艺疗法无疑为老年人原本枯燥的生活增添活力，减轻寂寞和孤独。

② 绝症病人。园艺使人着眼于未来，它甚至可以给看来没有未来的人以希望，如患绝症的病人。在国外，越来越多的艾滋病医院和肿瘤医院拥有自己的医院花园，志愿者和慈善机构为花园贡献力量，病人们也参与劳作。

③ 未成年人。对于儿童来说，体质劣化，小胖子与近视患儿越来越多。

这种现象除了归因于来自升学的压力，还与饮食的不均衡以及绿地的缺乏有极大的关系。美国曾经有报告指出，在小学课程中加入园艺实习课程让学生亲自栽种蔬菜果树，用自己栽种收成的作物，学习如何烹饪及均衡饮食的观念，可以大大提高儿童吃蔬菜的欲望，减少在外吃快餐的次数。

④ 亚健康人群。园艺疗法对于亚健康人群可以达到减轻压力、改善精神状态的目的。植物能协助消除视觉疲劳、舒缓情绪。美国研究指出，植物绿化能有效提升减压速度。还有研究指出，办公室绿化能提高工作效率，减少员工不适。花园不仅能供人去感觉，还能邀请人来参与。园艺的丰富内容为人们提供了多种有益身心健康的活动。医学研究表明，每天半个小时中等强度的活动可以有效地促进全身生理机能，帮助人控制体重，还可以预防多种慢性疾病。而园艺刚好属于这里所说的"中等强度"的活动。像挖土、施肥、种植这类劳作，其强度相当于打乒乓球、打排球以及玩滑板等运动。园艺不仅提供了相当的运动量，还由于园艺活动内容丰富，可以让全身各种肌肉在自然的环境中得到运动。对于每天在电脑前工作的白领来说，园艺可以很方便地提供他们所需要的锻炼。

（4）提高生活品质。

① 心灵受创的人群。普通人都会在生活中遇到各种各样的挫折，如夫妻离异、顿失亲人、失恋、失业、投资失败及罹患绝症等，可能使人一时丧失希望。或轻或重，但都需要复原，需要安慰。园艺活动可以给予他们心灵的寄托及情感的依靠，而期待成长、期待开花更能够使接下来的生活多一份期待与希望。因此，园艺疗法还具有心灵安慰的作用，帮助人们从失望中找到希望。

② 市民（健康人）。园艺活动能帮助现代人走出自己的孤岛。当人能够与自然沟通的时候，人与人的距离也变得不再遥远。作为一种爱好，园艺可以帮助人与年龄、经历、背景完全不同的人交往，打开一扇沟通的大门。因此，园艺活动是适合健康人的休闲活动之一。一般的家庭主妇也都会养成园艺的喜好，如种花、盆栽、插花等。

园艺疗法使人沐浴在大自然优美的环境中，可修炼身心、增强体质、消除挫折情绪、促进生活和心理健康，并能感知到自己的劳动成果和由此带来的快乐，对健康人的生活具有放松和愉悦的效果，是各种疾病的有效预防药。在每日生活中与自然保持接触正是健康的良方。在发达国家，工作压力和人们对园艺的狂热几乎成正比。每年一到春耕季节，北美的沃尔玛超市就会搭出一大片花木和园艺用品的大棚，很多人把大批的花草和大包的营养土装到汽车里回家栽种花木。已有研究证明，花草具有防癌作用。花草树木生长的地方，空气清新，负氧离子积累较多，经常在新鲜空气中活动，大脑和肌肉都会获得更充足的氧气，对人体新陈代谢非常有益。同时，当人们一边种植、培土，一边浇水、观赏，沉浸其中时，就会把不快之事尽抛脑后，精神得到放松。

第八章　休闲园艺园区总体规划与设计简介

　　休闲园艺园区的总体规划与设计是运用园林艺术手法对园艺植物及其他景观元素进行配置布局的过程，以此来实现对资源品种、栽培技术、园艺景观、科研成果等的展示，满足人们休闲娱乐、采摘品尝等需要。本章主要介绍休闲园艺园区规划设计应遵循的原则及要满足的要求、规划设计的内容与方法，并结合实例进行案例分析。

第一节　休闲园艺园区规划设计的原则和要求

一、休闲园艺园区规划设计的原则

（一）生态的原则

　　园区自身的生产生活要注意生态方面的要求，本着因地制宜、减少工程量的原则，尽量利用园区内现有的道路系统、水体等，将生产规律类同、技术要求、景观特色相近和经营管理统一或功能相似的产业或项目划为同一区，以便于施工和管理，避免对周围环境的更大破坏。

　　应从当地资源与生态环境实际出发，设计与实施发展太阳能利用、小型水利水电、风力发电、沼气等清洁能源，使农业废弃物资源化，对其进行多层次、综合、循环利用，实现无污染的清洁生产。

　　园区内植物种植应保留原有植被并尽量模拟自然群落种植形式，恢复原地的植被，体现生物多样性，增加景观异质性，充分发挥植物的共生现象，避免因片面追求产量和经济效益而单纯地大量施用化肥和化学农药等影响产品品质的现象，从而也避免造成对环境的污染和破坏。景观规划的生态原则是创造园区恬静、适宜、自然的生产生活环境，是提高园区景观环境质量的基本依据。

（二）经济性原则

经济性原则首先要求规划设计的方案具有较强的可实施性，避免由于规划目标过高（包括技术要求过高、资金需求过大等），而使规划难以实施。应以尽可能少的经济代价换取最佳的效果，充分利用现有地形、农业设施及农村剩余劳动力等，有效节约成本，实现规划目标。其次，在园区的规划中，应把经济生产融合到园区建设中来，如在农作物成熟季节，开展各类采摘、收获果实的劳作活动；注重在非采摘季节吸引游人，如开展作物认养活动、农业展览活动等，更好地提高经济效益。

（三）参与性原则

亲身直接参与体验、自娱自乐已成为当前的旅游时尚。园区的空间广阔，内容丰富，极富参与性特点。城市游客只有广泛参与园区生产、生活的方方面面，才能更多层面地体验到农产品采摘及农村生活的情趣，才能享受到原汁原味的乡村文化氛围。

（四）文化底蕴的原则

通常当我们谈及农业时，首先想到的是生产功能，很少想到其中的文化内涵以及由此而来的一些诗词歌赋。事实上，农业文明、农村风俗人情、农业科技知识以及农业优秀传统是人类精神文明的有机组成部分。在园区的景观设计中，应深入挖掘其内在的文化资源，创造具有时代风格和特色的农村文化，提升园区的文化品位，以实现景观资源的可持续发展。

（五）园艺植物种类多样性原则

园区景观规划的多样性原则既要求在旅游产品开发、旅游线路、游览方式、时间选取、消费水平的确定上，必须有多种方案以供选择，又要求在园区品种选择、景观资源配置突出丰富性、多样性的特点。

二、休闲园艺园区规划设计的要求

（一）景观规划需遵循的要点

1.艺术表达遵循科技原理

园区内的景观具有科技应用和美学、艺术的双重作用，但它们的双重作用表现是不平衡的，科学原理是重点，艺术处理处于从属地位。因此，在进行园区规划时，应在体现科技原理指导的前提下，与艺术表达有机结合。如高科技农业示范园区内的智能温室，在遵循科技原理的规划思路下，还可以考虑它的造型、色彩、质材的艺术特色。

2. 主观造景服从功能实用

在对园区进行规划时，首先必须考虑到园区内景观要素的功能实用性，其次才是它的造景功能。比如，在植物栽植上，可选择一些既具有经济价值又具有观赏功能的经济林果，充分展现"春华秋实"的景观。

3. 布局有序调控时空变化

园区的景观排列和空间组合应讲求序列性和科学性。比如，园区内可以随着地势的高低以及地貌特征安排不同种类、不同色彩的农作物，形成空间上布局优美、错落有序的景观风貌；园区从入口到园内，可以进行成熟期由早到晚的农作物以及一些茬口的科学合理的安排，形成时间上变化有序的景观特色。

4. 动态参与，强化视觉愉悦

园区的规划既要达到视觉愉悦的效果，又要具有动态参与的可能性。除了考虑景观的静态效果，还要强调它的动态景象，即机械化劳作或游人在参与采摘、收获果实的过程中所形成的动态景观。如一片绿油油的野菜地，令人赏心悦目，置身其中挖野菜，更是其乐无穷。

5. 结构相融，营造人景亲和

在进行园区规划时，要充分考虑人造景观构成素材与周围的自然景观的融合，也就是结构相融的寓意。比如，在一片休闲茶园内，设置一个竹子制成的凉亭就比一个钢筋混凝土的亭子自然得多。游客置身其中，看到这样和谐的景观，能充分体会到"天人合一"的深远意境。

6. 创意美与自然美的和谐

在进行园区规划时，要充分考虑园区内人造景观与自然景观和谐一致。比如，一个状似苹果的瓜果造型大门，设在其他公园可能是不伦不类的，但放在观光果园门口，与园中的自然景观就非常协调一致，是一种巧妙的构思。

7. 人文特征反映乡土特色

这主要是指运用乡土植被、人文历史、民俗风情、农业文化等以展现地方景观特色的景观要素，使设计切合园区景观模式的规划，反映当地的景观特色。

（二）园区规划中的生态环境保护

规划杜绝对生态环境与景观的破坏。作为游览性旅游项目的开发总是要配备必需的旅游基础与服务设施，诸如区内必需的道路、生活与服务场所的修建，应避免将一座长满翠林的山头削平来建宾馆、酒家；避免将充满野味的山塘人为改造成湖岸整齐、建筑过多的水面。只宜在山林中隐映木屋，在山塘上点缀凉亭，但不反对在一些水面略宽的水塘上适当修建一些具有水乡特色和乡土气息的水上建筑。总之，整个园区的规划应着力保持其"农"味、"土"味、"野"味，杜绝对生态环境与景观的破坏。

第二节　休闲园艺园区规划设计的内容与方法

一、休闲园艺园区规划设计的内容

（一）总体定位

对休闲园艺园区项目的区域地位、发展模式、发展目标进行合理定位是其规划设计的首要步骤。通过调查、分析和综合，对园区自身的特点做出正确的评估后，对休闲园艺园区项目进行总体定位，主要考虑以下几个方面。

1.确定区域地位

从社会、经济、文化、生态等方面对休闲园艺园区在区域发展中的战略地位做出准确判断，可以正确认识项目的性质，为后续的规划设计工作做出指导。因此，对区域地位的主要研究内容包括项目对于当地农业产业结构调整的意义，项目对于当地农业生态环境改善将起到的作用，项目对于当地城乡社会协调发展将起到的作用，项目对于当地乡土文化的保护和发展的意义，项目在当地旅游业发展中的战略作用等。

休闲园艺园区景观规划应以市场需求为导向，突出农业景观特色，以可持续发展园区为建设目标。比如，将休闲园艺园区景观和其所属大区域范围内的景观联系起来，成为城市旅游体系景观的重要节点；继承传统农业文化和发扬现代农业文化，提倡与农业有关的休闲娱乐活动，发展生态旅游；进行科学研究和科技示范，推广先进的农业技术；加强公众教育，普及农业科技知识；建立生态循环体系，探索休闲园艺园区可持续发展的营造模式；创造出具有复合功能的、可持续发展的农业景观系统。

2. 资源分析

全面地了解和分析基础资源条件是进行休闲园艺园区项目规划设计的必需步骤。对当地的农业资源条件、风景资源条件、民俗文化环境等进行分析，从整体、综合的角度进行评估，找出优势和特色，以便在规划设计中利用和发展；找出问题和劣势，以便在规划设计中解决和弥补。

3. 发展模式

休闲园艺园区发展模式对于整个规划设计过程至关重要，可为后面规划设计的深入进行提供框架与参照，因而必须严谨依据项目所在地的综合现状条件来确立。在规划实践中，根据园区所在地的实际条件和发展需求，选择适当的发展模式，也可将几种发展模式复合，开发更加全面的功能。

（二）功能分区

休闲园艺园区的功能分区是根据结构组织的需要，将园区用地按不同性质和功能进行空间区划。它对于合理组织园区建设和设置游憩活动内容具有重要意义，进一步明确了资源用地的发展方向。

1. 功能的设置

目前，所见的各类园艺园区设计创意与表现形式不尽相同，而功能分区大体类似，基本可以分为三大类。

（1）提供田园风光。利用农业环境空间，向游人提供游憩的场所。按其尺度分为三种：大尺度——田园风景观光；中尺度——农业公园、休闲园艺园区、乡村休闲度假地等；小尺度——市民农业园、乡村休闲度假地等。

（2）提供农事体验交流、学习的场所。通过具有参与性的乡村生活形式及特有的文化、娱乐活动，实现城乡居民的交流，增加城市居民对农业的了解。具体表现为乡村传统庆典和文娱活动、农业实习体验、乡村会员制俱乐部、庙会等。

（3）提供农产品生产、交易的场所。向游客提供当地的农副产品直销、手工艺品。主要形式有乡村集市产品销售、采摘瓜果和乡村餐饮服务、乡村食宿服务等。

2. 功能分区的要点

休闲园艺园区的功能分区不宜过于琐碎，应通过筛选和归纳，将相关功能进行联系，使各功能区之间相互配合、协调发展，构成一个有机整体，并在空间布局上有所体现。

功能区面积的划分要掌握一定的比例，应用等级原理反映主从关系，突出特色，不宜过分均等。

要注意动态游览与静态观赏相结合，保护农业环境；注意利用现有的风景资源安排适当功能，将功能分区与景观风貌协调统一起来。

遵循以人为本的原则，依照游憩者和生产者的双重需要，合理布置功能。通过功能分区实现更高的生产效率和更舒适便捷的游赏体验。

3. 典型功能分区

功能的设置根据农业观光活动的需要，可以分为六大功能区，即农业生产区、产品销售区、科技示范区、农业观赏区、游憩体验区和服务休闲区，见表8-1。休闲园艺园区的功能分区没有一个绝对的模式，需要根据园区的发展模式、发展目标和现状条件因地制宜地进行划分，以实现资源的优化配置。

表8-1　典型功能分区和布局方案

分　区	占规划面积（亩）	用地要求	构成系统	功能导向
农业生产区	40～50	土壤、气候条件较好，有灌溉、排水设施	农作物生产，果树、蔬菜、花卉园艺生产畜牧区森林经营区渔业生产区	让游人认识农业生产的全过程，参与农事活动，体验农业生产的乐趣
科技示范区	15～25	土壤、气候条件较好，有灌溉、排水设施	农业科技示范、生态农业示范、科普示范	以浓缩的典型农业或高科技模式，传授系统的农业知识，让游客亲切的交易带回报乡村经济
产品销售区	1～5	临园区外主干道	乡村集市采摘、直销、民间工艺作坊	让游人身临其境地感受田园风光和自然生机
农业观赏区	30～40	地形多变	观赏型农田瓜果园，珍稀动物饲养，花卉苗圃	让游人身临其境地感受田园风光和自然生机
游憩体验区	20～30	拥有较平缓开阔的场地，交通便捷	民俗娱乐活动、农事体验、垂钓、骑马等	体验乡村生活，为个人和团体提供娱乐活动，增加园区收入
服务休闲区	10～15	地形多变	农村居所，乡村活动场所	营造游人可深入其中的乡村生活空间，参与体验，实现交流

（三）道路交通规划

休闲园艺园区位于城市郊区，往往与周围环境风貌接近，出入口不甚明显。因此，合理解决休闲园艺园区外部及内部交通问题相当重要，尤其是外部引导线以及出入口的设计是提高休闲园艺园区可进入性的重要手段，必须引起重视。

1. 外部引导线规划设计

外部引导线指由其他地区向园区主要入口处集中的外部交通，通常包括公路、桥梁的建造，汽车站点的设置等。通往休闲园艺园区的路线，是一条隐含着信息的线。它起着引导作用，预先提醒、愉悦和振奋游客，并预示出休闲园艺园区的性质、规模，以吸引游客。

引导路线设计要有收有放，形成变幻多样的立体空间。在视觉安全和风景优美之处开敞，在需要屏蔽之处围合；不断变化空间格局，用以吸引游人且使游人身心放松。引导路线及道路景观的形状、色彩、质感是形象的物质要素，包含了天然的和人工的、静态的和动态的要素。起伏的地形，弯曲的道路，浓郁的绿草，高低错落的小树和野花，构成了前后起伏的空间层次，可以激发游客的游兴。

大部分园区吸引游人的方式是利用行进路线上的标志牌。引导路线应适度控制和诱导游人的行进，不宜直截了当，应结合田园风光，利用道路空间本身的特质，形成探寻式的模式。必要时，可以利用标牌的导向作用，目的是使休闲园艺园便于识别。标志牌不单是简单的文字指引，还应该结合休闲园艺园区的主题设置，成为其象征，并具有较高的艺术水平。

休闲园艺园区外部引导路线的长度要加以控制，根据游人乘坐机动车行进的心理感受以及徒步行进的心理体验，休闲园艺园区的标志物宜在距离其几千米之外就出现。如果条件所限，至少在 3 ~ 7 km 之间要设置休闲园艺园区的标识，每隔 300 ~ 500 m 应该有大的形态上的节奏变化，形成重复或渐变的韵律美。而距离休闲园艺园区 500 m 之内，是进入园内之前最关键而微妙的一段路程，可以采用突变式的美学构成法则，给游人留下深刻富于遐想的印象。

2. 出入口规划设计

休闲园艺园区的出入口十分重要，它是游客到休闲园艺园区来后行进过程中的第一个高潮，常常是吸引游人前往参观游览的重要因素之一。出入口可以分为主要出入口、次要出口、专用出入口三种。

休闲园艺园区主要出入口的选位要得当，应在与城市主要干道、游人主要来源方位以及休闲园艺园区用地的自然条件等诸因素协调后确定；为了突出主出入口的景观效果，应选择易于被发现、风光秀丽、背风向阳的位置。在距离主出入口500 m的区域内，可不设园墙或只设通透性的围栏，这是一种有效的暗示性景观。好的出入口设计还能成为整个园区的重要标志。

休闲园艺园区为了方便附近居民或为次要干道的人流服务，还应设置辅助性的次要出入口，为园区周围农民提供方便，也为主要出入口分担人流量。次要出入口设在园内有大量人流集散的设施附近。

专用出入口是根据园区管理工作的需要而设置的，为方便管理和生产及不妨碍园景的需要，应选择在园区管理区附近或较偏僻不易为人所发现处。

3. 内部道路规划设计

休闲园艺园区的内部道路是其骨架和脉络，是联系各景点的纽带，也是构成园景的重要因素。休闲园艺园区的道路设置与城市公园大体相同，一般园区的内部交通道路根据其宽度及其在园区中的导游作用分为入内交通、主要道路、次要道路及游憩道路。

（1）入内交通指园区主要出入口处向园区的接待中心集中的交通。如浙江萧山的"山里人家"就把入内交通设为马车之旅。

（2）主要道路连接园区中主要区域及景点，在平面上构成园内道路系统的骨架。在园路规划时，应尽量避免让游客走回头路，路面宽度一般为4～7 m，道路纵坡一般要小于8%。

（3）次要道路要伸进各景区，路面宽度为2～4 m，地形起伏可较主要道路大些，坡度大时可作平台、踏步等处理形式。

（4）游憩道路为各景区内的游玩、散步小路。布置比较自由，形式多样，对于丰富园区内的景观起着很大作用。

内部道路在规划时，不仅要考虑其对景观序列的组织作用，更要考虑其生态功能，如廊道效应。特别是农田群落系统往往比较脆弱，稳定性不强，在规划时应注意其廊道的分隔、连接功能，考虑其高位与低位的不同。

休闲园艺园区园内道路的特色在于路线的形状、色彩、质感都应与周围乡村景观相协调，突出农村质朴的特色。游憩小路是园区的线性景观构成要素，在形状上应以自然曲线为主，依地势高低起伏，或以田垄为基础，勾勒出农田的脉络，反映农业文化。游憩小路可根据情况不做铺装，展现农村朴素的乡野气息，同时有利于雨水的自然渗漏，保护生态环境。

4. 内部交通组织

内部交通组织包括以下部分。

内部交通主要包括车行道、步行道等。休闲园艺园区一般面积较大，各活动区域之间的距离长，应适当采用交通工具，提供各游览区间快捷的联系方式。交通工具还可以起到增加游园趣味、渲染游乐气氛的作用，无形中把交通时间转化为旅游时间。

地面交通可采用马车、驴车、牛车、电瓶车等。马车、驴车、牛车是有农村特色的游览交通工具，对游客有较强的吸引力，应大力提倡。电瓶车的特点是安静、低速、尺度小、无污染、趣味性强，也是适合休闲园艺园区采用的交通工具。

水上交通。主要由各式木筏、皮筏、竹排、游船等构成，并设置相应的游船码头。由于人们对水有天生的趋向性，水上旅行是颇受欢迎的一种游览方式。坐在船上，游客可以欣赏田园风光，观荷采莲，参与垂钓、捕捞等水上活动，更增加了游览的乐趣。

（四）景观结构规划

休闲园艺园区的景观规划需体现出风景资源的特色，利用当地乡土的自然景观、农业景观和人文历史景观，为人们创造出高效、安全、健康、舒适、优美的环境。

1. 景观结构规划

对休闲园艺园区的景观结构进行规划，有利于建设结构合理、特色浓郁、环境优美、自然景观和人文景观交融的园区环境。结构规划具体包括景区划分、轴线设置、边界处理等园区内景观资源的空间组织方式。通过对园区内景观资源的归纳分析，根据游赏需要，有机地整合为一定范围的各种景观地段，可形成具有不同景观特色和境界的景区。景区划分可根据空间特点、季相特点或其他景观特色进行划分。

休闲园艺园区的景观组织也可以利用轴线的手法，使游线清晰，给人以稳定安全的环境感受。但是，不宜采用城市设计中的轴线设置方式，因为这样会让景观风貌失去乡村情调。宜采取自然景观轴线的方式，充分利用自然山水条件，以自然风景和乡村风光为主体，以提炼过的农业景观设计为核心，布置景区、场地、设施时融入生态美学情怀，建设成为景观丰富优美的多功能景观走廊，并与外部生态环境紧密联系，形成良好的生态环境走廊。在局部也可以利用农田设施或村落街道，形成规则式的景观轴线，在体现地域文化的同时，增强景区、景点间联系的便捷性。

2. 竖向规划

在休闲园艺园区的景观设计当中会接触各种各样的地形地貌，分析、研究地形的景观美学特征及空间意境，以其为依据巧于因借、因地制宜地对园区进行竖向规划，是创造丰富的园区景观的前提。

休闲园艺园区的竖向处理应遵循以下原则：尽量适应地形，减少景观干扰，减少工程花费，防止表土流失，避免土壤侵蚀控制和再绿化的需要，充分利用现有的排水道，融合自然风景。对地形过于单调的园区可进行合理改造，根据园区栽培作物的具体分区来处理地形变化。通过利用并改造地形，为作物的生长发育创造良好的条件。而地形本身的变化也能形成灵活多变的空间，创造出景区的园中园，比用构筑物创造的空间更具有生气，更有自然野趣。园区基地若具备良好的地形条件，则应充分利用地形创造适宜农业体验活动的空间。园区竖向处理还要考虑排水要求，合理安排分水和汇水线，保证地形具有良好的自然排水条件。

3. 水系规划

休闲园艺园区的水体除造景功能外，还具有生产和生活功能，需要通过系统的规划，使各项功能之间互不影响，形成可以循环利用的可持续发展模式。

园区内的水体往往与园外的自然水系或农业灌溉水系相连，因而在利用的同时应注意保护水质，并应注意节约用水，不影响农业生产的用水需要。

人们到休闲园艺园区游览，总有沿湖散步、在水边休息、垂钓或泛舟河中采莲观荷的愿望，因此休闲园艺园区水体设计应安排一些运动路线，以满足人们的这些愿望，同时达到对水体充分利用的目的。这包括沿河小路、桥、堤、岛等的设置，它们不仅可以提供给人们穿越的体验，同时是划分休闲园艺园区空间、增加层次的重要景观，设计上应简洁，反映当地的自然文化特性。休闲园艺园区水体的岸边可适当设置小型广场、挑台台阶、栈道，创造亲水空间，从而让人们可轻松地从事赏景、垂钓、民俗观演等休闲娱乐活动。我国古老农业文明中灌溉占有相当大的部分，古老的灌溉机具可观、可用、可玩，还有一定的教育意义。休闲园艺园区水体中可布置一些反映农业文化特色的景观小品，如灌溉用的水车、打水用的水井、捕鱼的渔船、木筏等，增加水体景观的文化趣味。

（五）生产栽培规划

对栽培植物的审美在我国已有深厚的文化心理积淀，无论观叶、观花还是观果，主要是欣赏它们的季相美。休闲园艺园区以植物为主要构景元素，通过种植规划体现出农业景观的生态美，并使休闲园艺园区能够以丰富多变的季相美吸引更多的游人，这对于园区建设非常重要。园区内的植物可分为栽培植物和绿化植物两类，但由于休闲园艺园区属于生产性园林，因此栽培植物尤其重要。

1.露地栽培规划

露地农田的栽培要注意其景观点、线、面要素的构成，色彩与质感的处理，注意层次深远、尺度宜人等美学原理的应用，提高其艺术性和观赏性。

农田种植的作物及绿化植物应使季相、构图保持乡土特色。适当增加植物种类以丰富景观，调整落叶、常绿植物的比例，增补针叶树、阔叶树及其他观赏植物。

田缘线和田冠线是农田景观中的要素。要使农田景观得以产生丰富的空间层次，田缘线和田冠线是种植区景观处理的重点。田缘线指农路、农田的边缘绿化，它是农田与道路过渡的交界线；田冠线指植被顶面轮廓线。田缘线应以自然式曲线为主，避免僵硬的几何或直线条；应合理选择栽培作物，使田冠线高低起伏错落，形成良好的景观外貌。

在休闲园艺园区的生产栽培规划中可根据植被的生态特色进行分区，可分为草本区、木本区、草木本间作区三类。

（1）草本区包括大田作物型（旱地作物与水田作物）和蔬菜作物型植被的区域。

（2）木本区包括经济林型、果园型和其他人工林型植被的区域。

（3）草木本间作区包括农、林间作与农、果间作型植被的区域。

在休闲园艺园区的生产栽培规划中也可根据不同植被的功能分区，分为生态保护区、观赏（采摘）区、生产区等区域。

生态保护区包括珍稀物种生境及其保护区、水土保持和水源涵养区。

观赏（采摘）区一般位于主游线、主景点附近。处于游览视域范围内的植物群落，要求植物形态、色彩或质感有特殊视觉效果，其抚育要求主要以满足观赏或采摘为目的。如果范围内有生态敏感区域，还应加强生态成分，避免游人在其中采摘活动，这时此区域则作为观赏生态林。

生产区为休闲园艺园区的内核部分，是以生产为主，限制或禁止游人入内的区域。一般在规划中，生产区处在游览视觉阴影区、地形缓、没有潜在生态问题的区域。多数休闲园艺园区是在原有农场的基础上发展起来的，而原有的植被栽培是以生产为主要目的，不适宜旅游观赏的需要。

2.设施栽培规划

休闲园艺园区设施栽培运用现代农业科学技术进行栽培管理。现代的农业科技可使温室环境一年四季如春，周年常绿，向人们展现高科技的魅力。温室内的作物栽培必须考虑将现代农业与艺术有机结合，可对栽培棚架做适当艺术造型处理，借鉴技术美学的审美理论，从赞美现代科技的角度重新审视农业设施。同时，应考虑何种棚架栽培何种作物，因地制宜，达到瓜果满棚，融观赏性、趣味性、科教性于一体的效果。要合理分析棚架的高低层次，使温室内的栽培产生空间上的层次变化，同时注意选择作物的色彩搭配，丰富温室空间的艺术层次。在植物品种的安排上，可选择时鲜蔬菜、食用菌、名优花卉、根菜、叶菜、果菜等进行栽培，使温室四季常绿，周年瓜果满棚、鲜花盛开，突出栽培品种新、奇、特的特点。在季节的安排上要充分考虑每个品种的生物学特性。

二、休闲园艺园区规划设计的方法

（一）了解设计的基本情况

1.掌握自然条件、环境状况及历史沿革

要掌握的基本情况有以下几个方面。

（1）甲方对设计任务的要求及历史状况。

（2）农业用地与休闲园艺园区的关系，与城市的距离，位置以及对休闲园艺园区设计上的要求，农业用地图。

（3）休闲园艺园区周围的环境关系、环境特点、未来发展情况，如周围有无名胜古迹、风景区、人文资源等。

（4）休闲园艺园区周围景观状况。

（5）该地段的能源情况，如电源、水源以及排污、排水情况，周围是否有污染源。

（6）规划用地的水文、地质、地形、气象等方面的资料。了解地下水位，年与月降雨量。年最高最低温度及其分布时间，年最高最低湿度及其分布时间。季风风向、最大风力、风速以及冰冻线深度等。重要或大型园林建筑规划位置，尤其需要地质勘查数据。

（7）植物状况。了解和掌握地区内原有的植物种类、生态、群落组成及树木的年龄、观赏特点等。

（8）建园所需主要材料的来源与施工情况，如苗木、山石、建材等情况。

（9）甲方要求的园林设计标准及投资额度。

2. 图纸资料收集

除上述要求具备农业用地图外，还要求甲方提供以下图纸数据。

（1）地形图。根据面积大小，提供 1：2 000、1：1 000、1：500 园址范围内总平面地形图。图纸应明确显示以下内容：设计范围（红线范围、坐标数字）。园址范围内的地形标高及现状物（现有建筑物、构筑物、山体、水系、植物、道路、水井以及水系的进出口位置、电源等）的位置。现状物中，要求保留利用、改造和拆迁等情况要分别注明。四周环境情况包括与市政交通联系的主要道路名称、宽度、标高点数字以及走向和道路、排水方向；周围机关、单位、居住区的名称、范围以及今后发展状况。

（2）局部放大图。1：200 图纸主要提供为局部详细设计用。该图纸要包括建筑单位设计及其周围山体、水系、植被、园林小品及园内道路的详细布局。

（3）要保留使用的主要建筑物的平、立面图。平面位置注明室内外标高；立面图要标明建筑物的尺寸、颜色等内容。

（4）现状树木分布位置图（1∶200、1∶500）。主要标明要保留树木的位置，并注明品种、胸径、生长状况和观赏价值等。有较高观赏价值的树木最好附以彩色照片。

（5）地下管线图（1∶500、1∶200）。一般要求与施工图比例相同。图内应包括要保留的上水、雨水、污水、化粪池、电信、电力、暖气沟、煤气、热力等管线位置及井位等。除平面图外，还要有剖面图，并需要注明管径的大小、管底或管顶标高、压力、坡度等。

3. 现场踏查

设计者都必须认真到现场进行踏查。一方面，核对、补充所收集的图纸资料，如现状的建筑、树木等情况，水文、地质、地形等自然条件。另一方面，到现场可以根据周围的环境条件，进入艺术构思阶段。发现可利用、可借景的景物和不利或影响景观的物体，在规划过程中分别加以适当处理。根据情况，如面积较大，情况较复杂，有必要的时候，踏查工作要进行多次。现场踏查的同时，拍摄一定的环境现状照片，以供进行总体设计时参考。

4. 编制总体设计任务文件

设计者将收集到的资料，经过分析、研究，定出总体设计原则和目标，编制出进行休闲园艺园区设计的要求和说明。主要包括以下内容。

（1）休闲园艺园区在农业用地中的关系。

（2）休闲园艺园区所处地段的特征及四周环境。

（3）休闲园艺园区的面积和游客容量。

（4）休闲园艺园区总体设计的艺术特色和风格要求。

（5）休闲园艺园区地形设计，包括山体水系等要求。

（6）休闲园艺园区的分期建设实施程序。

（7）休闲园艺园区建设的投资框算。

（二）规划阶段

1. 园区建园条件分析

主要包括区位条件、立地条件、资源条件及社会经济条件4个方面。

（1）区位条件。

休闲园艺建园地的区位条件是决定休闲园艺建设及建设成功与否的首

要因素。从旅游区位理论可以看出，决定休闲园艺建园的区位条件主要有客源市场条件和交通条件。

第一，客源市场条件。客源市场是指旅游目的地对地域相异的游客的吸引力及旅客的出游能力，包括人口密度、人均收入、消费水平、闲暇时间、出游形式、旅游偏好等。客源市场条件是休闲园艺建园成功与否的决定性因素之一，客源市场及潜在的客源市场规模、类型是休闲园艺的建设能否进行的首要因素，也是确定旅游项目的依据。

第二，交通条件。游客的出游在很大程度上取决于目的地的交通条件，交通条件的好坏往往与游客的多寡存在一定的正相关关系。此处所讲的交通条件包括两层含义，一是与城市的距离，二是交通的通达性。

（2）立地条件。

立地条件是指景观园区建园地的情况，主要包括自然环境条件和农业基础条件两个方面。立地条件对休闲园艺的建园具有直接的影响，关系到项目的可行性、布局、工程投资大小等，还关系到规划用地开发利用的适用性和经济性。

环境条件。建园地范围内的自然环境条件是建设休闲园艺必须考虑的重要因素。良好的自然环境是休闲园艺的必备条件，也是增强旅游资源吸引力的基础条件。休闲园艺建园地的自然环境条件主要包括植被状况、气候状况、水文水质状况、空气质量以及地形地貌类型5个方面。一般来说，具备丘陵和平原相间的地貌和温暖湿润的气候等条件，地下水充沛、地表水丰富、水质优良、土壤肥沃、植被丰富的地区对休闲园艺的开发建设有利。

农业基础条件。建园地所在地域主要农副产品生产和供应的种类、数量和保障程度对休闲园艺的旅游开发有较大的影响。总的来说，农业的种类、产量和商品率与休闲园艺旅游开发呈正相关关系。只有对建园地所依托地区的农业基础条件进行仔细分析和研究，才能确定休闲园艺旅游开发的主要方向。

（3）资源条件。

休闲园艺的建设要考虑建园地所具有的自然景观资源和人文景观资源条件。

自然景观资源条件。选择建设休闲园艺的地区必须具备一定的自然景观资源，在具备自然景观资源条件的地区建园要比花大量人力改造建设休闲园艺节约资金，并能实现所建休闲园艺的持续发展。另外，由于休闲园艺具有强烈的地域性，建园地所在地区的综合自然景观资源条件在一定程度上决定了休闲园艺的开发类型和发展方向。

人文景观资源条件。农村的生活习俗、农事节气、民居村寨、民族歌舞、神话传说、庙会集市以及茶艺、竹艺、绘画、雕刻等，都是农村旅游活动的重要组成部分。

（4）社会经济条件。

影响休闲园艺开发建设的社会经济条件主要包括建园地的区域经济、基础设施和旅游发展条件。

经济条件主要是指某地所处的经济环境，也就是该地的总体经济发展水平。它涉及经济基础、经济发展水平、资金、技术等多方面。经济条件对休闲园艺的开发建设是十分重要的。处在较好的经济环境的休闲园艺优势突出，发展潜力巨大，对该地的发展具有推动作用，反之，则潜力小，制约该地的发展。衡量一个地方经济发展水平的重要指标主要有当地的消费能力和投资能力。

基础设施条件。休闲园艺建园地的基础设施条件主要包括水、电、能源、交通、通信等设施。这些基础设施是休闲园艺开发，特别是休闲园艺技术建设中不可缺少的条件和因素，直接影响休闲园艺开发建设的难度和投资金额。

旅游发展条件。休闲园艺旅游的开发与本地区内旅游发展的情况密切相关。有良好旅游发展条件的地区，其旅游业的发展必将带来大量的游客，从而带动休闲园艺向可持续方向发展，实现创收。

2.基础资料收集

（1）基础资料分析。

目标定位是指确定休闲园艺园区的类型。因为休闲园艺园区各类型之间差异很大，规划前期，要先确定基地的目标定位。

性质分析是指对主要服务对象的分析。这将影响到规划的方向与建设的标准。

旅游供应条件是指园区内休闲园艺资源的状况、特性及其空间分布，最大允许环境量，水电供应能力及其他公用设施、商业饮食服务设施的种类、营业面，对外交通的吞吐能力，旅游通信设备水平等方面。因为休闲园艺园区季节性比较强，户外活动较多，对于环境容量必须做出应有的分析规划，而对外交通能力则决定了游人的可达性，应引起一定的重视。此外，对园区所属地居民的经济、文化背景及园区对旅游活动的容纳能力、游客的旅游活动及当地居民的生产、生活活动与休闲园艺园区环境相结合情况也应做出考虑。

（2）园区发展战略。

在调查—分析—综合的基础上，对园区自身的特点做出正确的评估后，提出园区发展战略，确定实现园区发展目标的途径。

（3）园区产业布局。

确定农业产业在园区中的基础地位，规划在围绕农作物良种繁育、生物高新技术、蔬菜与花卉、畜禽水产养殖、农产品加工等产业开展的同时，发挥观光旅游、休闲度假等第三产业在园区景观规划中的决定作用。园区产业布局必须符合农业生产和旅游服务的要求。

（4）园区功能布局。

园区功能布局要与产业布局结合，充分考虑游客观光休闲的要求，确定功能区，划定接待服务区、农产品示范区、观光采摘区、生产区各自的范围，完成园区功能布局图。

（5）园区土地利用规划。

合理确定园林绿地、建筑、道路、广场、农业生产用地等各项用地的布局，确定各项用地的大小与范围，并绘制用地平衡表。对不同土地类型的各个地块做出适宜性评价，达到农业土地的最合理化利用，取得最大的经济效益。

（6）景观系统规划设计。

景观系统规划设计要强调对园区土地利用的叠加和综合，通过对物质环境的布局，设想出园区景观空间结构的变化和重要节点的景观意向。包括基础服务设施规划、游憩空间规划、植物景观配置规划、道路系统规划、水电设施规划。

另外，休闲园艺园区在具体的规划设计时还要注意如下方面：

① 开发与保护并举；

② 大力推行小区经营；

③ 因地制宜，体现特色；

④ 坚持"农游合一"的原则。

休闲园艺的特点是农业与旅游业相结合。休闲园艺通过旅游业的开展而走向市场，建立自己的市场地位，提高自身的价值，获得巨大的经济效益。同时，休闲园艺为旅游业的发展开拓了新领域，丰富了旅游的内涵，促进了现代旅游业的发展。休闲园艺园区充分利用原有的旅游景区和景点，扩大和增加休闲观光果业项目，通过两者之间的相互带动，发展"农游合一"的新型产业，从而在城郊营造优美宜人的绿色游憩空间。

3. 分区规划

依据休闲园艺园区总体布局的定位和原则，休闲园艺园区又可将布局功能区细分为入口区、服务接待区、管理区、科普展示区、特色品种展示区、精品展示区、种植采摘区、种植体验区、引种区、休闲度假区、生产区等。

入口区：用于游客方便入园休闲体验的用地。

服务接待区：用于相对集中建设住宿、餐饮、购物、娱乐、医疗等接待服务项目及其配套设施的用地。

管理区：为园区管理建设用地。主要建设项目为办公用房、仓库、停车场等。

科普展示区：为儿童及青少年设计的活动用地。以科学知识教育与趣味活动相结合，具备科普教育、电化宣教、住宿等功能。

特色品种展示区：为各种不同的具有当地特色的农产品种植展示区。

精品展示区：为精品农作物种植区，可满足不同层次休闲体验者的要求。

种植采摘区：此区面积最大，是休闲园艺园区的基本用地。

种植体验区：为小范围场地种植体验认养区域。在此人们通过认养农作物的方式，选择性地参与农作物施肥、剪枝、疏花、疏果、套袋、采摘等各项技术劳作。

引种区：在此区引进和驯化国内外优良的果品品种，建立优良农产品品种引进、选育和繁育体系。

休闲度假区：主要为游览者较长时间地观光采摘、休闲度假之用地。

生产区：从事传统农产品生产的区域。

综合利用展示区：展示农业提供的丰富的农、林、牧、副、渔产品等生产功能。

农业知识展示区：进行农业景观的展示和模拟。

特色餐饮购物区：提供乡土风味的特色餐饮、土特产和民俗工艺产品。

4. 规划成果

在形式上包括可行性研究报告，文本（含汇报演示文本）、图集、基础数据汇编。

主要内容有园区社会及自然条件现状分析，园区发展战略与目标定位，项目建设指导思想及原则，园区空间布局，园区土地利用，园区功能分区及景观意向，园区环境保障机制，园区游憩系统布置，景观规划与设计的实施方案，客源市场分析与预测，投资与风险评价，环境影响分析与评价，经济效益、社会效益、生态效益评价，组织与经营管理。

休闲园艺园区规划的注意事项：总体规划与资源（包括人文资源与自然资源）利用相结合；因地制宜，充分发挥当地的区域优势，尽量展示当地独特的农业景观。具体而言，主要有以下几方面。

（1）把当前效益与长远效益相结合。以可持续发展理论和生态经济学原理来经营，提高经济效益。

（2）创造观赏价值与追求经济效益相结合。在提倡经济效益的同时，注意园区环境的建设，应以体现田园景观的自然、朴素为主。

（3）综合开发与特色项目相结合。在农业旅游资源开发的同时，突出特色又注重整体的协调。

（4）生态优先，以植物造景为主。根据生态学原理，充分利用绿色植物对环境的调节功能，模拟园区所在区域的自然植被的群落结构，打破狭义农业植物群落的单一性，运用多种植物造景，体现生物多样性，结合美学中艺术构图原则，创造一个体现人与自然双重美的环境。

（5）尊重自然，体现"以人为本"。在充分考虑园区适宜开发度、自然承载能力的情况下，把人的行为心理、环境心理的需要落实于规划设计之中，寻求人与自然的和谐共处。

（6）展示乡土气息与营造时代气息相结合，历史传统与时代创新相结合，满足游人的多层次需求。注重对传统民间风俗活动与有时代特色的项目，特别是与农业活动及地方特色相关的旅游服务活动项目的开发和乡村环境的展示。

（7）强调对游客"参与性"活动项目的开发建设。游人在休闲园艺园区中是"看"与"被看"的主体，休闲园艺园区最大的特色是，使游人作为劳动（活动）的主体来体验和感受劳动的艰辛与快乐，并成为园区一景。

景观系统规划设计要强调对园区土地利用的叠加和综合，通过对物质环境的布局，设想出园区景观空间结构的变化和重要节点的景观意向。

（三）总体设计方案阶段

在明确休闲园艺园区在城市绿地系统中的关系，确定了休闲园艺园区总体设计的原则与目标之后，就进入总体设计方案阶段，着手进行以下设计工作，还要争取做到多种方案的比较。

1. 主要设计图纸内容

（1）位置图。属于示意性图纸，表示该休闲园艺园区在城市区域内的位置，要求简洁明了。

（2）现状分析图。根据已掌握的全部资料，经分析、整理、归纳后，分成若干空间，对现状进行综合评述。可用圆形圈或抽象图形将其概括地表示出来。例如，经过对四周道路的分析，根据主次城市干道的情况，确定出入口的大体位置和范围。同时，在现状图上，可分析休闲园艺园区设计中有利和不利因素，为功能分区提供参考依据。

（3）功能分区图。根据总体设计的原则、现状图分析，根据不同年龄段游人活动规划、不同兴趣爱好游人的需要，确定不同的分区，划出不同的空间，使不同空间和区域满足不同的功能要求，并使功能与形式尽可能统一。另外，分区图可以反映不同空间、分区之间的关系。该图属于示意说明性质，可以用抽象图形或圆圈等图案予以表示。

（4）总体设计方案图。根据总体设计原则、目标，总体设计方案图应包括以下诸方面内容。第一，休闲园艺园区与周围环境的关系：休闲园艺园区主要、次要、专用出入口与市政道路的关系，即面临道路的名称、宽度；周围主要单位或居民区等的名称；休闲园艺园区与周围园界是围墙还是透空栏杆要明确表示。第二，休闲园艺园区主要、次要、专用出入口的位置、面积，规划形式，主要出入口的内外广场、停车场、大门等布局。

第三，休闲园艺园区的地形总体规划、道路系统规划。

（5）地形设计图。地形是全园的骨架，要求能反映出休闲园艺园区的地形结构。以自然山水园而论，要求表达山体、水系的内在有机联系。根据分区需要进行空间组织，根据造景需要，确定山地的形体、制高点、山峰、山脉、山脊走向、丘陵起伏、缓坡、微地形以及坞、岗、岘、岬、岫等陆地造型。同时，地形要表示出湖、池、潭、港、湾、涧、溪、滩、沟、渚、堤、岛等水体造型，并要标明湖面的最高水位、常水位、最低水位线。此外，图上要标明入水口、排水口的位置（总排水方向、水源及雨水聚散地）等，确定主要园林建筑所在地的地坪标高、桥面标高、广场高程以及道路变坡点标高，还必须标明休闲园艺园区周围市政设施、马路、人行道以及休闲园艺园区邻近单位的地坪标高，以便确定休闲园艺园区与四周环境之间的排水关系。

（6）道路总体设计图。先在图上确定休闲园艺园区的主要、次要与专用出入口，主要广场的位置、主要环路的位置以及作为消防的通道，再确定主干道、次干道等的位置以及各种路面的宽度、排水纵坡，并初步确定主要道路的路面材料、铺装形式等。图纸上用虚线画出等高线，再用不同的粗线、细线表示不同级别的道路及广场，并注明主要道路的控制标高。

（7）种植设计图。根据总体设计图的布局、设计的原则以及苗木的情况，确定全园的总构思。种植总体设计内容主要包括不同种植类型的安排，如密林、草坪、疏林、树群、树丛、孤立树、花坛、花境、园界树、园路树、湖岸树、园林种植小品、花圃、小型苗圃等内容。同时，确定全园的基调树种、骨干造景树种，包括常绿、落叶乔木、灌木、草花等。

（8）管线总体设计图。根据总体规划要求，解决全园的上水水源的引进方式，水的总用量（消防、生活、造景、喷灌、浇灌、卫生等）及管网的大致分布、管径大小、水压高低以及雨水、污水的水量、排放方式、管网大体分布、管径大小和水的去处等问题。大规模的工程，建筑量大，北方冬天需要供暖，还要考虑供暖方式、负荷多少，锅炉房的位置等。

（9）电气规划图。电气规划图是为解决总用电量、用电利用系数、分区供电设施、配电方式、电缆的敷设以及各区各点的照明方式及广播、通信等的位置而设计的。

2.总体设计说明书

总体设计方案除图纸外，还要求有一份文字说明，全面介绍设计者的构思、设计要点等内容，具体包括以下几个方面：

（1）位置、现状、面积。

（2）工程性质、设计原则。

（3）功能分区。

（4）设计主要内容（山体地形、空间围合、湖池、堤岛水系网络、出入口、道路系统、建筑布局、种植规划、园林小品等）。

（5）管线、电气规划说明。

（6）管理机构。

3.工程总框算

在规划方案阶段，可按面积（hm²、m²），根据设计内容、工程复杂程度，结合常规经验框算，或按工程项目、工程量，分项估算再汇总。

（四）局部详细设计阶段

1.局部详细设计工作主要内容

（1）平面图。

根据休闲园艺园区或工程的不同分区，划分若干局部，每个局部根据总体设计的要求，进行局部详细设计。一般比例尺为1∶500，等高线间距为0.5 m，用不同等级粗细的线条，画出等高线、园内道路、广场、建筑、水池、湖面、驳岸、树林、草地、灌木丛、花坛、花卉、山石、雕塑等。

详细设计平面图要求标明建筑平面、标高及与周围环境的关系；道路的宽度、形式、标高；主要广场、地坪的形式、标高；花坛、水池面积的大小和标高；驳岸的形式、宽度、标高；同时，平面上标明雕塑、园林小品的造型。

（2）横、纵剖面图。

为了更好地表达设计意图，在局部艺术布局最重要部分或局部地形变化部分，画出断面图，一般比例尺为1∶200 ～ 1∶500。

2.局部详细设计

主要包括休闲园艺园区地形、休闲园艺园区水体和休闲园艺园区建筑、景观细部构造设计。

（1）地形设计。

休闲园艺园区会遇到多种形态各异的地形地貌，要综合考虑利用原有地形、地貌。

① 地形方案设计。研究各种地形地貌，如山地、平原、湖泊、水渠等，在休闲园艺园区的景观设计当中，分析地形的景观美学特征及空间关系是非常必要的。

② 休闲园艺园区地形处理原则。应尽量适应地形，减少景观干扰，减少工程花费，防止表土流失，避免土壤侵蚀控制和再绿化的需要，充分利用现有的排水道，融合自然风景。

③ 休闲园艺园区地形处理方法。良好的自然条件，能取得事半功倍的效果。对于这样的土地处理，主要利用原有地形，只需稍加人工点缀和润色。休闲园艺园区基地若具备良好地形条件，景观设计应围绕地形进行。原地形可用环抱的土山或人工土丘挡风；用起伏的地形，按"俗则屏之"原则进行"障景"；以土代墙，利用地形"围而不障"，以起伏连绵的土山代替景墙以"隔景"。

对地形过于平坦的休闲园艺园区应进行合理改造，根据休闲园艺园区栽培植被的具体分区来处理地形变化。通过利用并改造地形，为植物的生长发育创造良好的条件。而地形变化本身也能形成灵活多变的空间，创造出景区的园中园，比用建筑创造的空间更具有生气，更有自然野趣。

④ 休闲园艺园区地形处理还要考虑排水要求。合理安排分水和汇水线，保证地形具有良好的自然排水条件。休闲园艺园区中每块绿地应有一定的排水方向，可直接流入水体或由铺装路面排入水体，排水坡度可允许有起伏，但总的排水方向应该明确。休闲园艺园区的地形起伏也不能太过，应适中。坡度小的地形易积水，地表面不稳定；坡度介于 1% ~ 5% 的地形排水较理想，适合于大多数活动内容的安排，但当同一坡面过长时，显得较单调，易形成地表径流；坡面介于 5% ~ 10% 之间的地形排水良好，而且具有起伏感；坡度大于 10% 的地形只能局部小范围地加以利用。

⑤休闲园艺园区的地形改造应尽可能就地平衡土方。采用半挖半填式方法进行，挖池与堆山结合，开湖与造堤配合，使土方就近平衡，相得益彰，可起到事半功倍的效果。根据地形和风向还可安排特色的游览服务设施用地，如风帆码头、烧烤场等。北京市休闲园艺园区对地形进行改造的

不多，如郁金香花园、蟹岛度假村等。

（2）水体设计。

休闲园艺园区中，水体及其驳岸是非常重要的静态景观要素，可以说是休闲园艺园区的灵魂。休闲园艺园区若拥有一片引人入胜的水面或可在远处观赏的水景，一定要加以重视，努力使水的视觉和实用功能得到最充分的利用。休闲园艺园区水体的作用主要包括供水、灌溉、运输、为水生动物提供生存环境、休闲功能以及增加风景价值。

① 休闲园艺园区水体美学特征。休闲园艺园区中的水体包括点状景观，如水井、小水池；线状景观，如溪流、水渠、瀑布；面状景观，如湖泊、池沼。另外，还包括静态与动态、大型与小型的水体。静态水体，适于用作垂钓场地，是休闲园艺园区开放性的空间，如池沼、渊潭，表现为或平远宽阔，或紧缩狭隘。大型的水体，往往是静态的，不仅参与地形塑造，更是空间构成的重要元素，它不仅被观赏，更重要的是提供了两岸对望的距离，限制了游人与景点的接触方式，控制了人与景点的视距。

休闲园艺园区的水体中还可设置桥、堤、岛，给游人穿越与接近水的体验。桥是水与陆的交通手段，似陆非陆，近水非水。堤和岛是水体的对比性点缀，有被水体衬托的图形之美，与水形成典型的图底关系。它们和静态水体一起组成的静态景观具有很高的审美价值。

② 休闲园艺园区水体疏导。休闲园艺园区中若有自然的水体，应考虑不破坏自然条件，保留河流堤岸的原始状态，加强与周围环境的统一。必要时，对水体堤岸表面可用石头、圆木和蔓生植物固定，以防止流水冲刷与侵蚀。自然式的水体可使空间产生一种轻松、恬静的自然感觉，水体与起伏的地形和自然式种植的树丛结合起来，形成一派宁静的田园风光。

若休闲园艺园区中没有天然的水体条件，可设置人工水体。人工水体驳岸是水与陆的交界，也应设计成自然式或半自然式，驳岸形状最好由自然曲线构成，也可少部分使用直线的铺地或草坪，以产生突变，形成对比。但是，设计不能一成不变，应在适当的地方利用形状、色彩、质感或肌理的变化来丰富水际线，这其中要遵循主从、比例、均衡与对比的关系。水体设计，讲究脉源相连，不孤置。水必须有源头，而非一潭死水。在大型休闲园艺园区景观当中，水体可以作为划分区域的要素之一，也可作为联系和统一同一环境中不同区域的手段。

③ 休闲园艺园区水景设施。休闲园艺园区静态水体的水景设施是必不可少的环境要素，主要指水池设施。大规模休闲园艺园区应设计多种水池，从自然式池塘到观赏用水池、供人们垂钓的养鱼池、儿童乐园的涉水池等。水池设计要掌握好主景石、水面、地面三者之间的衔接关系以及图底关系。水池中除中心岛、小群岛、大块平石等主景石外，还要增添一些池塘构图要素，如洲岛、石桥、汀步、踏步石等。构造上，要注重池底处理，确定用水种类以及是否需要循环装置，确认是否安装过滤装置，是否设置水下照明，必须做好水池的防渗漏。人工水池的设置必须注意节约用水、循环用水，让观赏用水与灌溉用水很好地结合起来，以保护生态环境。

④ 动态水体设计。休闲园艺园区中动态水体的美在于它静态的外轮廓线，还在于它所带来的视觉和声音上的动感美，动态水体能为休闲园艺园区整体景观增添许多典雅、活泼、高潮迭起的效果，流动的水声更为宁静的乡村增添了静谧的气氛。溪涧、泉源、瀑布是流动而带声音的动态水体景观；游鱼、水鸟、涉禽是浮游和涉足于水体的动态生物景观；水声潺潺，奔流激荡，岩崖下泄，危峰飞瀑，翻腾翔跃，扬鳍穿梭，构成了动态水体的综合景观。

休闲园艺园区动态水体往往是小型水体，这时水景重在单体，可喷，可涌，可射，可流，不仅为休闲园艺园区提供声音美，还能成为视觉焦点。小型动态水体可布置在人流集中的广场区，或对景、夹景的终点，成为休闲园艺园区的视觉中心景观，也可设置在休闲园艺园区建筑室内，使室内室外情景交融。

休闲园艺园区中的动态水景设施主要包括溪流、瀑布。溪流要尽量展示自然原野中溪流、小河流的风格，适当设置各种主景石，如隔水石、切水石、破浪石等；游人可能涉入的溪流，其水深不应大于 30 cm，以防儿童溺水；溪底可选用大卵石、砾石、水洗砾石、瓷砖、石料等铺砌处理，以美化景观；适当加入沙石、种植苔藓，既能更好地展示其自然风格，又可减少清扫次数。休闲园艺园区适合小型瀑布，可设计成多种跌落形式，如丝带式、幕布式、阶梯式、滑落式等，瀑布中应模仿自然景观，设置各种主景石、分流石、破滚石等。

（3）建筑方案设计。

休闲园艺园区中的建筑有生产性建筑与非生产性建筑之分。

① 生产性建筑。温室是休闲园艺园区中的生产性建筑。"借景所藉，切要四时"，设施栽培是休闲园艺园区春、夏、秋、冬四季均可游览、采摘的重要保障。随着日光节能温室结构优化，其用途和作用也越来越广、越来越大，除用于蔬菜生产外，畜、禽、鱼类养殖等领域会有大的发展，同时这些领域也具备很高的观赏性，因此温室建筑在休闲园艺园区的发展中，将发挥重要的先导作用。

温室作为标志性建筑，对休闲园艺园区整体环境的艺术性有至关重要的作用。其中，大型观光温室往往是整个休闲园艺园区或某一景区的主景，宜采用独特的建筑风格和现代新型材料技术，主要反映重复美和钢结构的简洁美，是时代感很强的现代高科技的象征。大型温室内外游人比较集中，应结合全园主要游览线布置。小型日光温室也应经过精心设计或改造，使其成为休闲园艺园区中宜人的景观点。

② 服务性建筑。包括餐厅、别墅、体育休闲中心、接待室、茶室等，在定位和造型上都有较高的要求，应该以分散、点景的方式进行建筑布局，可以借鉴亭、廊、花架式样的建筑形式，完全遵守景观点的处理法则。

③ 建筑小品。包括亭榭、雕塑、喷泉、座椅、灯具乃至台阶、铺地等。设计应注意行为科学，把功能和美化结合起来，防止"重美轻人"。

休闲园艺园区中的路径铺地、小品建筑等，应以"点"或"线"的角色出现在园区之中。其设置应吸取传统园林建筑形式的功能及审美实质，如亭、廊、榭、轩、馆、楼、阁等，其中绿廊是休闲园艺园区中最具特色的小品建筑。尤其是带有农业特色的室内外家具与陈设，其数量、大小、位置，与形、色、质的有机构成，能够美化和暗示整个农业观光园的文化性质。设计尽量与农业历史、传统、生产、民风民俗等农业文化相结合，如可设置日晷、水车、古井、织布机、石磨、古代农机具等充满乡土气息的景观小品。另外，座椅、雕塑、大门、垃圾箱等都可以采用趣味植物造型，如水泥塑成的假山、仿竹木亭、藤桥、树桩座椅等。

另外，建筑小品的建设还应考虑使景观在生态和经济上达到可持续发展的要求，如对厕所的设计，可以在景区建造"净化沼气池"和有"绿色保护"的生态厕所，对维护休闲园艺园区的生态环境能起到良好的效果。如北京蟹岛度假村本着以人为本的原则，合理利用水资源和各种生物资源，建成了水资源合理循环系统及种植、养殖、沼气、加工业相结合的立体农业模式。

④ 建筑设计方法。休闲园艺园区建筑造型，应与农村自然环境相融合，体现农家气息；建筑风格既要有浓郁的地方特色，又要与休闲园艺园区的性质、规模、功能相适宜；建筑布局要充分考虑与地形间的关系，地表形态是强烈的视觉要素，考虑与地形间关系的建筑物其本身力度会增加，同时容易与地形特征相和谐。

休闲园艺园区建筑设计应考虑与自然的同构关系，尊重自然气候，建筑材料最好就地取材，尽可能采用当地的自然材料，如田间石材、木材等。用这类自然材料有助于加强建筑物同周围环境的联系，这样既可节省大量投资，又能体现浓厚的地方色彩，在色彩、肌理上使休闲园艺园区易于与周围自然环境相协调。还要掌握保护农田的原则，让建筑进入环境，环境进入建筑，通过相互作用，削弱人工迹象。

休闲园艺园区建筑设计还必须注意与周围场地的关系，即图底关系，这是建筑与自然融合的最佳方法。既可考虑将场地当作主体建筑的环境，这时建筑是图，场地是底；也可将建筑看作景观的附属，对建筑进行设计，以补充自然的轮廓和形态，这时场地是图，建筑是底。只有满足了图底关系，建筑和场地的关系才更自然、协调，融为一体。

（4）景观细部构造设计。

景观环境设施工程是休闲园艺园区建设中最重要的一个环节。它既是休闲园艺园区文化质量的具体体现，又是开展休闲园艺园区旅游活动的物质条件和保障，直接关系着休闲园艺园区的文明形象。休闲园艺园区的环境设施必须精心营建，不仅要实用，还要美观，有文化气息，这样才能创造出具有审美意味的文化氛围。具体到环境设施的指路牌、饮泉、凉亭等的设计，如果得当均可充分体现"以人为本"的人文关怀；而多种景观要素如垃圾箱、座椅、标志等的重复出现，可使休闲园艺园区整体协调，主题更加突出。

路面和广场铺装。为提高休闲园艺园区绿化率，以保护生态环境，休闲园艺园区路面和广场宜多做绿化，不宜做太多铺装。其中，游憩小路可设计为石灰岩土路面、沙土路面、改良土路面之类的简易路面。休闲园艺园区路面也适合不做铺装，以显示乡村朴素的天然美，同时未铺装路面由于渗透性好，还可保护生态环境，吸引游人前来踏足。广场和停车场应采用透水性草皮路面。

台阶、挡土墙。休闲园艺园区地形起伏较大时需设置台阶、坡道和挡土墙。室外台阶的样式可多样化，适合采用天然石、卵石、圆木桩等材料。挡土墙的形态设计上可采取直墙式和坡面式两种。部分挡土墙可充分利用地形，设计成浮雕形式。材料上宜采用嵌草皮预制砌块、卵石、毛石等材料。

路缘石。路缘石是为确保行人安全、进行交通诱导、保留水土、保护植栽以及区分路面铺装等而设置在车道与人行道分界处、路面与绿地分界处、不同铺装路面的分界处等位置的构筑物。路缘石尽量就地取材，采用石头路缘石或木桩路缘石较好。

围栏。竹篱的围栏、竹篱等范围物，对休闲园艺园区起到安全防护、标明分界等作用，同时是处理各分区之间景观联系、遮挡的重要手段。木制绳栏和竹篱深受城市居民喜爱，可就地取材，也易于融入周围环境，在休闲园艺园区中应广泛采用。

凉亭和棚架。凉亭和棚架是休闲园艺园区中应用得最多的环境设施，都是采用蔓生植物结构的庇荫设施。棚架采用圆木做梁柱、竹料做擦条，也可采用仿木混凝土、仿竹塑料擦条。凉亭使用木材、混凝土钢材等做梁柱，木材或钢材做擦条。凉亭与棚架的形式、色彩、尺寸、题材都应与休闲园艺园区环境相适应、协调。

垃圾站、垃圾箱。垃圾站、垃圾桶、垃圾箱的造型、色彩设计都应充分考虑景观的要求。它们是园中多次重复出现的设施，设计得法则可成为协调休闲园艺园区主题的要素。垃圾站的位置应挑选合安排在既方便清洁车顺利回收垃圾，又不醒目的地点和路线，但应避免空气污染或破坏景观的地点，避开交叉路口、交通量大且游人目光容易汇集的地方。在垃圾站周围要设置围墙或植栽做遮蔽。

停车场。很多休闲园艺园区不注重停车场位置的预留，这大大降低了休闲园艺园区的可进入性。休闲园艺园区停车场设计应严格按照国家规范要求。停车场内部绿化可选种结缕草等地被植物，踏压严重的地方可选择绿地砌块等植物保护材料。停车场内进行绿化植树，既可美化环境，又可形成庇荫，绿化带的宽度视所选栽植的树木而定，如是高大树林，绿化带宽度应在 1.5 ~ 2.0 m 以上。

环境小品。为方便游人游览，休闲园艺园区无论投资大小，都应适当设置环境小品，包括座椅、果皮箱、雕塑小品等。座椅设置方式有平置式、固定在花坛绿地挡土墙上的嵌砌式，以绿地挡土墙兼用的兼用式等形式。座椅的制作材料最好采用木材、石材、各类仿石材料、金属或木材与混凝土、木材与铸铁等组合材料。座椅的色彩、造型及配置应结合环境总体规划来设计，并体现自然、朴素、趣味的特征。果皮箱的制作材料可选择金属、混凝土或陶瓷成品。在材质、色彩、规格上要体现纯朴的乡村气息。如北京蟹岛度假村的果皮箱采用了玻璃钢材料，每个功能区都采用了不同的造型，但整体造型风格一致，既统一又协调。

标志。包括名称标志，如标志牌、树木名称牌；环境标志，如导游板、休闲园艺园区布局示意图、设施分布示意图；指示标志，如出入口标志、导向牌、步道标志；警告标志，如禁止入内标志、禁止踏入标志等。标志的设置应根据休闲园艺园区用地的总体建设规划，决定其形式、色彩、风格、配置，制作出美观与功能兼备的标志，打造优美环境。标志的设计方法有独立式、墙面固定式、地面固定式、悬挂式。标志主件的制作材料选择耐久性强的，如花岗岩类天然石、不锈钢、红杉类木材、瓷砖、丙烯板等。利用不同的建筑造型、色彩、行道树、地面铺装材料，并通过设置纪念性建筑、标志性树木、大门等可使建筑本身具备一定标志功能。

第三节　休闲园艺案例

以海南省观光园艺景区的开发为例进行案例分析。农业和旅游业是海南省的两大支柱产业。热带休闲园艺是海南省大力发展的项目之一。本节分析了海南省发展热带农业的需求、供给、现状等方面，提出今后可规划建设的项目。

一、海南观光农业旅游开发条件分析

海南热带观光农业发展的可行性主要取决于需求和供给两个方面。

（一）需求方面

海南观光农业的旅游客源市场可分为近程市场、中程市场和远程市场三部分。

1. 近程市场

近程市场指本岛城市居民。海南建省设立特区以来，经济有了飞速发展。随着城市居民收入水平的提高，消费结构开始发生变化，在娱乐、休闲、旅游等方面的支出比例日益上升。随着 5 天工作制的实行，周末休闲旅游已成为海南都市人的消费时尚。根据周末双休日的限定时间，城市居民的周末休闲活动目的地主要在距市区 1 ~ 2 小时车程的地方，这正是观光农业景点的分布区，观光农业有可能成为本岛居民周末休闲旅游的最佳选择。从现实来看，由于设立经济特区，海口、三亚等城市近些年的城市化进程加快，房地产热使城市的绿地、树木越来越少，而灰色水泥建筑越来越多；汽车尾气污染、噪音污染、热岛效应等一系列生态环境问题日益严重；特区城市生活的快节奏和紧张工作，使城市居民承受着来自环境和生活的双重压力。因此，感受和体验淳朴、恬静、悠闲的乡村生活、田园郊野风光等就成了海南城市人的渴望。

2. 中程市场

中程市场指我国大陆各省，香港、澳门、台湾地区以及韩国、日本及东南亚诸国。热带海岛休闲园艺在全国的唯一性和独特性，使它不仅对岛内的周边城市居民有吸引力，而且对岛外的大陆各省及海外旅游者同样产生着吸引力。这样，它就可将全国 200 多个大中型城市的居民都纳入客源市场范围。海南地处亚太经济圈，又是我国三大侨乡之一，它同日、韩、东南亚诸国和我国台湾、香港地区都有血缘、地缘的关系。港澳台同胞和海南的华侨历来就有在清明、春节等节日回家乡探亲访友，到观光农园休闲度假的习惯。让这些人投资购买观光园或园内的果林、茶园，使他们拥有果林或茶园的经营权与管理权，让他们在家乡种树、买地，以留下根基，既可以吸引投资人及其亲朋好友每年多次光顾海南，提高基本客源的稳定性，又可延长游客在岛内的逗留时间，更能提高旅游产品的价值。

3. 远程市场

远程市场是欧美发达国家。它们距海南虽路途遥远，但随着国际旅游客流的渐趋东行南移，这些国家来我国旅游的人数有逐年增加的趋势。外国人到中国旅游主要是为具有东方特色的文化所吸引。而包容着中国农民勤劳、智慧、善良等东方民族特色的农业文化，正是中国文化乃至东方文化的重要组成部分。对广大欧美地区的游客来说，到中国农村去旅游，正是欣赏东方文化的重要途径。海南所拥有的热带田园风光、原始而奇特的农耕方法、与大陆迥异的民族风情和节庆习惯、独有的地方特产和饮食文化等，是海南的农业文化独特的神韵和魅力，必将使欧美地区的游客得到一种奇特的享受。

从以上分析可知，海南的热带海岛观光农业比大陆各省的观光农业都拥有更加广阔的客源市场，因此发展观光农业可以取得良好的经济效益和社会效益。

（二）供给方面

海南发展热带海岛观光农业还具有供给方面的诸多优势。

1.海南拥有发展热带海岛观光农业独特的气候条件

海南岛属于热带季风气候区，拥有充足的光热和水分，不仅天然植物种属多，终年常绿，而且作物可四季种植，生长旺盛。橡胶、椰子、油棕、槟榔、香茅等经济作物四季可见；菠萝、香蕉、西瓜、荔枝、龙眼、芒果、菠萝蜜、人参果、神秘果等热带水果四季飘香。因此，海南观光农园可以四季开放，不仅可以吸引大量的北方游客来避寒，为其提供新的活动空间，又能对海南冬季传统旅游热点进行分流，缓解其拥挤程度，达到有效保护旅游资源的目的。

2.土地资源开发潜力大

海南土地资源丰富，且人口密度小，人均占地面积大，尚未开发的土地有2600平方千米，可以开发的宜农荒地资源8670平方千米，对建立大规模的观光农园是十分有利的。

3.森林及动植物资源丰富多彩

海南岛本身即是一个无与伦比的动植物王国和森林宝库。其野生动植物资源中有32种动物和630多种植物为海南所特有。5大原始林区中就有两个被列为国家级森林公园。这些资源为开展动植物观赏、探险、观鸟、科普度假、森林保健游等休闲园艺项目，提供了良好的场所和环境。

4.保存有传统而古朴的民风民俗

海南现代化起步晚，大多数的农村至今还保留着原始而秀美的自然环境、奇特的农业耕作方法、地方特色浓郁的饮食文化、古朴的民风民俗和热情好客的民族性格特点等。这些资源及其特点，是海南发展独具特色的热带海岛休闲园艺的有利条件，也是海南发展热带海岛休闲园艺的重要前提。

从以上需求和供给两方面的分析来看，海南发展热带海岛观光农业不仅是必要的，而且是可行的。其前景广阔，潜力巨大。

（三）海南生态农业旅游开发现状

观光园艺园在海南优越的气候、土壤、水资源、植被等种种条件的孕育下，呈现出勃勃生机，已开发建设了一大批具有一定规模的集农业种植和旅游观光功能于一体的观光园艺旅游项目。如以儋州的军屯花果园和琼山的魁星农业观光园为代表的观光农园；以兴隆热带花园为代表的热带花卉园等。它们集经济、社会、生态教育等多种功能于一体，融观光、度假、体验、学习、考察等各种活动于一身，成为本岛城市居民周末和节假日度假休闲的新去处，是人们回归自然、体验民风民情的好场所。有些休闲园艺项目，在发展农村经济、带动农民脱贫致富方面发挥了积极作用。比如，五指山市的黎、苗族人民走"农旅结合"之路，通过大力发展绿色食品、旅游手工艺品等产业已使全市 78.8% 的农民脱贫致富。有些休闲园艺项目，从国外引进先进的瓜果蔬菜种子和种植、管理技术，再结合海南当地的条件，不断开发出量大质优的新品种，如引种的新加坡石榴、马来西亚杨桃等，大大加强了高科技现代农业的引进、吸收和创新功能。有些观光园艺景点，通过大力发展农产品的粗加工、精加工、包装、保鲜、储藏、运输和销售业，已形成种养—加工—运销初步配套成龙的产业体系。

二、海南今后可重点开发的观光园艺项目

（一）热带瓜果观光园

神奇而种类繁多的热带水果，如椰子、菠萝、香蕉、荔枝、龙眼、杧果、菠萝蜜、人参果、神秘果等对国内外游人具有很强的吸引力。可在规范化的前提下形成规模经营，其规划设置要符合观光旅游的特点。可规划多树种与单一树种不同品种观光园，其品种结构要合理搭配，栽种适合游人采摘的矮化品种，并通过挂牌、现场讲解等方式向游人宣传农业知识，展示农业文化；开辟游客认养果树区，让游人自己动手种植、灌溉、管护直到成熟收获，以丰富游人的心理体验。

（二）热带花卉盆景园

花卉产业发展潜力巨大。应采取多种融资方式，建立规模不等的热带

花卉观光园、盆栽艺术园。花卉园内应将热带特色花卉尽收其内，并配以标示说明牌，以增加知识性和趣味性，亦可供科研繁育研究用。盆景园以盆景和造景树为主体，向游客展示丰富多彩、造型别致的小盆景、盆景作品等。园内还可开辟游人自助区，在此区内通过专业技术人员的现场指导，游人自己动手制作插花或盆景作品。

（三）观光茶场、茶园

海南是茶叶生产大省。红茶和绿茶是海南传统出产的大宗出口产品。尤其是红茶，香味纯正醇厚，深受国外用户特别是欧洲用户的喜爱。五指山红茶被专家评为上品，远销40多个国家和地区。白沙县的绿茶，也颇受欢迎。其他还有水满茶、鹧鸪茶、苦丁茶、香兰茶和槟榔果茶等极富海南特色的茶类。除茶叶外，海南的"老爸茶"这种融进了中国文化与地方民族文化特征的海南茶文化，很好地代表了海南人的生活方式和精神状态，对想要体验民风民俗的外地游人具有很强的吸引力。利用茶场、茶园开展旅游业，也将是海南很有潜力的开发项目。让游人亲自参与采茶、炒茶、制茶、品茶等过程，了解海南茶文化和海南地方文化；利用我国悠久的茶文化，在茶园内开展有关茶历史的介绍、茶艺的演示、茶的品评、茶具的销售等系列活动，让游人获得丰富的知识体验。

（四）反季节瓜果蔬菜观光园

海南是我国著名的反季节瓜果蔬菜生产基地。当北方冬季大雪纷飞，人们被蔬菜水果的单一所困扰时，海南的瓜果蔬菜却丰富多彩、新鲜欲滴。利用这一优势，将现有的反季节瓜果蔬菜生产基地改建成反季节瓜果蔬菜观光园，成本低，吸引力大。

（五）高科技观光园艺园

此类观光园对提高海南农产品的科技含量和农业科技水平有重要意义。此类观光园应有较高的超前意识，力求采用国内外最新的农业科技成果，如无土栽培技术、生物基因工程、农业生态和环境技术、农产品加工和储藏技术等，不断开发出新的农产品品种，让游人享受最新的农业科技成果并感受到农业科学技术的魅力。

（六）少数民族农业文化观光园

海南省的居民，分属汉、黎、苗、回、藏、彝、壮、满、侗、瑶、白、傣、佤、畲、水、京、土、蒙古、布依、朝鲜、土家、哈尼、傈僳、高山、锡伯、门巴、纳西、仫佬、哈萨克、鄂伦春等民族，世居的有黎、苗、回、汉等民族。千百年来，古朴独特的民族风情使本岛社会风貌显得更加丰富多彩，其中最具有特色的便是黎族与苗族的生活习俗。据历史记载，黎族是唯一海南独有的民族，人口约114万人。早在远古时代，黎族同胞就在这块土地上刀耕火种，并以独特的民族文化和绚丽的织锦工艺著称于世，民风质朴、敦厚。黎族有颇具特色的民族文化，如烤竹筒香饭和用传统方法酿制的味道甜美的"酒蜜"，三月三赛歌节和独特的"黎锦"等。此类观光园的建设可选在少数民族聚居地附近，依托少数民族风情文化、生活习惯、奇特的农耕方法，展现独特而多彩的海南民族特色。

参考文献

[1] 邓秀新.现代农业与农业发展[J].华中农业大学学报(社会科学版),2014(01):1-4.

[2] 侯彬洁,张建华.论都市园艺体验游娱项目建构[J].上海农业科技,2014(02):17-19.

[3] 万军.国内外无土栽培技术现状及发展趋势[J].科技创新导报,2011(03):11.

[4] 许尔君.基于科学发展观视域下的现代园艺农业新体系[J].现代农业装备,2011(05):65-68.

[5] 陈晓庆,吴建平.园艺疗法的研究现状[J].北京林业大学学报(社会科学版),2011,10(03):41-45.

[6] 王玮,周武忠.美国园艺疗法的发展[J].世界农业,2015(11):201-204.

[7] 邓秀新,项朝阳,李崇光.我国园艺产业可持续发展战略研究[J].中国工程科学,2016,18(01):34-41.

[8] 刘悦来.社区园艺——城市空间微更新的有效途径[J].公共艺术,2016(04):10-15.

[9] 刘博新,严磊,郑景洪.园艺疗法的场所与实践[J].农业科技与信息(现代园林),2012(02):5-13.

[10] 张强,王春生.苏州率先实现园艺产业现代化的优势及对策建议[J].金陵科技学院学报,2012,28(01):80-83.

[11] 郭成,金灿灿,雷秀雅.园艺疗法在自闭症儿童社交障碍干预中的应用[J].北京林业大学学报(社会科学版),2012,11(04):20-23.

[12] 金红华,乔黎忠.园艺工程与现代农业的相关性研究[J].时代农机,2017,44(01):145+147.

[13] 燕玉玲,刘晓荣.观光园艺在城市建设中的作用分析[J].现代园艺,2015(12):143.

[14] 董玥,周攀,孙大为.都市园艺及其市场发展方向[J].园艺与种苗,2015(10):50-51+54.

[15] 赵睿静.中美家庭园艺比较研究[D].杭州:浙江农林大学,2011.

[16] 陈银,韩克昕.浅析我国观光园艺[J].现代园艺,2010(03):16-17.

[17] 关绍华,熊翠华,何迅,杨文兵,郭凯,邹家龙.无土栽培技术现状及其应用[J].现代农业科技,2013(23):133-135.

[18] 张黎黎.无土栽培技术初探[J].农业科技与装备,2013(05):5-6.

[19] 杨森.园艺疗法对老年人身心健康的影响[D].泰安:山东农业大学,2016.

[20] 徐玉霞.园艺果树栽培存在问题及技术分析[J].现代园艺,2017(18):26.

[21] 王孟菲.设施园艺在观光农业园规划设计的应用[J].现代园艺,2017(12):106.

[22] 古丽皮热斯·努尔.观赏蔬菜在家庭园艺中的应用分析[J].江西农业,2017(11):93.

[23] 颉晓凯.园艺疗法在老年痴呆症预防工作中的介入研究[D].桂林:广西师范大学,2017.

[24] 李霏飞,何桥.花卉园艺技术分析[J].南方农业,2016,10(27):56+58.

[25] 张玉华.蔬菜文化在园艺设计中的应用[J].现代园艺,2016(16):125.

[26] 刘悦来.社区园艺——城市空间微更新的有效途径[J].公共艺术,2016(04):10-15.

[27] 谭灵灵.家庭园艺景观的设计分析[J].建材与装饰,2016(24):40-41.

[28] 马宁,鲍顺淑.家庭园艺发展现状[J].农业工程技术,2016,36(04):65-67.

[29] 曹宏宇.浅议花卉植物在园艺建设中的作用及应用[J].防护林科技,2015(11):93-94.

[30] 陈真.现代园艺中的花卉栽培[J].北京农业,2015(15):86.

[31] 徐跃明.园艺果树中的问题及园艺技术分析[J].现代园艺,2014(24):133-134.

[32] 王晓华.浅析花卉园艺的现状应用及发展[J].农业与技术,2014,34(06):237.

[33] 李莹莹.设施园艺在观光农业园规划设计中的应用研究[D].合肥:安徽农业大学,2014.

[34] 薛艳平.花卉栽培在园艺中的重要作用分析[J].现代园艺,2014(06):180.

[35]　王爱芬.浅析中国园艺花卉发展趋势 [J]. 太原城市职业技术学院学报，2013（09）：162-163.

[36]　涂泉.试论我国花卉园艺在现代化城市建设中的重要性 [J]. 现代园艺，2013（18）：176.

[37]　殷露露.花卉栽培在园艺中的重要作用 [J]. 现代园艺，2013（08）：134.

[38]　刘冲,张瑞明,李珍珍,陈珏.蔬菜园艺场种养结合规模匹配探索 [J]. 长江蔬菜，2013（02）：52-55.

[39]　张珍.家庭园艺消费者购买行为研究 [D]. 杭州：浙江农林大学，2012.

[40]　王琼.社区休闲园艺与政府的居间推动 [D]. 上海：上海交通大学，2012.

[41]　赵睿静.中美家庭园艺比较研究 [D]. 杭州：浙江农林大学，2011.

[42]　刘仁英.观赏蔬菜及其园林应用的研究 [D]. 泰安：山东农业大学，2007.

[43]　朱立新,李光晨.园艺通论 [M].北京：中国农业大学出版社，2015.

[44]　孔云.家庭园艺装饰与养护 [M].北京：化学工业出版社，2009.

[45]　徐伟忠.未来农业　城市、观光、休闲、旅游农业 [M].北京：台海出版社，2006.

[46]　张尊中.果树盆景制作与养护 [M].南京：江苏科学技术出版社，2006.

[47]　郭成源.果树盆景制作与养护 [M].北京：金盾出版社，2004.

[48]　周晓容.家庭养花与园艺疗法 [M].上海：复旦大学出版社，2011.

[49]　陈发棣,车代弟.观赏园艺学通论 [M].北京：中国林业出版社，2009.

[50]　史亚军.观光农业营销学 [M].北京：气象出版社，2010.

[51]　王先杰.观光农业规划设计 [M].北京：气象出版社，2012.